"Desde la primera vez que leí un libro de Mark Batterson (*Con un León... con un título realmente largo, ya sabes al que me refiero*), me ha encantado su modo de ver la vida y la fe. Él no se limita a decir *si tan solo...* y se conforma con remordimientos. Dice *¿y si...?* y se mete en la aventura. ¡Lee este libro y también tú lo harás!".

—**Jon Acuff**, autor del éxito de ventas del *New York Times, Do Over: Rescue Monday, Reinvent Your Work, and Never Get Stuck*

"Mark Batterson trae a Dios a la vida de maneras que nos transforman. *IF: Gathering* existe debido al poder de esta pequeña palabra, y el modo en que Dios se mueve mediante sueños en lugar de temor. Cualquier cosa que te esté reteniendo, hazla a un lado. No querrás perderte las historias que Dios tiene para ti. Porque *si* Dios es real, ¿qué tenemos que perder?".

—**Jennie Allen**, visionaria de *IF: Gathering* y autora de *Restless*

"Mark Batterson tiene el extraordinario don de hacer que la inspiración parezca contagiosa. Su nuevo libro *Qué Pasaría Si* te motivará, y te alentará de una manera que es genuinamente entretenida, y sólidamente bíblica".

—**Eric Metaxas**, autor del éxito de ventas del *New York Times, Miracles* y *Bonhoeffer*

"Al fin un libro que nos muestra cómo y por qué todos deberíamos correr los riesgos que conducen a una vida de propósito genuino y fiel".

—**Judah Smith**, autor del éxito de ventas del *New York Times, Jesus Is*

"El pastor Mark tiene un don para hacer que las verdades espirituales sean accesibles y prácticas. Su redacción es informativa, instructiva, educativa, y es un placer leerla. Te dejará lleno de la paz que viene solamente de una fe renovada. Los libros del pastor Mark me han proporcionado más guía espiritual que ninguna otra cosa, ¡a excepción de la Biblia, desde luego! *Qué Pasaría Si* te recordará las promesas de Dios, reforzará los principios clave de tu fe, y dará un nuevo vigor a tu caminar espiritual. Yo estoy inspirada, fortalecida y alentada, lista para aceptar los retos de la vida, y continuar en la búsqueda de mis sueños. ¡Gracias, pastor Mark!".

—**Mara Schiavocampo**, corresponsal, *Good Morning America*

"¿*Y si* Dios en realidad sí quiere lo mejor para nosotros? Esa es la intrigante pregunta que Mark Batterson nos alienta a que nos hagamos; y es la que puede cambiar nuestras vidas".

—**David Green**, CEO, *Hobby Lobby*

"No hay mejor narrador de historias que Mark Batterson. Sus perspectivas harán que te detengas en seco, y te ayudarán a descubrir un gran ¿*y si*…? para tu vida".

—**Ben Arment**, autor de *Dream Year* y creador de la conferencia *Story*

"¡Olvida el remordimiento! ¡Renuncia a la culpabilidad! ¡Deshazte de la duda! Mark Batterson nos muestra cómo avanzar con confianza y entusiasmo, sabiendo que Dios no solo está a nuestro lado, sino también está de nuestro lado".

—**Hugh Freeze**, entrenador principal de fútbol
americano, Universidad de Mississippi

qué pasaría si...

Cambiamos nuestros *Si tan solo...* remordimientos por *Y si Dios...* posibilidades

Mark Batterson

WHITAKER
HOUSE

Traducción al español por:
Belmonte Traductores
Manuel de Falla, 2
28300 Aranjuez
Madrid, ESPAÑA
www.belmontetraductores.com

Editado por: Ofelia Pérez

Qué Pasaría Si…
Cambiamos nuestros *Si tan solo…* remordimientos por *Y si Dios…* posibilidades
ISBN: 978-1-62911-829-1
eBook ISBN: 978-1-62911-830-7
Impreso en los Estados Unidos de América
©2017 por Mark Batterson
Este libro fue publicado originalmente en inglés en 2016 por Baker Books, una división de Baker Publishing Group, Box 6287, Grand Rapids, MI 49516-6287. www.bakerbooks.com.
El autor está representado por Fedd & Company, Inc.

Whitaker House
1030 Hunt Valley Circle
New Kensington, PA 15068
www.whitakerhouseespanol.com

1 2 3 4 5 6 7 8 9 10 11 **W** 24 23 22 21 20 19 18 17

Contenido

El Cuarto Si: Ningún Si, Y, o Pero al respecto

1

El Poder de
¿Qué Pasaría Si...?

✔ Besar a mi esposa en lo alto de la Torre Eiffel

Era un día perfecto en París. Después de subir 669 escalones hasta el segundo piso, hicimos un espantoso viaje en un elevador hasta lo más alto de la Torre Eiffel. Entonces, con Francia como testigo, besé a mi esposa. ¿Meta #102 en mi vida? ¡Hecho!

Y todo comenzó con un *¿qué pasaría si...?*

Lo explicaré, pero antes vamos a divertirnos un poco. ¿Cómo se logró esa meta? Bueno, eso depende de cómo se mire. Simplemente se podría decir que fruncí mis labios, emprendí el acercamiento desde el lado izquierdo, cerré los ojos en el último segundo, y *voilà*: un beso en Francia, que no hay que confundir con un beso francés.

Así fue como sucedió, pero hay algo más. Ese sencillo beso fue el resultado de un itinerario bastante complejo. Volamos desde el Aeropuerto Internacional de Dulles en un Airbus A320, pasamos la aduana francesa, tomamos el tren regional RER hasta París, detuvimos a un taxi cuyo conductor disfrutaba demasiado, para mi gusto, al decir *mademoiselle*, y después una señora francesa que llevaba un perro dentro de su bolso nos indicó cómo llegar caminando. ¡No estoy bromeando! ¡Tan clásico como un *croissant*! Pero también eso es tan solo una fracción de la historia.

Puedes argumentar que nuestro beso en la Torre Eiffel se originó en el momento en que yo establecí la meta 102 de mi vida. Y eso es cierto en parte. No lograrás cumplir el 100 por ciento de las metas que no establezcas. Pero el verdadero origen de nuestro beso se remonta a la Feria Mundial de 1889 en París cuando más de cien artistas entregaron planos para diseñar la pieza central, la obra maestra de la *Exposition Universelle*.

El ganador fue un ingeniero llamado Alexandre Gustave Eiffel, quien propuso una torre de 984 pies (300 metros) de altura, el edificio más alto del mundo en esa época. Los escépticos se burlaron de su diseño, catalogándolo de inútil y falto de arte. Eiffel lo llamó *La Dame De Fer*: La Dama de Hierro.

Fue el *¿qué pasaría si...?* de Gustave Eiffel lo que hizo posible nuestra cita romántica en lo alto de la torre, pero Eiffel mismo dio las gracias a setenta y dos científicos, ingenieros y matemáticos sobre cuyos hombros se apoyó. Sus nombres están inscritos en la torre, y sin su genialidad colectiva nuestro beso queda cancelado. Así que supongo que también le debemos nuestro beso a cada uno de sus *¿qué pasaría si...?*.

Después están los trescientos remachadores, herreros y carpinteros que ensamblaron el rompecabezas de 18.038 piezas de hierro forjado en dos años, dos meses y cinco días. Ah, y no nos olvidemos del equipo acrobático al que Eiffel contrató para ayudar a sus obreros a mantener el equilibrio sobre vigas muy estrechas cuando había fuertes ráfagas de viento. Tenemos que dar las gracias a cada uno de ellos, y también al ayuntamiento de la ciudad de París que votó en el 1909 *no* derribar la torre pese al hecho de que su permiso por veinte años había expirado. Le debemos nuestro beso a cada concejal, y a cada uno de los votantes que los eligieron para esos puestos.

Está comenzando a dar la sensación de que toda la historia gira y conspiró en torno a nuestro beso, así que me detendré aquí y expresaré lo que quiero decir. Cada momento, como nuestro beso en lo alto de la Torre Eiffel, está creado por millones de *¿qué pasaría si…?* que se combinan de un millón de maneras diferentes para hacer posible ese momento.

Y si necesitas volver a leer esa frase, no te lo echaré en cara. Es complicada; tan complicada como la soberanía de Dios. Sin embargo, tan sencilla como la palabra *si…*

Gustave Eiffel no construyó su torre para que Lora y yo pudiéramos besarnos en lo más alto de ella. Sin embargo, su *¿qué pasaría si…?* lo hizo posible. Y son tus *¿qué pasaría si…?* los que abren puertas de oportunidad para otras personas, a la mayoría de las cuales no conocerás a este lado de la eternidad. Pero no te equivoques, pues cada pequeño *si…* marca una diferencia exponencial en el tiempo y la eternidad.

La historia es como un tapiz intrincadamente entretejido con patrones infinitos que solo el Omnisciente puede ver y prever, pero el *¿qué pasaría si…?* enhebra la aguja. Tus *¿qué pasaría si…?* no solo cambian la trayectoria de tu vida; cambian el curso de la historia.

Nuestro beso en lo alto de la Torre Eiffel es parte de una reacción en cadena que comenzó cuando yo me pregunté si Lora saldría conmigo. Entonces actué según ese *¿qué pasaría si…?*. Bueno, en realidad, antes marqué y colgué el teléfono varias veces. Podías pasar desapercibido antes de que existiera el identificador de llamadas.

Para resumir la historia, un *¿qué pasaría si…?* condujo a otro, el cual condujo al *sí, quiero*. ¿El resultado neto? Veintidós años de matrimonio y tres *¿qué pasaría si…?* llamados Parker, Summer y Josiah.

Si te detienes y lo piensas, todo comienza con *¿qué pasaría si…?*

Cada logro, desde el premio Nobel hasta los Oscar, comienza con la pregunta: *¿Qué pasaría si…?* Cada sueño, desde poner a un hombre en la luna hasta las galletas Moon Pie creadas para conmemorar el hito, comienza con la pregunta: *¿Qué pasaría si…?* Cada avance, desde la Internet hasta iTunes, comienza con la pregunta: *¿Qué pasaría si…?*

Hay 1.784 *síes* en la Biblia, y la mayoría de esos *síes* funcionan como conjunciones condicionales al comienzo de las promesas de Dios. Si cumplimos la condición, ¡Dios cumple la promesa! De modo que lo único que se interpone entre tus actuales circunstancias y tus sueños más intrépidos es un pequeño *si*...

Un pequeño *si*... puede cambiarlo todo.

Un pequeño *si*... puede cambiar cualquier cosa.

¿Y SI...?

El día 15 de agosto de 1987 Howard Schultz se vio frente a la decisión más difícil de su vida: si comprar o no una pequeña cadena de cafeterías con un nombre extraño: Starbucks.

Sabiendo lo que sabemos ahora, parece obvio, pero para Schultz, el precio de 3,8 millones de dólares daba la sensación de ser el caso del salmón que se traga a la ballena. En sus memorias, *Pour Your Heart into It* [Pon tu corazón en ello], el arquitecto que estaba detrás de la marca Starbucks reflexiona sobre ese importante momento *¿y si...?*

> *Este es mi momento, pensé. Si no aprovecho la oportunidad, si no salgo de mi zona de comodidad y lo arriesgo todo, si dejo que pase demasiado tiempo, mi momento pasará. Yo sabía que si no aprovechaba esa oportunidad, la repetiría en mi mente toda mi vida, preguntándome: ¿Qué habría pasado si?*[1]

Howard Schultz tomó la decisión crucial de renunciar a la red de seguridad de un salario de 75.000 dólares para seguir su pasión por todo lo relacionado con el café. Las acciones de Starbucks se hicieron públicas cinco años después, el 26 de junio de 1992. Fueron las segundas acciones que más movimiento tuvieron en el NASDAQ ese día, y cuando la campana marcó el final de la jornada, su capitalización en el mercado era de 273 millones de dólares. ¡No está nada mal para una inversión de 3,8 millones de dólares!

En la actualidad, Starbucks tiene 16.580 tiendas en 40 países, con unos beneficios que alcanzan casi los cinco mil millones de dólares, y sus 137.000 empleados totalizan dos veces la población de Groenlandia. Según cálculos conservadores, Starbucks vendió 3.861.778.846 tazas de café el año pasado.[2] ¡Sin mencionar las otras 87.000 posibles combinaciones de bebidas![3]

Y cada trago de cada bebida comenzó con: *¿qué pasaría si...?* o *¿y si...?*

Para que conste, mi combinación favorita en Starbucks es un *caramel macchiato*. Solamente porque seamos los dueños y dirijamos una cafetería independiente en Capitol Hill no significa que yo esté en contra del sistema. Escucha: si no estoy cerca de la cafetería Ebenezer, tomaré cafeína dondequiera que pueda obtenerla, lo cual, gracias a Starbucks, ¡parece que puede ser en cada esquina en los Estados Unidos!

Si vamos marcha atrás en Starbucks todo el camino hasta sus humildes orígenes, comenzó con el *¿Qué pasaría si...?* de Howard Schultz. Eso es cierto también de Ebenezer: *¿Qué pasaría si..* pusiéramos una cafetería donde nuestra iglesia y nuestra comunidad cruzan sus caminos?

Un millón de clientes después, *¿y si...?* está haciendo que se cumplan muchos sueños. Cada centavo de beneficio neto, más de 1 millón de dólares ahora, ha sido reinvertido en una amplia variedad de causas del reino; y cada centavo se remonta a la pregunta: *¿Y si...?*

¿Cuál es tu *y si...?*

Si aún no lo sabes, sigue leyendo.

Quiero que sepas que he estado orando por ti. Aunque puede que no conozca tu nombre ni tus circunstancias, Dios sí las conoce. Y le he estado pidiendo a Él que haga llegar este libro a las manos correctas en el momento correcto. Esa es mi oración para cada libro que escribo, de modo que cuando alguien se disculpa por no haber leído uno de mis libros, acepto la disculpa. Confío en el tiempo de Dios.

Desde luego, también es cierta la otra cara de la moneda. El hecho de que tengas en tus manos este libro es evidencia de que estás preparado para *¿qué pasaría si ?* Estoy orando para que Dios lo revele a medida que leas.

¿Qué pasaría si...? es algo más que un libro.

Es tu *¿qué pasaría si...?*

Pero antes, tienes que dejar atrás el *si tan solo...*

TU MAYOR REMORDIMIENTO

Uno de los epitafios más tristes en la Biblia está oculto en Jeremías 46:17. Me recuerda a una vieja lápida en un viejo cementerio lleno de malas hierbas. El profeta exclama:

> *Allí dirán: "¡El faraón, rey de Egipto, es un bocón que perdió su oportunidad!"* (NTV).

El faraón Hofra fue el cuarto rey de la dinastía veintiséis de Egipto. Como líder político y religioso de una de las civilizaciones más avanzadas de la tierra, el faraón tenía mucho potencial, mucho poder. Él podía tomar la historia y hacer historia. Pero perdió su momento *¿y si...?* No se identifica qué oportunidad fue, pero el faraón Hofra gobernó durante diecinueve años, ¡de modo que probablemente perdió más de uno! Y debido a que perdió su *¿y si...?*, se llevó sus *si tan solo...* remordimientos con él a su tumba.

Voy a hacer una predicción bastante valiente.

Al final de tu vida, tu mayor remordimiento no será por *las cosas que hiciste, pero desearías no haber hecho*. Tu mayor remordimiento será por *las cosas que no hiciste, pero desearías haber hecho*. Los sueños *y si...* sobre los que nunca actuamos son los que se convierten en *si tan solo...* remordimientos.

Esa predicción está respaldada por un estudio realizado por dos psicólogos sociales, Tom Gilovich y Vicki Medvec.[4] Según su investigación, el tiempo es un factor clave en lo que lamentamos. A corto plazo, tendemos a lamentar *acciones* más que *inacciones* con un conteo del 53 al 47 por ciento respectivamente. En otras palabras, sentimos un agudo remordimiento por los errores que hemos cometido. Pero a la larga, lamentamos las *inacciones* más que las *acciones*, en un 84 al 16 por ciento respectivamente.

Eso no significa que no tengamos algunos remordimientos profundamente arraigados por cosas que desearíamos no haber dicho o hecho, pero nuestros remordimientos más duraderos serán las oportunidades que dejamos sobre la mesa. Esos son los *si tan solo...* que nos persiguen hasta la tumba y más allá.

Ahora voy a traducir ese estudio a términos teológicos.

Nos fijamos demasiado en pecados de comisión. Practicamos la santidad mediante sustracción: no hagas esto, no hagas aquello, y estarás bien. El problema con eso es el siguiente: puedes no hacer nada incorrecto, y aún no hacer nada correcto.

La rectitud es más que no hacer nada incorrecto; es hacer algo *correcto*. No es tan solo resistir la tentación; es perseguir las oportunidades ordenadas por Dios. Santidad mediante sustracción es jugar para no perder. Rectitud es ir por todo con Dios. Es jugar para ganar. Es vivir como si la victoria ya ha sido ganada en la cruz del Calvario. Y lo ha sido.

En mi opinión, son los *pecados de omisión* los que más entristecen el corazón de nuestro Padre celestial: los habría, podría y debería. ¿Por qué? ¡Porque nadie conoce el potencial que Dios nos ha dado como el Dios que nos lo dio en un principio!

El potencial es el regalo de Dios para nosotros.

Sacar el máximo de ello es el regalo que le devolvemos a Dios.

Cualquier cosa menos que esa da como resultado el remordimiento.

PENSAMIENTO CONTRAFACTUAL

Un hecho poco conocido: cuando yo estaba en la secundaria, quería ser profesor de historia. Me he conformado con ser historiador de sillón, pero sigo siendo un adicto a la historia.

Técnicamente, la historia es el estudio de acontecimientos pasados; lo que sucedió realmente. Pero hay una rama de la historia, la teoría contrafactual, que hace las preguntas *¿y si...?* Considera las realidades alternativas que podrían haber surgido si las bisagras de la historia hubieran girado hacia el otro sentido.

Se ha dicho que el *¿y si...?* es la pregunta favorita del historiador.[5]

¿Y si una de las cuatro balas de mosquete que atravesaron el abrigo de George Washington durante la Batalla de Monongahela en 1755 le hubiera atravesado el corazón?

¿Y si la invasión en el Día-D por parte de los Aliados el 6 de junio de 1944 no hubiera detenido al régimen nazi?

¿Y si los confederados hubieran ganado la Batalla de Little Round Top en Gettysburg el 2 de julio de 1863?

La historia está llena de *¿y si...?*, y también lo está la Escritura.

¿Y si David no hubiera dado en la frente a Goliat?

¿Y si Ester no hubiera ayunado, encontrando así favor y salvando así del genocidio al pueblo judío?

¿Y si José y María no hubieran atendido a la advertencia que les hizo el ángel de que huyeran a Belén antes de que aparecieran los secuaces de Herodes?

Mantengámonos en esa línea.

La teoría contrafactual es simplemente un ejercicio de pensamiento contrafactual. Y no es solamente un ejercicio útil para los historiadores; es un ejercicio sano para cualquier persona. El pensamiento contrafactual es una dimensión crítica a la hora de establecer metas y tomar decisiones. Es pensar fuera del molde. Es ir contra la corriente. Es la capacidad divergente de reimaginar alternativas.

Y este libro está diseñado para hacer eso. No solo la historia o la Escritura están llenas de momentos *¿y si...?* Son también los momentos decisivos, ¡los momentos críticos en nuestras vidas!

La neuroimagen ha mostrado que a medida que envejecemos, nuestro centro cognitivo de gravedad cambia del lado derecho imaginativo del cerebro al lado izquierdo lógico. En algún momento, la mayoría de nosotros dejamos de vivir por la imaginación y comenzamos a vivir por memoria. Ese es el día en que dejamos de crear el futuro, y comenzamos a repetir el pasado. Ese es el día en que dejamos de vivir por fe, y comenzamos a vivir por lógica. Ese es el día en que dejamos de soñar con *¿y si...?* posibilidades, y terminamos con *si tan solo...* remordimientos.

¡Pero no tiene por qué ser de ese modo!

PLAN DE VIDA

Recientemente pasé dos días con un coach de vida elaborando un plan de vida.

Esos dos días darán dividendos durante el resto de mi vida. Tan solo desearía no haber esperado tanto tiempo para hacerlo. Francamente, ¡había pasado

4. El Poder de *¿Qué Pasaría Si...?*   15

más tiempo planeando vacaciones que planeando mi vida! Tenía algunas metas en la vida, como la meta 102, pero no estaba viviendo con el tipo de intencionalidad necesaria para convertir las posibilidades en realidades.

Hice diecinueve ejercicios con mi coach de vida, cada uno de ellos con la meta de reimaginar mi vida. El enfoque era mi futuro, pero lo miramos mediante el prisma de mi pasado. Era como un juego de unir los puntos, y se deletreaba fidelidad de Dios.

Cuando terminamos, mi sentimiento de destino estaba por las nubes. Uno de esos ejercicios implicaba hacer un guión gráfico de mi vida identificando momentos decisivos. Después, pusimos título a los capítulos de mi vida, y finalmente precisamos lo que se denomina "puertas de vida": los momentos decisivos que cambian la trayectoria de nuestras vidas. Son los momentos *¿y si...?* cuando se concibe un sueño, cuando se toma una decisión, o cuando se corre un riesgo.

Una de las revelaciones que tuve durante ese proceso de plan de vida fue que yo soy mi propio historiador. Es Dios quien ordena nuestros días, ordena nuestros pasos, y prepara de antemano buenas obras. Pero nosotros tenemos que ser estudiantes de nuestra propia historia, incluidos nuestros *si tan solo...* remordimientos. Tenemos que aprender las lecciones y hacer uso de los errores. Tenemos que unir los puntos entre causa y efecto. Y tenemos que reimaginar nuestro futuro en el marco de las promesas de Dios.

Pese a cuántos remordimientos tengas, Dios es el Dios de las segundas oportunidades. Sin importar cuán profundamente arraigados estén esos remordimientos, Él puede convertir tus *si tan solo...* remordimientos en *¿y si...?* posibilidades.

Este libro está lleno de historias de personas como tú que han hecho precisamente eso. Jesús pone un guión en la historia. Si le entregas a Él el control editorial completo, el Autor y Consumador de nuestra fe escribirá *Su historia* por medio de tu vida. No puedo prometerte un cuento de hadas sin ningún dolor ni sufrimiento, pero puedo prometerte que terminará con un "y fueron felices siempre". Mejor aún, felices *para siempre*.

Y eso nos lleva al capítulo 8 de Romanos.

EL GRAN OCHO

Cuando se trata del capítulo 8 de Romanos, incluso los lexicógrafos se quedan sin palabras. No muchos adjetivos pueden hacer justicia a su misterio y su majestad.

El teólogo y pastor John Piper llama al capítulo 8 de Romanos el capítulo más grande de la Biblia. En breve: "el Gran Ocho".[6]

¿Quién soy yo para discutir con él?

Martín Lutero lo llamaba "el evangelio más claro de todos".[7] William Tyndale, que fue martirizado por traducir la Biblia al inglés, lo llamaba "la parte más excelente del Nuevo Testamento".[8] Y Douglass Moo, un profesor de una de mis alma mater, lo llama "el santuario interior dentro de la catedral de la fe cristiana".[9]

Yo siempre he pensado en él como "el capítulo del *¿y si...?* Los diez *si* que hay en Romanos 8 llevan a infinitas posibilidades. Una última etiqueta: "Súper 8". Como una buena película, Romanos 8 lo tiene todo: acción, aventura, argumento, e incluso algunos efectos especiales.

Es el *David* de Miguel Ángel.

Es la *Mona Lisa* de Da Vinci.

Es la Quinta Sinfonía de Beethoven.

Es el discurso de Gettysburg de Lincoln.

El Gran Ocho comienza con una gran explosión:

> *Por lo tanto, ya no hay ninguna condenación para los que están unidos a Cristo Jesús.*[10]

Tiene un final de cuento de hadas:

> *Pues estoy convencido de que ni la muerte ni la vida, ni los ángeles ni los demonios, ni lo presente ni lo por venir, ni los poderes, ni lo alto ni lo profundo, ni cosa alguna en toda la creación, podrá apartarnos del amor que Dios nos ha manifestado en Cristo Jesús nuestro Señor.*[11]

Justamente en el medio, cruza el puente de Brooklyn de la Biblia:

> *Y sabemos que a los que aman a Dios, todas las cosas les ayudan a bien, esto es, a los que conforme a su propósito son llamados.*[12]

Y también está el argumento secundario:

> *En todo esto somos más que vencedores por medio de aquel que nos amó.*[13]

Hablaré de todas estas verdades, pero la piedra de toque es una pequeña palabra de dos letras en medio del capítulo. Es el eje, el meollo; es la bisagra sobre la cual gira el capítulo más grande.

> *Si Dios es por nosotros, ¿quién contra nosotros?*[14]

Ese es el punto de inflexión, lo que transforma la vida. Pero tienes que resolver el asunto. Si tienes dudas subconscientes acerca de las buenas intenciones de Dios, se manifestarán en miles de formas de temor. Si crees con cada fibra de tu ser que Dios es por ti, te espera una realidad alternativa.

Esa es la meta, pero antes, un descargo de responsabilidad.

Este libro no es una teología sistemática, ¡lo cual es un oxímoron, de todos modos!

¿Qué pasaría si...? no es un comentario; es más bien una pintura impresionista.

No trata de analizar treinta y nueve versículos con la lógica del lado izquierdo del cerebro. Habla de pintar un paisaje de fe, esperanza y amor con pinceladas de la parte derecha del cerebro. Yo amaba el Gran Ocho cuando comencé a escribir, al igual que amaba a Lora el día en que nos casamos. Veintidós años después, nuestro amor es más profundo, más duradero y más fuerte. Así es como me sentí con respecto al Gran Ocho cuando terminé este libro, y esa es mi oración por ti. ¡Que te enamores del Dios del *¿y si...?* otra vez! Que se te acelere el pulso cuando pases las páginas de este libro y, más importante, *del* Libro.

Espero que comiences a leer y no puedas parar, pero permite que te ofrezca una sugerencia. *Qué Pasaría Si* tiene treinta capítulos por un motivo, y recomendaría leer un capítulo cada día. Piensa en ello como treinta días de *¿y si...?*

¿Y por qué no leerlo con un amigo, un grupo pequeño o un club de lectura? ¡A *Qué Pasaría Si* le encanta la compañía!

¿Cuál es tu *¿y si...?*

Vamos a descubrirlo.

¿Y si estás a la distancia de una decisión

de llevar una vida totalmente distinta?

El Primer Sí:

Si Tan Solo...

Remordimientos.
Todos los tenemos, y no hay excepciones.
Pero lo que hacemos con ellos es decisión nuestra.
No juegues a ser la víctima.
Eres más que vencedor.
No permitas que los remordimientos te retengan prisionero.
Aprende a aprovecharlos.
No hay remordimiento que Dios no pueda redimir.
Lo mejor está aún por llegar.

2

El Hecho Más Aterrador

Si Dios es por nosotros, ¿quién contra nosotros?
Romanos 8:34 (RVR1960)

Estaba yo sentado en el Gran Salón de Baile del hotel Hilton de Washington el 2 de febrero de 2012, junto con 3.500 de mis mejores amigos.

Desde 1953, el Desayuno Nacional de Oración ha sido un acto habitual el primer jueves de febrero. En la lista de invitados están incluidos embajadores, diplomáticos, y jefes de estado de cien países. El invitado de honor es el presidente de los Estados Unidos.

Están también los tipos corrientes, como yo. Para ser sincero, la suntuosidad y la circunstancia distraen un poco. Yo estaba más enfocado en descubrir quién era quién que en escuchar lo que se estaba diciendo desde la plataforma. Entonces, en su discurso de apertura, Eric Metaxas dijo algo que dio como resultado un momento "eureka". No estoy seguro del porqué me tocó del modo en que lo hizo y cuando lo hizo; pero una frase tocó un acorde de séptima dominante.

Él dijo: "Todo lo que rechacé acerca de Dios no era Dios".[1]

Fue como si placas tectónicas se hubieran movido con esa declaración sísmica, y aún sigo sintiendo las réplicas. La mayoría de personas que rechazan a Dios, en realidad están rechazando religión, sin saberlo. No rechazan realmente a Dios por quien *es* Él. En realidad rechazan a Dios por quien *no es* Él.

Eric fue incluso más allá: "Todo lo que rechacé de Dios no era Dios. Era religión... Eran personas que asisten a la iglesia y no muestran el amor [de Jesús], personas que no practican lo que predican, personas que son indiferentes al pobre y al que sufre... Yo había rechazado eso, pero ¿saben qué? Jesús también había rechazado eso... Jesús era y es el enemigo de la religión muerta".

Deja que tire de ese hilo.

La mentira más insidiosa que podemos creer acerca de Dios es que Él de algún modo está *contra* nosotros. Es la misma mentira que plantó semillas de duda en el espíritu de Eva en el jardín del Edén.

Hemos dudado de la bondad de Dios desde entonces, y esa es la raíz de otros miles de problemas. Si el enemigo puede lograr que creamos esa mentira original, nos situamos a nosotros mismos contra Dios porque creemos que Dios está contra nosotros. Entonces rechazamos a Dios por las razones equivocadas.

No. No. ¡Mil veces no!

Dios está *de tu parte*.

Dios está *de tu parte* de todas las maneras imaginables.

Dios está *de tu parte* por toda la eternidad.

Hay una sencilla regla general en el periodismo: no entierres lo principal. De modo que aquí está lo principal. *Dios está de tu parte*. El resto de este libro es secuencial: tomaremos el Gran Ocho versículo a versículo, desde el 1 hasta el 39. Pero la pregunta principal es la siguiente: *Si Dios está de nuestra parte, ¿quién puede estar en contra nuestra?*

Es doblemente importante, de modo que volveré otra vez sobre mis pasos.

De regreso a Eric Metaxas.

Además de identificar lo que él había rechazado que no era en realidad Dios, trazó el perfil del Dios bueno que había redescubierto, buscándolo a Él desde un lugar de sinceridad en vez de religiosidad. Detalló los atributos más admirables de Dios, y después hizo una pregunta brillante: "¿Quién rechazaría eso?".[2]

Era una pregunta retórica, pero de todos modos voy a contestarla. La respuesta obvia es: ¡Nadie! Nadie rechazaría a un Dios como ese.

Yo tengo una teoría: *Si no amas a Dios, es porque no conoces a Dios.*

Espero que no se entienda como condescendiente de ninguna manera o forma. Sencillamente lo creo. *Conocer a Dios es amar a Dios.* No al Dios que *no es*, sino al Dios que *es*.

¿Qué motivo hay para no amar? Después de todo, Dios *es* amor. Quienes rechazan a Dios porque creen que Dios está *contra* ellos están rechazando quien Dios *no es*.

LA LEY DE LA PALANCA

Arquímedes de Siracusa es famoso por haber saltado de su bañera, corriendo desnudo por las calles y gritando: "¡Eureka!" después de descubrir el principio del desplazamiento del agua. Probablemente sea una leyenda urbana, pero ciertamente Arquímedes está catalogado como una de las mentes más brillantes de la antigüedad. En el siglo II A.C., se acercó mucho a precisar el valor de pi, mostrando que era mayor de 223/71 y menor de 22/7.

El primer barco de vapor de altamar del mundo con un propulsor de hélice fue el *SS Arquímedes*, en honor a la bomba helicoidal de Arquímedes. Incluso llevan su nombre un cráter de la luna, una cadena montañosa lunar, y un asteroide, el *3600 Arquímedes*, nombrado en honor a sus logros en astronomía. Pero quizá sea más famoso por una ocurrencia que se cita con frecuencia: "Denme un punto de apoyo y moveré el mundo".[3]

Arquímedes no inventó la palanca, pero sí acuñó la ley de la palanca. En palabras sencillas, una palanca amplía la fuerza de entrada para proporcionar una mayor fuerza de salida. Cuanto más larga sea la palanca, mayor será el apalancamiento.

El concepto de apalancamiento ha sido, bueno, apalancado de mil maneras. Pero me enfocaré en el pensamiento de sistemas. En cualquier sistema, un punto de apalancamiento es el lugar en la estructura de un sistema donde puede aplicarse un elemento de solución. Un punto de apalancamiento alto es un lugar donde *una pequeña cantidad de fuerza de cambio puede causar un gran cambio en el comportamiento del sistema.* Un 1 por ciento de cambio es lo que marca un 99 por ciento de diferencia.

No hay punto de apalancamiento más alto que la palabra de dos letras: *si...*

Define nuestros remordimientos más profundos: *si tan solo...*

Desafía circunstancias imposibles: *como si.*

Está llena de posibilidades infinitas: *¿y si...?*

Y vence todas las refutaciones: ningún *si, y* o *pero* al respecto.

Hablando bíblicamente, *si* es la conjunción condicional que convierte las promesas eternas de Dios en nuestras realidades presentes. Cada una de esas promesas es un punto de apalancamiento alto, pero quizá ninguna promesa en la Biblia tiene más apalancamiento que Romanos 8:31:

> *Si Dios es por nosotros, ¿quién contra nosotros?*

¡Ese pequeño *si* puede cambiar tu vida!

Si Dios está de tu lado, no importa quién esté contra ti. Y no importa qué salga contra ti si Dios está por ti. Ninguna arma forjada contra ti prosperará.[4] El que está en nosotros es mayor que el que está en el mundo.[5] Todo lo podemos en Cristo que nos fortalece.[6]

Oswald Chambers acuñó una de mis palabras favoritas de todos los tiempos: *inconquistabilidad.* "Ninguna potestad en la tierra o en el infierno puede conquistar al Espíritu de Dios en un espíritu humano", dijo él. "Es una inconquistabilidad interior".[7]

Puede que la palabra no aprobara un examen de ortografía, pero significa *¿y si...?*

La religión se trata de lo que podemos hacer *por Dios.* El cristianismo se trata de lo que Cristo ha hecho *por nosotros.* Pero comienza con este núcleo de verdad: Dios es *por* nosotros.

Si el Padre está de nuestro lado, empieza el juego.

Si Cristo está en nuestra esquina, la pelea está resuelta.

Y si el Espíritu Santo está en nuestro equipo, ¡cuidado!

EL PUNTO DE INFLEXIÓN

En su *best =seller The Tipping Point* [El punto clave], Malcolm Gladwell define el punto de inflexión como "el momento de masa crítica, el umbral, el punto de ebullición".[8] Es el momento en que una idea, tendencia o conducta social sobrepasa el punto sin retorno, y gana aceptación. Gladwell comparte algunos ejemplos brillantes en su libro, pero permíteme tomar prestado el concepto y ampliarlo.

En el ámbito de la física, un punto de inflexión es cuando un objeto es desplazado desde un estado estable de equilibrio a un nuevo estado.

En economía, es el punto en el cual una tecnología emergente se convierte en un estándar de la industria.

En sociología, es cuando un quórum de personas adopta una conducta de modo que alcanza la masa crítica, y se vuelve viral.

Y en los deportes, es el momento en que cambia el ímpetu.

Espiritualmente hablando, el punto de inflexión es cuando creemos, sin reserva alguna, que Dios está de nuestra parte. Es la revelación de que Dios no solo te *ama*, sino le *gustas*. Te ama lo bastante como para morir por ti, y le gustas lo bastante para pasar la eternidad contigo. Sin embargo, algunos de nosotros seguimos siendo escépticos.

Proyectamos sobre Dios nuestro desdén a nosotros mismos, suponiendo que Dios debe estar enojado con nosotros al igual que lo estamos con nosotros mismos. O caemos en la trampa de pensar, basándonos en el desempeño, que nuestra conducta determina la postura de Dios hacia nosotros, ya sea *por* nosotros o *contra* nosotros.

Escucha: el hecho de que Dios es *por* ti quedó demostrado en la cruz del Calvario.

Permíteme ser sucinto.

Dios es bueno + Dios es amor = Dios es *por* ti.

Es así de sencillo y de asombroso.

¿De qué intentaron convencer primero los ángeles a los pastores cuando anunciaron el nacimiento de Cristo? Después de decirles que no temieran, un sentimiento que proviene de un entendimiento imperfecto de las intenciones de Dios o de la falsa suposición de que Dios está contra nosotros, anunciaron buenas nuevas de gran alegría. ¿Y qué más?

Buena voluntad para con los hombres.[9]

Es una declaración breve que tiene una palanca larga.

Fue el modo que tuvieron los ángeles de decir: Dios es por ustedes. Es una declaración de posicionamiento: Dios está de nuestro lado. Dios está en nuestra esquina. También establece que *la voluntad de Dios es buena voluntad.* Su voluntad no solo es buena, es siempre buena. Y Él nunca nos retiene cosas. Dios no quitará el bien a los que andan en integridad.[10]

Así que rechaza a Dios por lo que Él *no es.*

Después acéptalo por lo que Él *sí es.*

Dios *es* por ti.

EL HECHO MÁS ATERRADOR

Recientemente leí un ejemplar de la revista *Wired* editada por el productor de cine Christopher Nolan. Estaba dedicada a la física de la filmación, e incluía algunas de las perturbadoras películas de Nolan: *Memento, Inception* e *Interstellar.* La leí de principio a fin, disfrutando mucho de todo lo que decía a excepción de una cosa. Y no podría estar más en desacuerdo con esa cosa.

Pese a lo mucho que me gustó ese número de la revista, me disgustó la cita de Stanley Kubrick en la contracubierta. Puede que él sea considerado uno de los más grandes directores de cine de Hollywood de todos los tiempos, pero no me gusta el modo en que está redactado su texto. Él dijo:

El hecho más aterrador acerca del universo no es que sea hostil, sino que es indiferente. Pero si podemos llegar a aceptar esta indiferencia, entonces nuestra existencia como especie puede tener un significado genuino.[11]

En mi humilde opinión, los ojos de Kubrick estaban cerrados de par en par. Yo creo todo lo contrario, y es el antídoto para la indiferencia. El Oscar es para el Gran Ocho. Es la primera y la última palabra. Dios es por ti cada día, ¡en todos los aspectos! Ese es el acto más aterrador del universo: aterradoramente maravilloso.

La crucifixión significa el fin de los *si tan solo...* remordimientos.

La resurrección significa el comienzo de las *¿y si...?* posibilidades.

Y cuando esta vida termine, *¿y si...?* infinitos nos esperan.

¿Y si rechazaras todo acerca de Dios

que no era Dios y lo aceptaras

tal como Él es: Dios por ti?

3

No Puedo Olvidar

Ya no hay ninguna condenación.
Romanos 8:1

Elige una fecha, cualquier fecha, posterior al 5 de febrero de 1980.

Jill Price puede decirte al instante qué día de la semana era, qué hizo ella aquel día, y cualquier acontecimiento importante que tuvo lugar. Incluso puede decirte las condiciones del tiempo. Para la mayoría de nosotros, nuestro problema es recordar. Para Jill Price, es olvidar. Ella tiene una enfermedad llamada síndrome hipertiméstico: recuerdo autobiográfico automático de cada día de su vida desde los catorce años de edad en adelante.

Para la persona promedio, la memoria autobiográfica es muy selectiva. Tenemos tendencia a recordar experiencias emocionales o acontecimientos significativos como un primer beso, un gran partido o una aventura épica. Desgraciadamente, también recordamos momentos muy embarazosos, como caernos al barro durante el recreo, y tener que llevar puestos pantalones de lana a cuadros escoceses que daban comezón, provistos por la enfermera de la escuela, mientras los compañeros de clase se burlan de ti sin piedad. Me gustaría que eso fuera hipotético, pero es el recuerdo más duradero que tengo del cuarto grado. ¡Y no es que tenga cicatrices, ni nada por el estilo!

Los estudios sugieren que solamente el 3 por ciento de los acontecimientos de la vida son muy memorables. De modo que durante el curso de un año promedio, aproximadamente diecisiete experiencias pasarán a la memoria a largo plazo; el otro 97 por ciento de la vida no llega a eso. La mayor parte de la vida se desvanece a negro: el agujero negro llamado el subconsciente.

Pero eso no es cierto para Jill. Jill lo recuerda *todo*.

Ella recuerda que el episodio final de la serie *M*A*S*H* se emitió el 28 de febrero de 1983. Recuerda que era un lunes. También recuerda que era un día lluvioso, y que sus limpiaparabrisas dejaron de funcionar.

Eso podría parecer un gran regalo, y lo es si estás intentando recordar nombres o fechas de cumpleaños, ¡o resulta que estás en un concurso de conocimientos como *Jeopardy*! Pero tiene una desventaja, un lado oscuro.

En sus memorias, *The Woman Who Can´t Forget* [La mujer que no puede olvidar], Jill dice:

> Imagina ser capaz de recordar cada pelea que tuviste con un amigo; cada vez que alguien te decepcionó; todos los estúpidos errores que has cometido; las cosas más mezquinas y más dañinas que has dicho a personas, y las que ellas te han dicho a ti. Entonces imagina no ser capaz de sacarlas de tu mente pese a lo mucho que lo intentaras.[1]

Para Jill, las emociones no las suaviza el tiempo. Son tan fuertes como el día en que las experimentó. "A medida que crecía y se iban almacenando en mi cerebro cada vez más recuerdos", dice Jill, "aumentaban los que pasaban por mi mente en ese incesante bombardeo, y me convertí en prisionera de mi memoria".[2]

Prisionera de mi memoria.

A ese respecto, Jill no está sola. De manera consciente o subconsciente, la mayoría de nosotros somos prisioneros de nuestro pasado. Incluso si hemos confesado nuestro pecado, nos seguimos sintiendo condenados. Y ese sentimiento de condenación mina el hecho de que Dios es *por* nosotros. No dejamos de flagelarnos. No dejamos de sabotearnos a nosotros mismos. Seguimos creyendo las contraproducentes mentiras que vienen del enemigo, y se convierten en profecías auto-realizables. La única salida es aceptar plenamente, entender y creer la verdad transformadora de que *no hay ninguna* condenación para los que están en Cristo.

Ninguna. Nada. Cero. Ni rastro. Ni una pizca. Ni un indicio.

Y esa es solamente la primera nota en esta Sinfonía Núm. 8.

LA LETRA ESCARLATA

Creo que de manera consciente o subconsciente, la mayoría de personas son prisioneras de uno, o dos, o tres errores de su pasado. Y si es un pecado oculto, se siente como un aislamiento solitario. No podemos seguir adelante con nuestra vida porque no podemos dejar atrás el pasado. En lugar de vivir en el aquí y ahora, vivimos en el entonces y allí.

Nos definimos a nosotros mismos por lo que hemos hecho mal, en lugar de definirnos por lo que Cristo ha hecho *bien*. O nos definimos por las cosas dolorosas que nos hicieron a *nosotros*, en lugar de hacerlo por lo que Cristo ha hecho *por nosotros*.

En el 1850 Nathaniel Hawthorne publicó su obra maestra: *La Letra Escarlata*. En esta novela, una mujer joven, Hester Prynne, es considerada culpable de adulterio, y condenada a llevar una letra *A* escarlata sobre su vestido: el símbolo de la vergüenza. Nosotros hacemos lo mismo, ¿no es cierto? Somos rápidos en poner etiquetas a las personas según el error categórico que hayan cometido o por una dimensión de su identidad. Me temo que eso es igual de cierto tanto en la iglesia como en la cultura.

Ya sea una *A* de adulterio, una *D* de divorcio, o una G de gay, no es así como Dios nos ve y nos cataloga. Él nos quita las mortajas de nuestro pecado, y nos viste con ropas de salvación.[3] Él nos da un nombre nuevo, una identidad nueva, un destino nuevo. Él pone una letra distinta sobre nosotros: la N de niña de sus ojos.[4]

Hay una historia en el Evangelio de Juan que no es distinta a *La Letra Escarlata* de Hawthorne. Una mujer es sorprendida en el acto del adulterio. La turba religiosa está lista para apedrearla hasta la muerte cuando Jesús da un paso adelante e interviene. Jesús no defiende su adulterio, pero sí defiende a esa adúltera. Y su defensa es puro esplendor: *"El que esté libre de pecado entre ustedes, que tire la primera piedra*". Uno a uno, dejaron caer sus piedras, y se alejaron hasta que solamente quedaron Jesús y esa mujer. Entonces Jesús le pone la etiqueta *P* de *perdonada* y dice: "*Vete, y no peques más*".[5]

No puedo evitar preguntarme: ¿habría salido yo en defensa de esta mujer, o habría agarrado una piedra?

Sinceramente no lo sé, pero te diré lo siguiente. Siempre que oigo sobre un fracaso de alguien de alto perfil, intento no responder nunca de manera que dé la impresión de que "yo soy más santo que tú". Lo primero que pasa por mis conexiones neuronales es el famoso adagio de John Bradford: "Pero por la gracia de Dios, ahí voy".

Yo vivo según la máxima: *Ama a las personas cuando menos se lo esperan y cuando menos lo merecen*. Así es como puedes cambiar para siempre la vida de alguien. Cuando los fariseos daban por perdidas a las personas, Jesús las aceptaba. Cuando otras personas les mostraban la puerta para que se fueran, Jesús les mostraba gracia.

Esta mujer se aleja caminando de las páginas de la Escritura, pero no antes de que Jesús cambie por completo su trayectoria. La gracia es el catalizador que convierte la culpabilidad en gratitud. Un acto de gracia puede cambiar el peor movimiento, y convertirlo en el momento decisivo de la vida de alguien. Tú puedes ser ese agente de gracia.

Este es ese momento para esta mujer. Convierte su mayor *si tan solo...* remordimiento en una maravillosa *¿y si...?* posibilidad: "*Vete, y no peques más*".

613 KILÓMETROS

Dios sacó a Israel de Egipto en un día, pero fueron necesarios cuarenta años para sacar a Egipto de Israel. Sucedió en un lugar llamado Gilgal, a 613 kilómetros al noreste de Egipto. Los israelitas pensaban como esclavos y actuaban como esclavos. Después de todo, es difícil romper el ciclo después de cuatrocientos años de esclavitud.

Técnicamente, los israelitas fueron liberados en el éxodo. Prácticamente, fueron necesarios cuarenta años para exorcizar totalmente sus demonios. No fue hasta que llegaron a Gilgal que finalmente dejaron el pasado en el pasado.

Dios dijo: "Hoy he hecho que la vergüenza de su esclavitud en Egipto salga rodando como una piedra".[6]

A veces son necesarios cuarenta largos años para poner fin a los sentimientos de condenación. A veces tenemos que viajar 613 kilómetros solamente para sacar el pasado de nuestro presente. Pero pese al tiempo que haya pasado o cuán lejos hayamos viajado, Dios aún puede hacer rodar la piedra de nuestros *si tan solo...* remordimientos. Nunca es demasiado tarde para que seamos quienes podríamos haber sido. Llegaremos hasta *¿y si...?*, pero todo camino hacia la Tierra Prometida debe pasar por Gilgal.

Si estás en Cristo, ya no eres definido por lo que has hecho mal. Eres definido por lo que Cristo ha hecho bien. Eres una nueva criatura, pero a veces se necesita algún tiempo para que tu nueva naturaleza se convierta en tu segunda naturaleza.

Dios puede liberarte en un solo día, pero te puede tomar años romper viejos hábitos o formar nuevos hábitos. Y para que conste, la llave para lo uno es lo otro. Si quieres romper el hábito del pecado, será mejor que establezcas un hábito de oración.

Jesús vino para poner el pasado en su lugar: el pasado.

Necesitamos dejarlo allí.

Cuando yo tenía diez años, recuerdo que mi hermano mayor, Don, tiró un juego de mesa que se había convertido en una obsesión poco sana en su vida. Lo empaquetó, y lo tiró a la basura. Recuerdo que me preguntaba por qué no lo *vendió*, pero aquella decisión causó una profunda impresión en mí. Fue un momento Gilgal.

Si quieres dejar el pasado en el pasado, ayuda si lo entierras, lo quemas, lo tiras o lo borras. ¿Acaso no es eso lo que Cristo ha hecho con nuestro pecado? Él crucificó nuestro pecado al clavarlo a una cruz. ¡No lo resucites!

YA NO HAY GARRA

Cada palabra en el primer versículo del Súper 8 es importante, pero la palabra que quizá sea la que más se pasa por alto es *ahora*.

El perdón completo es nuestra realidad en tiempo presente. Aquí mismo. Ahora mismo. Y no es solamente una teoría que Pablo está planteando aquí. ¿Cuántas veces Pablo, que antes era conocido como Saulo, debió tener recuerdos del pecado del apedreamiento de Esteban? ¿O de los incontables cristianos a los que persiguió como si fueran animales?

Pablo fue un testigo ocular, lo cual significa que esas imágenes quedaron grabadas en su corteza visual. Cuando cerraba los ojos, aquellas imágenes podrían haberlo perseguido el resto de su vida. Según los estándares actuales, Saulo era un terrorista, pero entonces tuvo un encuentro con Cristo que lo dejó ciego. Recuperó su vista física después de tres días, pero la gracia de Dios lo capacitó para hacerse de la vista larga ante el pecado para siempre.

Si Dios se hace de la vista larga ante el pecado confesado, ¿no deberíamos también nosotros hacer lo mismo?

Eso no significa que negamos nuestro pecado o lo ignoramos. Si subestimas tu pecaminosidad, deprecias la gracia de Dios. Pablo se llamaba a sí mismo el primero entre los pecadores.[7] Admitía libremente que él era el peor de los pecadores, y quizá por eso apreciaba mucho más la gracia de Dios.

El motivo por el cual muchos de nosotros etiquetamos a otros por su pecado es que nos hace sentirnos mejor con nosotros mismos. Puede que seamos pecadores, ¡pero por lo menos no hemos hecho esto o lo otro!

Pero Pablo es explícito: todos han pecado y están destituidos de la gloria de Dios.[8] No hay gradación.

O estamos *en el pecado* o estamos *en Cristo.*

O somos *culpables* o somos *perdonados.*

O somos *pecadores* o somos *santos.*

Incluso después de su conversión, Pablo podría haber permitido que los recuerdos del pecado le mantuvieran prisionero. Sentimientos residuales de condenación podrían haber evitado que emprendiera sus viajes misioneros, podrían haber evitado que predicara el evangelio, o que escribiera la mitad del Nuevo Testamento.

Pero Pablo sabía que su pecado fue clavado a la cruz, y que el martillo de la misericordia de Dios no tiene garra ni pinza. Antes de poder entrar en el *¿y* *si...?* tienes que dejar atrás el *si tan solo...* Y la encrucijada es la cruz de Cristo. La cruz es la que convierte *si tan solo...* remordimientos en *¿y si...?* posibilidades.

VIDEO DE MOMENTOS ESTELARES

En la cruz del Calvario, Jesús rompió las cadenas, rompió la maldición y rompió el código. Es el mayor logro de la historia, pero algunas veces lo hacemos de menos. Mi deuda de pecado ha sido pagada totalmente, y yo estoy totalmente perdonado; pero eso es solamente la mitad del evangelio: el *evangelio del vaso medio vacío.*

Tendemos a enfocarnos en que se ha pagado el castigo, lo cual es maravilloso y no hay palabras para expresarlo. Pero la justicia de Cristo se ha acreditado a tu cuenta, de modo que el vaso no está medio vacío, sino que está lleno de la justicia de Cristo.

Esta mentalidad de verlo medio vacío causa que nos enfoquemos en el perdón, pero Jesús no murió en la cruz tan solo para *perdonarte.* Su objetivo es mucho más alto. Él murió para *cambiarte.* Y no murió en la cruz solamente para mantenerte *seguro.* Murió para hacerte *peligroso:* una amenaza para el enemigo. Murió para que tú pudieras marcar una diferencia por toda la eternidad.

Déjame cambiar las metáforas, y dibujar una imagen.

Cuando yo estaba en el seminario tenía un amigo de ochenta años de edad llamado Wiley. Ocasionalmente él compraba unos *Whoppers* de Burger King, llegaba al campus, y manteníamos conversaciones sobre muchas cosas. Los *Whoppers* siempre estaban fríos cuando él llegaba, lo cual me da náuseas, ¡pero era un cambio de ritmo en vez de fideos ramen!

Un día, saqué una vieja cinta de video de momentos importantes de mis tiempos como jugador de baloncesto que mi papá había empalmado. Aquella era la época del VHS, así que era una tercera generación de montaje. Pero en esa cinta sagrada estaban cada uno de mis triples, cada mate, y cada rebote de mi carrera de baloncesto en la secundaria.

Mi papá hizo copias y las envió a varios cazatalentos, pero las cintas debieron perderse en el correo. Ese es el único motivo que se me ocurre en cuanto al porqué ellos no llegaron llamando a la puerta, sí, incluso *rogando.* Al menos

Wiley quedó impresionado, mientras los veíamos con nuestros *Whoppers* fríos en la mano. En cierto momento él dijo: "Mark, nunca fallas".

Ahora bien, ¡de lo que Wiley no se dio cuenta es de que esa cinta no era de un solo partido! Evidentemente, no notó que en algunos tiros yo vestía la camiseta roja de nuestro equipo, y en otros tiros llevaba una blanca, ¡y los contrarios cambiaban también de camiseta!

Durante un momento en el tiempo, una persona en el planeta creyó que yo era el jugador de baloncesto mejor y más grande del planeta. Comprobación de realidad: mi papá me hizo parecer mucho mejor jugador de lo que realmente soy.

¿No es exactamente eso lo que hace el Padre celestial con nuestro video del partido? Se borran todas las pérdidas de balón, ¿cierto? Se edita cada tiro fallado. No aparece en el video, ni aparece en el marcador. ¿Por qué? ¡Porque ha sido editado y quitado por el Autor y Consumador de la fe!

Cuando tú confiesas, Dios edita. No es solamente nuestro pecado lo que se edita y se quita. Su justicia se incorpora en la edición. Lo que queda es una cinta de momentos estelares que haría que *SportsCenter* estuviera orgulloso.

¿Y si comenzaras a actuar como un agente

de gracia, buscando oportunidades para amar a las

personas cuando menos se lo esperan y menos lo merecen?

4

Doble Enjuiciamiento

Para los que están en Cristo Jesús.
Romanos 8:1

Toda leyenda del tenis que haya jugado en la Cancha Central de Wimbledon, desde Arthur Ashe hasta Serena Williams, ha caminado bajo una inscripción en la entrada de jugadores que tiene un mensaje profético tanto para el ganador como para el perdedor:

Si puedes encontrarte con Triunfo y Desastre
Y tratar a esos dos impostores de igual manera[1].

Eso es todo: una idea incompleta y a la vez potente, cortada y pegada de un poema del laureado Nobel británico Rudyard Kipling. ¿El título de una sola palabra? "Si...". Es una oda a la autodisciplina, y la BBC lo denominó el poema favorito de Gran Bretaña un siglo después de que fuera escrito. Su magnetismo tan duradero es un testamento al poder de esa palabra de dos letras.

Igual a la inscripción que hay sobre la entrada de jugadores en Wimbledon, hay una inscripción sobre la entrada al Gran Ocho:

> *Ahora, pues, ninguna condenación hay para los que están en Cristo Jesús.*[2]

He dedicado dos capítulos a este solo versículo porque merece una toma doble. Ese primer versículo debería ser nuestro primer pensamiento cada mañana, pues no hay mejor manera de comenzar el día. Es la salida de emergencia del *si tan solo...* y la entrada principal al *¿y sí...?* Y si quieres entender las otras verdades en el Gran Ocho, tienes que caminar bajo esa inscripción en el camino de entrada y el de salida.

El pueblo judío marcaba los dinteles de sus puertas como recordatorio diario de la soberanía de Dios. Un escriba especialmente entrenado usaba tinta indeleble, y una pluma fuente especial para inscribir en pergamino el Shema: la oración más importante en el judaísmo.[3] El pergamino entonces se enrollaba y se metía en una caja especial llamada la mezuzá. No se colgaba solamente en la puerta principal, sino también en todas las demás puertas: un recordatorio constante, un recordatorio sagrado.

¿Por qué dejamos de hacer eso?

Necesitamos rodearnos de recordatorios sagrados, y por eso yo tengo en mi oficina decenas de mis propias mezuzás únicas. Tengo la botella de licor que encontramos en las paredes de la casa que vendía crack, y que convertimos en la cafetería Ebenezer: un recordatorio de que nada está por encima del alcance redentor de Dios. Tengo el cartel del baño de hombres de los cines en Union Station donde nuestra iglesia se reunió durante trece años asombrosos: un recordatorio de que Dios puede abrir y cerrar cualquier puerta que Él quiera. Tengo una fotografía de los pastos en Alexandria, Minnesota, donde sentí el llamado al ministerio: un recordatorio de que Dios no llama a los calificados, sino que Él califica a los llamados. Y tengo el sombrero de vaquero que llevaba puesto mientras hacía una caminata de borde a borde del Gran Cañón con Parker: un recordatorio manchado de sudor de las temperaturas de 54 C grados que soportamos persiguiendo una meta de la vida.

Tú puedes hacer mezuzás de tu mundo de cientos de maneras diferentes. Tengo amigos que utilizan tatuajes para hacerlo, y otros que prefieren Pinterest. Desde luego, ¡la aplicación más literal podría ser inscribir la Escritura sobre tus puertas! No se me ocurre una mejor bienvenida o despedida que las citas del Gran Ocho.

VIDEO DEL PARTIDO

Recientemente estuve en una reunión de los entonces campeones del *Super Bowl*. He hablado en algunas reuniones de la NFL, pero esta fue distinta, ¡porque me permitieron estar presente en su reunión de equipo!

Oí el discurso motivacional del entrenador principal. Escuché el esquema ofensivo de las quince primeras jugadas del partido, que me pareció una clase de un idioma extraterrestre y una clase de álgebra avanzada combinados. Muchas X e Y con números, nombres y ángulos.

Yo sabía que jugadores y entrenadores pasaban mucho tiempo en la sala de videos, pero fue revelador verlo de cerca y en persona. El entrenador de equipos especiales detectaba las tendencias de su oponente repitiendo partes del video una y otra vez. Sacó a la luz sus debilidades, y planeó cómo su equipo sacaría partido de ellas.

¿Lo más destacado? Ver al entrenador dibujar un gol en un fingido campo durante la reunión, y después verlos ejecutar la jugada en el partido del modo en que él la había dibujado.

El enemigo de nuestras almas conoce nuestras debilidades, e intenta sacarles partido. ¿Su objetivo? Sacarte del partido como pueda. La buena noticia, desde luego, es que Dios está de nuestro lado. Y no importa quién esté contra nosotros ¡si Dios es por nosotros!

El modo en que puedes vencer al adversario es dándole la vuelta al guión, y el guión es la Escritura. El enemigo no tiene ninguna cara no reconocida. De hecho, sus tácticas son tan antiguas como el Edén. Si estudias el video del partido en Génesis 3 y Lucas 4 (la tentación del primer Adán y la tentación del segundo Adán), descubrirás que el enemigo es tan predecible ahora como lo era entonces. Desde luego, no podemos permitirnos el lujo de ser ignorantes de sus maquinaciones, o le daremos una ventaja injusta.[4]

Satanás es una personalidad compleja, pero uno de sus alias es "el acusador de nuestros hermanos".[5] La condenación es su lengua materna. Él intenta recordarnos una y otra vez todo lo que hemos hecho mal, como si fuera un disco rayado. ¿Por qué? Para que gastemos toda nuestra energía emocional en culpabilidad por el pasado. De ese modo no nos queda ninguna energía emocional para soñar sueños del tamaño de Dios o perseguir pasiones ordenadas por Dios.

La ironía de sus acusaciones es la siguiente: él deja tranquilos nuestros pecados *no confesados*. ¿Por qué despertar a un perro que duerme? Él prefiere que no trates en absoluto el pecado no confesado, de modo que no lo toca. Sus acusaciones se dirigen al pecado *confesado*, pecados que ya han sido perdonados y olvidados. Por eso son falsas acusaciones, pues esos pecados ya han sido absueltos.

DOBLE ENJUICIAMIENTO

Permíteme hacer una distinción fundamental.

Condenación es sentirse culpable por pecado *confesado*.

Convicción es sentirse culpable por pecado *no confesado*.

La convicción es saludable y santa, y viene del Espíritu Santo. Es el modo en que nos ponemos a cuentas con Dios, y seguimos adelante con nuestra vida. Si no escuchas su voz de convicción, tampoco oirás su voz de consolación, su voz de sabiduría o su *GPS*. Oír la voz de Dios viene en un paquete. Si no escuchas *todo* lo que el Espíritu Santo tiene que decir, es difícil oír *cualquier cosa* que Él tiene que decir.

Por lo tanto, tienes que sintonizar la voz de convicción del Espíritu Santo, pero también necesitas desconectar la voz de condenación del enemigo.

La voz de condenación es un subterfugio del enemigo con la intención de desalentar y desorientar. Es la vocecita en tu cabeza que te sigue recordando lo que el Padre celestial ya ha perdonado. Necesitas poner el cuadrante en Romanos 8:1, y permanecer sintonizado. Esta es una táctica más: la próxima vez que el enemigo te recuerde tu pasado, recuérdale a él su futuro. Su fracaso es tan cierto como tu perdón.

Hay miles de promesas en la Biblia, y como ya he mencionado, la inmensa mayoría de ellas tiene un *si* al principio de la frase. Uno de los *síes* más increíbles está en 1 Juan 1:8-9, pero es una espada de doble filo que corta por ambos lados.

> *Si afirmamos que no tenemos pecado, nos engañamos a nosotros mismos y no tenemos la verdad. Si confesamos nuestros pecados, Dios, que es fiel y justo, nos los perdonará y nos limpiará de toda maldad.*

Si nos declaramos inocentes, somos culpables de los cargos que se nos imputan, y ni siquiera el abogado puede salir en nuestra defensa. Pero si nos declaramos culpables de los cargos, somos hallados inocentes, y nos situamos bajo la custodia protectora de Dios. Nuestro registro de males queda completamente eliminado, y no hay doble enjuiciamiento; no puedes ser juzgado dos veces por el mismo pecado. No se puede exagerar en exceso la fuerza del *no* en "no hay ninguna condenación", pues es una negación absoluta que no tiene ningún límite en el tiempo, el alcance o el costo. Una vez confesados, los pecados son perdonados una vez por todas. El Hijo de Dios sin pecado llevó la culpa, soportó el golpe, y llevó sobre sus hombros la caída por los pecadores caídos.

2.232 VIDAS

Hay un dicho que proviene del béisbol: tres *strikes* y estás fuera.

Está tan arraigado en nuestra psiquis que jugamos en la vida del mismo modo que jugamos al béisbol. Les damos a las personas tres oportunidades, y ninguna más. Pero Dios nunca nos da por perdidos. No está en Su naturaleza.

Cuando Pedro le preguntó a Jesús cuántas veces debía perdonar a su hermano, Jesús estableció el estándar de oro. Pedro respondió a su propia pregunta diciendo *siete*, y estoy seguro de que él pensaba que estaba siendo generoso, pero Jesús sube la apuesta hasta *setenta veces siete*. Entonces sube aún más la apuesta con una historia sobre un patrón que perdonó a su sirviente una deuda de diez mil talentos.

Voy a hacer el cambio de moneda.

Un talento equivalía a 60 minas.

Una mina equivalía al salario de tres meses.

Por lo tanto, un talento suponía 180 meses de salario. ¡Esos son quince años! Y eso para *un solo* talento. ¡Una deuda de diez mil talentos significaba 150.000 años de salario! Utilizando la esperanza de vida promedio en la actualidad, este sirviente habría necesitado 2.232 vidas para liquidar la deuda. Desde luego, la esperanza de vida en el primer siglo era de menos de la mitad de la que es ahora, de modo que habría necesitado dos veces esas vidas para pagar por completo la deuda.

Vamos a divertirnos un poco más con los números. En lugar de años, expresemos la deuda en dólares. El salario mínimo federal es de 7,25 dólares por hora. Tomemos un empleo con un horario de nueve a cinco, de lunes a viernes. Eso supone unos ingresos anuales de 15.080 dólares, apenas por encima del nivel de pobreza para un contribuyente soltero en los Estados Unidos. Esa cifra podría no parecer mucho, pero cuando la multiplicamos por 150.000 años, nos da un total de 2.262.000.000 dólares. ¡Miles de millones!

Ahora, aquí llega lo asombroso: en virtud de lo que Cristo hizo en la cruz, tu deuda ha sido pagada por completo. Y no solo hasta el último dólar, sino también hasta el último centavo. Como dice el viejo himno:

> ¡Qué hecho glorioso el saber que Jesús
> me libró del yugo opresor!
> Quitó mi pecado, lo clavó en la cruz:
> Gloria demos al buen Salvador.[6]

PAGADO POR COMPLETO

Solo minutos antes de su último aliento, Jesús gritó: "*¡Tetelestai!*" desde la cruz, que se traduce como "Consumado es".

Fue la misma palabra que se escribía en los recibos antiguos en tiempos del Nuevo Testamento, indicando que una deuda había sido pagada por completo. La muerte de Jesús en la cruz fue la última cuota por el pecado. La deuda de 2.262.000.000 quedó pagada por completo en el Calvario.

Donde abunda el pecado, abunda *mucho más la gracia*.[7]

¿Lo captaste? *Mucho más.*

Recientemente me encontré con alguien de la iglesia *National Community*, que es camarera en uno de mis restaurantes favoritos. Ella me preguntó qué quería, y yo le pregunté cómo le iba. Sus ojos llorosos me decían: *no muy bien*. Me dijo que había cometido un error, y pude sentir su agudo remordimiento. No tengo ni idea de qué error cometió, pero Dios me dio un sermón de una sola frase. Ella estaba sirviendo a otros clientes, de modo que fue lo único para lo que tenía tiempo. De manera sencilla y a la vez sincera le dije: "Su gracia es suficiente". Eso es. No importa cuán grande o cuán malo sea el error, esas cuatro palabras son siempre ciertas.

El banco de misericordia nunca está cerrado, y nunca hay fondos insuficientes. La provisión de gracia es siempre mayor que la demanda del pecado. En el instante en que confesamos nuestro pecado, se produce una transacción milagrosa. Todo nuestro pecado es transferido a la cuenta de Cristo, y queda pagado por completo. Pero tan bueno como es eso, solamente es la mitad del evangelio. Hay una segunda transferencia. Toda la justicia de Cristo se acredita a nuestra cuenta, y entonces el Dios misericordioso dice: "¡Estamos en paz!".

Estar *en Cristo* significa que permanecemos en Su justicia, de modo que cuando estemos delante del tribunal de Dios, no tendremos que dar cuentas de nuestro pecado porque ya se dieron cuentas de él en la cruz. El Padre verá la justicia de Su Hijo que ha sido acreditada a nuestra cuenta.

Esas son buenas noticias.

Esa es la verdad del evangelio.

¿Y si desconectaras la voz

de condenación, y sintonizaras

la voz de convicción?

5

Un Ayuno de 100 Millones de Dólares

Era débil por la carne.
Romanos 8:3 (RVR 1960)

¿Ayunarías durante veintidós días si supieras que eso ganaría 100 millones de dólares para una causa que te interesa? Claro que lo harías. ¿Quién no lo haría?

Quédate con esa idea.

Poco después de mudarme a Washington DC, oí rumores de una reunión bipartita y multirracial dirigida por el congresista Tony Hall, y quedé lo suficientemente intrigado para informarme. Desde entonces he escrito uno o dos libros sobre la oración, y también hemos sido anfitriones de reuniones de oración en la iglesia *National Community*, pero esa reunión de oración inaugural fue un momento decisivo para mí.

Sabía que la oración, y no la política, sería lo que cambie nuestra ciudad desde dentro hacia fuera. Después, saludé al congresista Hall y seguí por mi camino. Habían pasado casi dos décadas desde aquella reunión de oración cuando Tony y yo nos pusimos al día mientras tomábamos una taza de café en Ebenezer.

Después de trabajar durante veinticuatro años en la Cámara de Representantes de los Estados Unidos, Tony Hall fue nombrado embajador de los Estados Unidos en la FAO (Organización de las Naciones Unidas para la Alimentación y la Agricultura) en Roma. Después de su periodo como embajador, Tony regresó a Washington para dirigir la Alianza Internacional contra el Hambre.

Uno no puede estar cerca de Tony Hall sin sentir su gran pasión por acabar con el hambre en el mundo. Ese es el *¿y si...?* de Tony. Eso es lo que le hace levantarse en la mañana, y le mantiene despierto en la noche.

La génesis de la pasión de Tony fue un viaje a Etiopía durante una grave hambruna hace casi treinta años. La delegación del Congreso visitó varios lugares, incluido un pequeño puesto médico dirigido por dos monjas. Mientras ellos estaban allí, miles de refugiados, que parecían esqueletos andantes, aparecieron en el horizonte. Habían caminado cientos de kilómetros para conseguir comida, una comida que las monjas no tenían.

Cuando descubrieron que no había comida, muchos de ellos se tiraron al suelo esperando la muerte.

Sus lamentos harán eco en los oídos de Tony para siempre. Algunas madres ponían a sus hijos en los brazos de Tony con la esperanza de que él pudiera ayudar. Él no podía. "Vi morir a veinticuatro niños en quince minutos", decía Tony. "Y nunca me sobrepuse a eso".

A Tony se le partió el corazón, y aún sigue teniendo abierta esa herida. Pero son nuestras heridas las que Dios utiliza para ayudar y sanar a otros.

PARA DIOS

Si aquella experiencia en Etiopía fue la génesis de la pasión de Tony, la revelación se produjo el día en que el Congreso recortó los fondos al Comité

Selecto para el Hambre, el comité que Tony presidía. Con una rúbrica, su causa se convirtió en una causa perdida.

El *New York Times* había llamado al Comité Selecto para el Hambre "la conciencia del Congreso". Pero como Tony señala de modo conmovedor: "Los pobres no pueden costear cabilderos".

Cuando hicieron esos recortes, Tony sintió la tentación de dejar el Congreso. Entonces, su esposa, Jan, dijo: "¿Has pensado alguna vez en ayunar?". ¡A veces el Espíritu Santo habla con una voz que suena exactamente como la de tu cónyuge!

Esa sola pregunta cambió la trayectoria de la vida de Tony. Fue el catalizador que causó que se hiciera la pregunta: *¿y si...?*

Tony y Jan leyeron Isaías 58. Entonces lanzaron los dados hacia ese *¿y si...?*

> *El ayuno que he escogido, ¿no es más bien romper las cadenas de injusticia y desatar las correas del yugo, poner en libertad a los oprimidos y romper toda atadura? ¿No es acaso el ayuno compartir tu pan con el hambriento?*[1]

Al día siguiente, Tony se puso de pie ante un panel de decenas de micrófonos, y anunció su ayuno por el hambre: "Tenía temor de parecer un tonto", me dijo Tony. "Pensé que incluso podría costarme mi escaño en el Congreso". Pero así se siente caminar siguiendo al Espíritu. Tenía la sensación de ser un hombre contra el mundo, pero Tony sabía que si Dios lo respaldaba, nada podría detenerlo.

Los veintidós días siguientes demostraron ser los días más difíciles, y a la vez más asombrosos de su vida. Su cuerpo se debilitó al no ingerir otra cosa que agua para sostenerlo. Pero su resolución se fortaleció como si fuera hierro forjado a una temperatura de 2.246 grados Fahrenheit (1.230 grados C). Diez mil escuelas de secundaria se unieron al ayuno. Las redes más importantes en todo el país y en todo el mundo documentaron lo que Tony estaba haciendo.

Entonces, el día veintidós, se produjo la victoria. El Banco Mundial le dijo a Tony que querían convocar una conferencia mundial contra el hambre. Después de la conferencia, se prometió destinar más de 100 millones de dólares a la causa que a Tony le interesa tanto. Mohammed Yunus, ganador del premio Nobel de la Paz por su trabajo en los microcréditos y la microfinanciación, le dijo a Tony más adelante que el fondo se había multiplicado varias veces, totalizando casi quinientos millones de dólares.[2]

"No se puede ayunar para el hambre", advirtió rápidamente Tony, "o para cualquier otra causa. Hay que ayunar para Dios".

La *causa* no es la causa. Es el efecto. ¡Dios es el catalizador de toda causa justa! "Pero cuando ayunamos y oramos", dijo Tony, "Dios se inclina, y se acerca un poco más". ¡Muy cierto!

LA MADRIGUERA DE CONEJO

Hay una escena icónica en la película clásica de culto *Matrix* que proporciona una metáfora estupenda. Morfeo le da a elegir a Neo entre dos pastillas:

> Si te tomas la pastilla azul, la historia termina. Te despiertas en tu cama, y crees lo que quieras creer. Si te tomas la pastilla roja, te quedas en el país de las maravillas, y yo te muestro cuán profundo llega la madriguera de conejo.[3]

La pastilla roja es ¿y si…? Es la madriguera de la fe. Y un modo de destapar la pastilla es practicando la disciplina espiritual del ayuno. El beneficio pleno del ayuno está más allá del ámbito de este libro, pero es una de las mejores maneras de romper el poder de la carne. Si puedes decirle no a la comida, puedes decirle no prácticamente a cualquier cosa. A pesar de cuál sea la adicción con la que estés batallando, el ayuno es la manera en que rompes el yugo de la atadura. A pesar de cuál sea la causa que te importa, el ayuno invita el favor de Dios. En el reino de Dios, ayunar es la manera de ir más rápido, más lejos. No es un atajo, sino un pasillo rodante.

Cuando te abstienes de alimentos, eso le muestra a Dios que vas en serio. Y Dios se toma eso en serio si la causa le honra a Él. La realidad es la siguiente: algunas victorias espirituales solo son posibles con la combinación de oración y ayuno. Cuando ayunas y oras, la sinergia es mayor que la suma de sus partes.

Por lo tanto, permite que vuelva a hacerte la pregunta: ¿Ayunarías durante veintidós días *si* supieras que eso ganaría 100 millones de dólares para una causa que te interesa?

El truco es, desde luego, que el ayuno no viene con una garantía de devolución del dinero. Si así fuera, no requeriría fe. Pero el ayuno es una manera en que nos preguntamos *¿y si...?* Si no ayunas, estás destapando la pastilla azul. Mantienes el status quo, y así te pierdes victorias sobrenaturales. Nunca sabrás lo que Dios habría hecho o podría haber hecho; solamente te quedas con *si tan solo...*

Desperdiciamos el 83,2 por ciento de nuestra energía emocional en cosas que no podemos controlar. Muy bien, me he inventado ese porcentaje, pero creo que es una cifra aproximada. No te preocupes por lo que no puedes controlar. Ni siquiera te preocupes por hacer algo grandioso o glorioso. Tan solo haz lo que sabes que es correcto. Y asegúrate de que lo haces para Dios.

¿Has pensado alguna vez en ayunar?

Lo único que se interpone entre un milagro de 100 millones de dólares y tú puede que sea un pequeño *si...*

EL MÚSCULO DEL "NO"

El ayuno es uno de los mejores caminos hacia el *¿y si...?*

Si tienes la sensación de que tu sueño está en un patrón de estancamiento, prueba a ayunar.

Si tienes la sensación de que tu matrimonio está manteniendo el status quo, prueba a ayunar.

Si se te está partiendo el corazón por tus hijos, prueba a ayunar.

Si necesitas una victoria, prueba a ayunar.

Si necesitas tomar una decisión importante, prueba a ayunar.

Cuando miro por el espejo retrovisor, es sorprendente cuántos momentos decisivos puedo rastrear hasta periodos de ayuno. En un ayuno de medios de comunicación de cuarenta días fue cuando le di forma a mi primer libro. Fue un ayuno de Daniel de diez días el que condujo a la adquisición milagrosa de nuestro campus en Capitol Hill. Durante un ayuno de Año Nuevo de veintiún días, llegó de la nada un donativo de un millón de dólares a la iglesia *National Community*. Y eso es solo la punta del iceberg.

Yo no estaba ayunando para un libro, para un campus o para 1 millón de dólares.

Estaba ayunando para Dios, y Dios se inclinó y se acercó.

Esto tiene tanta importancia que profundizaré más en ello.

Tenemos más de 600 músculos en nuestro cuerpo. Por la fuerza que tienen, si todos ellos tiraran en la misma dirección, ¡podrías levantar 25 toneladas![4] El músculo que más trabaja es el corazón. Bombea cada día 2.500 galones (9.500 litros) de sangre a lo largo de 60.000 millas (96.500 kilómetros) de venas, arterias y capilares, y tiene la capacidad de latir más de tres mil millones de veces sin saltarse un solo latido.

El músculo más grande es el *gluteus maximus*. Independientemente de lo que probablemente hayas oído, el músculo más fuerte *no* es la lengua. Por peso, es el músculo masetero en la mandíbula que puede cerrar los dientes con una fuerza tan grande como noventa kilos en los molares.

Los músculos del ojo puede que sean los más activos. Si lees un libro durante una hora, el ojo hace diez mil movimientos coordinados. Y hay cuarenta y tres músculos en la cara, la mayoría de los cuales están controlados por el séptimo nervio craneal. Según un estudio, son necesarios cuarenta y tres músculos para fruncir el ceño y diecisiete músculos para sonreír. Por lo tanto, en esta única ocasión, ¡recomiendo el camino de menor resistencia!

De todos los músculos, el más importante, en mi opinión, es el músculo del "no". Es el músculo que tienes que flexionar cada vez que dices no a un postre porque estás haciendo dieta, o no al sexo porque es un pacto sagrado entre esposo y esposa, o no al botón de *snooze* en el despertador porque es hora de levantarte, y leer la Palabra de Dios. Cuando dices no a la tentación, estás flexionando tu músculo del "no".

La pregunta obvia es esta: ¿Cómo ejercitas tu músculo del "no"? Sabes cómo entrenar el músculo de tu corazón: haces un buen entrenamiento cardiovascular. Sabes cómo ejercitar tus pectorales: levantas peso en la banca. Sabes cómo ejercitar tus cuádriceps: haces sentadillas.

¿Y cómo ejercitas tu músculo del "no"? Ayunando.

Espiritualmente hablando, nada te llevará más lejos y más rápido que el ayuno. Debes ayunar para Dios, pero el ayuno derriba fortalezas y produce victorias. En su esencia, el ayuno es la manera en que declaramos a Dios que lo necesitamos a Él, y que lo queremos a Él más que a la comida.

Se necesita una disciplina tremenda para renunciar a la comida, pero hacerlo cultiva disciplina en otras áreas de nuestra vida. Es la disciplina que engendra disciplina. Si puedes decir no a la comida, puedes decir no a cualquier cosa. ¡Y eso disminuirá los *si tan solo*... remordimientos!

La mejor manera de matar los deseos pecaminosos es hacerlos morir de hambre, y eso es precisamente lo que hace el ayuno. No solo debilita tu cuerpo físico, sino que también debilita tu carne pecaminosa. Y simultáneamente fortalece tu espíritu.

LA PALABRA DEL AÑO

Una de mis rutinas de Año Nuevo es escoger una palabra del año y un versículo del año. ¡Había roto tantas resoluciones que tuve que probar otra cosa!

El año pasado la palabra fue *no*, como en: ¡no! Sabía que tenía que decir no mucho más de lo que lo hacía. Y no fue fácil, porque mi disposición por defecto es el sí.

Mi palabra del año es una manera de volver a poner las piedras de la frontera donde pertenecen, y también se convierte en un punto focal para el año. Por lo tanto, una de las cosas que hice fue decidir que no haría más de doce viajes como conferencista donde tuviera que pernoctar. La motivación era bastante sencilla: mis hijos están en una edad y etapa en las que quiero estar a su lado. Al final del día quiero ser famoso en mi propio hogar. ¡Y es difícil ser famoso en tu hogar si nunca estás en casa!

Hace unos años leí un librito de Andy Stanley titulado *Choosing to Cheat* [¿A quién le haré trampas?]. Una frase fue transformadora para mí, y se ha convertido en una de mis citas más usadas. "Decir *sí* a uno", dice Andy, "es decir *no* al otro".[5] Sin duda, lo contrario también es cierto. Decir no a una cosa es decir sí a otra.

Ayunar no es solamente decir no a la comida.

Es decir sí a Dios.

La mayoría de nosotros tenemos una lista de quehaceres, pero podría ser incluso más beneficioso comenzar una lista de *dejar de hacer* cosas. ¡Tienes que maldecir la higuera estéril! ¿Recuerdas el árbol que no estaba produciendo fruto? Jesús lo maldijo.[6] Tú tienes algunas higueras estériles en tu vida: cosas que simplemente están ocupando tiempo y ocupando espacio. Es difícil decir no a algo, incluso a las cosas que no están funcionando. Pero así es como haces espacio para el *¿y si...?*

Aunque no necesariamente te estoy indicando que sigas mi ritual anual de "una palabra", quizá quieras probarlo. Y si no estás seguro de qué palabra escoger, ¿por qué no comenzar con *si*? Repito: hay 1.784 *síes* en la Escritura.[7] ¡Eso te mantendrá ocupado durante un tiempo!

¿Y si probaras un ayuno de alimentos,

un ayuno de medios de comunicación, o

un ayuno de quejas durante

diez, veintiuno o cuarenta días?

6

Memoria Muscular

No andamos conforme a la carne, sino conforme al Espíritu.
Romanos 8:4 (RVR-1960)

Durante el torneo de baloncesto de la NCAA (Asociación Atlética Nacional Universitaria), con frecuencia siento la urgencia de lanzar a canasta. La locura de marzo hace salir al exdeportista que hay en mí. Y para que conste, cuanto más envejeces, ¡mejor jugador eras! Yo jugué cuatro años en el baloncesto universitario y gané honores de Primer Equipo All-*American* en mi última temporada.

Desde luego, era la NCCAA, no la NCAA. La C extra significa *cristiana*. Ya lo sé, ¡no es tan impresionante!

Durante una reciente Final a Cuatro, decidí ver cuántos tiros libres seguidos podía anotar. En la universidad estaba tan solo por debajo de un 80 por ciento en tiros libres. Bien, pero no estupendo. Eso fue hace dos décadas. Además, no había lanzado ni un solo tiro a canasta al menos desde seis meses atrás.

Por lo tanto, me quedé un poco sorprendido cuando anoté treinta y tres seguidos. Iba bien, así que decidí seguir y comprobar cuántos podía anotar de cien. Tendrás que creerme, pero acerté los siguientes cincuenta y nueve lanzamientos; después fallé dos seguidos, anoté los cinco últimos, y terminé con noventa y siete de cien. No estoy seguro de si podría volver a hacerlo, especialmente si tú me estuvieras mirando. Pero tampoco fue pura suerte.

Comencé a jugar al baloncesto cuando estaba en séptimo grado. Durante la década siguiente, jugaba dos horas al día, todos los días. Me crié en Chicago durante la época de Michael Jordan, así que imitaba sus movimientos después de ver partidos de los *Bulls*. Antes de que tuviera el necesario salto vertical, usaba un trampolín para hacer los mates de los *Pistons* de Detroit. Incluso durante el frío del invierno practicaba en una canasta en el sendero de entrada de mi casa, con un abrigo puesto. Junto con el juego estándar de imitar tiros, inventamos otro juego para lanzar llamado "sin tocar aro". Si el balón golpeaba el aro, ni siquiera contaba. Y desde luego, yo lanzaba tiros libres durante horas.

¿A qué quiero llegar? Anotar noventa y siete de cien tiros libres no fue suerte. Lo fue, y no lo fue. Se llama el músculo de la memoria. Lanzar tiros libres se parece un poco a montar en bicicleta. Una vez que se aprende la habilidad, nunca se olvida.

Pese a la connotación, la memoria muscular no está almacenada en los músculos. Es una memoria de procedimiento que está almacenada en tu cerebro en cualquier momento en que repites un movimiento muscular. Ya sea golpear una bola de golf, tocar el violín o realizar una rutina de danza, la memoria muscular se hace más fuerte cuanto más se repite.

Tiene sus detractores, pero yo me suscribo a la Regla de las 10.000 Horas. Introducida por el psicólogo K. Anders Ericsson y popularizada por el autor Malcolm Gladwell, la Regla de las 10.000 Horas afirma que la cantidad mínima de tiempo que se necesita para llegar a ser un experto en cualquier cosa ronda las 10.000 horas. Eso es a la vez alentador y desalentador, ¿no es cierto? Alentador porque cualquiera puede hacerlo si se lo propone; desalentador porque no hay atajos, ¡pese a lo inteligente o talentoso que seas! Sin duda, algunos deportistas olímpicos, grandes maestros del ajedrez y virtuosos del violín podrían argumentar que se necesita incluso más tiempo que ese. Pero es una base, una línea de tiempo para la grandeza.

LA CURVA DE APRENDIZAJE

Al igual que un idioma extranjero o un arte marcial, las disciplinas espirituales tienen una curva de aprendizaje. ¿Puedes imaginar estar frustrado el primer día de una clase de un idioma extranjero porque no tienes fluidez en ese idioma? ¿O sentirte molesto porque querías conseguir un cinturón negro en la primera semana?

Sin embargo, así nos sentimos con frecuencia cuando no tenemos fluidez en la oración o la adoración. Al igual que se necesita tiempo para conjugar los verbos, se necesita tiempo para conjugar la alabanza.

Las disciplinas espirituales son formas de arte. Tu primera oración probablemente se parecerá al dibujo de un niño de kínder. ¡Y claro está que Dios la pondrá en la puerta de su refrigerador! Pero si sigues practicando la oración, tu fe adquirirá fluidez.

Vivir una vida guiada por el Espíritu es una curva de aprendizaje escarpada. Toma tiempo, y al decir tiempo, me refiero a décadas, no días. Tienes que crecer en las disciplinas espirituales poco a poco, y así es como vas de fortaleza en fortaleza. Continúas con la comparativa. Tu techo de fe se convierte en tu suelo de fe. Y no nos equivoquemos al respecto; estas disciplinas espirituales acumulan un interés compuesto.

Yo no comienzo desde cero cada vez que estudio la Palabra de Dios. Cuando la leo, continúo donde lo dejé. Estoy apoyado sobre los hombros de lo que estudié el día anterior, la semana anterior, el año anterior.

Recientemente asistí al velatorio de una predicadora de noventa y cuatro años llamada Charlotte Hall. Su hijo y mi amigo, el pastor Michael Hall, me enseñó una de las viejas Biblias que ella tenía. Estaba desgastada, bien puesta en práctica. ¡Michael me dijo que ella había leído la Biblia de principio a fin cincuenta y dos veces! Te prometo esto: ella no comenzaba de cero cada vez. Con cada lectura, ella obtenía los dividendos de la revelación anterior. Con cada lectura, su fe aumentaba de modo exponencial.

Lo que es cierto de la Escritura es cierto de la adoración. La mayoría de cantos de adoración duran aproximadamente cuatro minutos y treinta y siete segundos. Es una suposición del total, pero es un cálculo aproximado. Cuando yo canto esa canción, estoy cantando durante cuatro minutos y treinta y siete segundos. ¡pero son en realidad cuarenta y cuatro *años* de adoración condensados en la duración del canto! Si estoy adorando a Dios con todo mi corazón, debe incluir cada latido de mi corazón desde el principio. Cuanto más envejeces, mayor es tu potencial para la adoración. ¿Por qué? Porque tienes un historial más largo con Dios. Tienes más recuerdos en los que apoyarte, recuerdos de sus milagros, su amor y su fidelidad. Pero independientemente de cuál sea tu edad, ¡tus ondas de sonido de adoración resonarán por toda la eternidad!

Por lo tanto, cuando te frustres con tu oración, con tu adoración o con cualquier otra disciplina espiritual, recuerda que esta es solamente la ronda de ensayo. Tendremos toda la eternidad para perfeccionar nuestra alabanza. Mientras tanto, sigue subiendo por la curva de aprendizaje.

LA TEORÍA DEL TODO

En el ámbito de la física, un marco teórico que lo abarca todo y que explica plenamente y une todos los aspectos físicos del universo se denomina *teoría del todo*. También se llama teoría máster, teoría suprema o teoría final. Aquí está mi teoría del todo: la respuesta a cada oración es *más del Espíritu Santo*.

Detente y piensa al respecto.

¿Necesitas tomar una decisión crucial? Necesitas el *Espíritu* de sabiduría y revelación. ¿Necesitas las palabras correctas para una propuesta de negocios o una propuesta de matrimonio? El Espíritu Santo es nuestro apuntador electrónico: Él nos da las palabras correctas en el momento correcto. ¿O necesitas un poco de amor? Bueno, ese es el primer fruto del Espíritu. Por lo tanto, lo que en realidad necesitas es más del Espíritu. Lo mismo se aplica a gozo, paz, paciencia, y cada uno de los otros frutos del Espíritu. ¿Necesitas sobreponerte a una adicción? Necesitas el último fruto del Espíritu: dominio propio. Desde luego, eso es un oxímoron porque no viene de ti. El Espíritu es quien lo fabrica, de modo que realmente es dominio del Espíritu.

En cualquier cosa de la que necesites más, necesitas más del Espíritu Santo. Y para que conste, el Espíritu de Dios no solo quiere llenarte; quiere estirarte, ¡aumentar tu capacidad!

Si tienes la sensación de que tu vida está en un caos, el Espíritu de Dios se está moviendo tal como lo hacía en el amanecer de la creación. Él es especialista en poner orden en el caos, luz en la oscuridad, en sacar belleza de la nada.

Pese a la pregunta que tengas, el Espíritu Santo es la respuesta.

Pese al problema que enfrentes, el Espíritu Santo es la solución.

Esto es lo que sé con seguridad: necesito más al Espíritu Santo hoy de lo que lo necesitaba ayer. Y necesito tanto de Él como pueda obtener. O quizá debería decir que necesito rendir a Él todo lo que pueda de mí. Cuando hacemos eso, el Espíritu Santo no nos hace mejores que cualquier otra persona; ¡nos hace mejores que nosotros mismos![1] Él nos da sabiduría que está por encima de nuestro conocimiento, poder por encima de nuestra fortaleza, y dones por encima de nuestra capacidad. Con la ayuda del Espíritu Santo llegamos a ser mejores que nuestro mejor esfuerzo, mejores que nuestro mejor pensamiento; nos convertimos en la mejor versión posible de nosotros mismos. No hay duda de que eso toma tiempo; toda la vida.

Ya que estamos hablando del tema del fruto del Espíritu, lo expresaré en términos agrícolas. El pecado es una semilla. Si la plantas y la riegas, crecerá. Si no la alimentas, morirá. Y lo mismo es cierto de la santidad: es una cosecha. Y también lo es la riqueza. Y también lo es la salud. ¡Y también lo es todo lo demás!

No nos cansemos de hacer el bien, porque a su debido tiempo cosecharemos si no nos damos por vencidos.[2]

Es difícil imaginar a un agricultor plantando judías, y que después se sorprenda porque no cosecha maíz. ¿Por qué? Porque lo que sembramos es lo que cosechamos. Sin embargo, algunos de nosotros parecemos asombrarnos cuando las semillas del pecado producen su cosecha.

Lo mismo es cierto de la santidad. No es puro azar. La santidad es una cosecha. ¿Estás plantando amor u odio? ¿Gozo o ingratitud? ¿Paciencia o impaciencia? ¿Dominio propio o autocomplacencia? No puedes quebrantar la ley de la siembra y la cosecha. Ella es la que puede quebrantarte a ti. O forjarte, si continúas sembrando las semillas correctas.

¿Quieres una cosecha abundante? Entonces necesitas más del Espíritu Santo. Pero el Espíritu Santo no puede llenarte si estás lleno de ti mismo. La lista de los nueve frutos del Espíritu hace también de lista de deseos. En lo profundo de nuestro ser es todo lo que queremos, todo lo que necesitamos. Pero lo que en realidad queremos y en realidad necesitamos es más del Espíritu Santo mismo.

Es el Espíritu Santo quien disipa el *si tan solo*...

Es el Espíritu Santo quien deletrea *¿y si...?*

Si quieres que Dios haga algo nuevo, no puedes seguir haciendo lo de siempre. Tienes que hacer algo diferente, y después convertirlo en una rutina recta que haces una, y otra, y otra vez.

Unas palabras de advertencia: la práctica no hace la perfección. La práctica hace la *permanencia*. La clave es practicar la presencia de Dios cada día en cada aspecto; y cuando entramos en la presencia de Dios, comienza el partido.

EL SECRETO DEL ÉXITO

Cuando yo estaba en mi primer año como pastor, pasé una de las semanas más formativas de mi vida con el autor y pastor Jack Hayford. Casi dos décadas después sigue pagando dividendos.

No tengo muchos héroes. De hecho, puedo contarlos con los dedos de una mano. Mi papá es sin duda uno de ellos. No puedo recordar ni una sola ocasión en que mi papá se quejara. Ni una. Mi suegro, Bob Schmidgall, es sin duda otro de ellos. Mi amigo y padre espiritual, Dick Foth, también está ahí. De hecho, fuimos equipo en un libro titulado *A Trip Around the Sun* [Una Vuelta Alrededor del Sol]. Estaré siempre en deuda con el pastor que me dio la oportunidad de pastorear: Bob Rhoden. Y después está Jack Hayford.

Ese es mi salón de la fama personal.

Conocí a Jack cuando yo era adolescente. Mi suegro lo invitó a predicar en la iglesia *Calvary* en Naperville, Illinois, y hubo bastante agitación. Su programa de radio se emitía en Chicago, de modo que muchas personas conocían y amaban su enseñanza. El lugar estaba lleno aquella noche, y se convirtió en uno de los momentos de predicación más divertidos porque Jack dejó abierta "la puerta del granero".

Cuando Jack está en el ritmo de la predicación, mete una mano en su bolsillo y después la otra. ¡Y eso no ayudó precisamente! Ah, ¿y mencioné que la plataforma estaba a metro y medio de altura? ¡Eso tampoco ayudó! ¡Todas las señoras en la audiencia tenían la cabeza pegada a sus Biblias! Está claro que Jack no sabía nada hasta que mi suegro escribió una nota, y la puso sobre el púlpito en mitad del sermón: "Jack, llevas la cremallera bajada".

Como si fuera un patinador sobre hielo en las Olimpíadas haciendo un salto Lutz, Jack se giró, se subió la cremallera, y completó una maniobra de 360 grados de modo tan bonito que los jueces rusos le habrían dado un diez. Lo que es más divertido aún es que Jack dijo en la cena después de la reunión que no creía que nadie se hubiera dado cuenta. Bueno, ¡aquella noche éramos todos unos mirones!

Siete años después, estaba yo en mi primer año de pastorado en la iglesia *National Community*. Nunca había estado en el equipo pastoral de una iglesia, y mucho menos había pastoreado una iglesia. Los matices en el lenguaje y el liderazgo de Jack dejaron una impresión indeleble en mí. La iglesia tenía menos de cien personas en ese tiempo, pero las lecciones aprendidas aquella semana ayudaron a nuestra iglesia, me ayudaron *a mí*, a crecer.

Actualmente, Jack anda en los ochenta y tantos años de edad, y es tan sabio y ocurrente como siempre. Recientemente pasó dos horas con un puñado de pastores en Washington, DC. Esa charla de dos horas giró en torno al secreto de su éxito. Y por éxito me refiero a mayordomía. Es hacer todo lo mejor posible con lo que tienes donde estás. ¿El secreto de Jack? *Toma decisiones contra ti mismo.*

Para empezar, Jack es transparente, pero el proceso de envejecer ha dado como resultado una transparencia total. Llega cierto momento en que eres demasiado viejo para conformarte con clichés o tópicos. Así que Jack habló acerca de sus casi errores que podrían haberle costado su ministerio y su reputación. ¿Lo que le salvó? Tomar decisiones contra él mismo.

Volveremos con Jack en un momento, pero detente y piensa al respecto. ¿Conoces a alguien que tenga bien marcada una tableta de abdominales? Esa persona tomó una decisión contra sí misma. Fue al gimnasio cuando el resto de nosotros repetíamos el plato en la comida. ¿Y qué de la persona que obtuvo su doctorado o maestría? ¡Iba a la biblioteca cuando el resto de nosotros encendíamos el televisor! Fue esa decisión contra sí mismos, tomada un día tras otro, lo que les ayudó a obtener ese título. No importa si es un deportista de talla mundial o un músico de talla mundial; llegaron hasta ahí tomando decisiones contra sí mismos.

¿Qué decisión necesitas tomar contra ti mismo?

Esa sola decisión podría ahorrarte cien *si tan solo...* También podría tener un efecto dominó hacia mil *¿y si..?*

SUFICIENTEMENTE BUENO

Regresemos a Jack. Algunas de las decisiones que Jack tomó contra sí mismo implicaban resistir la tentación: los deseos de la carne, los deseos de los ojos, y la vanagloria de la vida.[3] Eran asuntos en blanco y negro, buenos o malos. Pero otros eran sencillamente convicciones personales, y no eran malos para otras personas, sino solamente para Jack. Por ejemplo, el momento decisivo cuando Jack tuvo la sensación de que Dios le dijo que renunciara al chocolate.

Jack sería la primera persona en decir que no hay nada de malo en el chocolate. De hecho, tomemos un instante ahora mismo para dar gracias a Dios por el chocolate: chocolate negro, chocolate con leche y chocolate blanco. Y no olvidemos los cacahuates recubiertos de chocolate, las galletas de chocolate y el dulce de chocolate y menta. En mi libro, ¡el chocolate es una evidencia irrefutable de que Dios nos ama y tiene un plan maravilloso para nuestras vidas!

Durante casi treinta años, Jack no ha comido chocolate. No porque sea malo, sino porque es una convicción personal. Él nunca ha impuesto a otros esa convicción personal; eso se llama legalismo. Sencillamente tomó una decisión contra sí mismo, y le ha ayudado a ejercitar el dominio propio también en todas las demás áreas de su vida. Después de todo, si puedes decir no al chocolate, ¡estás bastante cerca de completar la santificación!

Si realmente quieres lo mejor que Dios tiene, no solo dirás no a lo que es malo, sino también dirás no a lo bueno. ¡Lo bueno ya no es suficientemente bueno!

El éxito en cualquier empeño tiene sus beneficios, no hay duda al respecto. Pero el éxito también implica un riesgo que está por encima del que la mayoría de nosotros estamos dispuestos a correr, un sacrificio que está por encima del que la mayoría de nosotros estamos dispuestos a hacer. En otras palabras, más éxito es igual a más riesgo sumado a más sacrificio.

Cuanto más crezca la iglesia *National Community*, más difícil será. No me estoy quejando. He aceptado el hecho de que las bendiciones de Dios nos complican la vida, ¡y le doy gracias a Dios por esas complicaciones! Pero hay mucho más en juego con cada decisión que tomamos porque afecta a más personas ahora que hace una década.

Ocasionalmente, un aspirante a escritor me pregunta cuál es la clave para escribir. Mi respuesta breve es la siguiente: "¡Pon tu despertador muy temprano en la mañana!" Si eso no es tomar una decisión contra ti mismo, entonces no sé qué es. La próxima vez que seas tentado a apretar el botón de pausa, date cuenta de que estás retrasando tu sueño en intervalos de nueve minutos.

En el Gran Ocho, Pablo dice: "No andamos conforme a la carne".[4] La mejor traducción, en mi opinión, es la salsa secreta de Jack Hayford: *tomar decisiones contra ti mismo.* Pablo lo expresa de esta manera en 1 Corintios 10:23:

«Todo está permitido», pero no todo es provechoso.[5]

Esta pequeña distinción entre permitido y provechoso puede llevarte de lo bueno a lo grandioso.[6] No te conformes con lo permitido: no hacer nada malo. Ese es el camino de menor resistencia. Persigue la grandeza, y con grandeza me refiero a ser grande en el Gran Mandamiento. Es darle a Dios todo lo que tienes: ir *en pos de lo supremo.*[7] Es no solo escoger lo bueno; es escoger lo mejor.

Esta sola decisión establece una línea de tendencia en tu vida. La línea de lo permitido es un camino de un solo sentido hacia los *si tan solo...* remordimientos. La línea de lo provechoso es el camino menos transitado, pero es el único camino hacia ¿*y si...?* posibilidades.

Tienes que tomar esta decisión crucial: ¿permitido o provechoso? Entonces tiene que ser respaldada por decisiones diarias contra ti mismo. Dios puede librarte de cualquier cosa en un solo día, pero tienes que respaldar eso con disciplinas diarias.

Si no practicas disciplinas espirituales día tras día, esa liberación tendrá un corto recorrido, pues volverás a caer en eso de lo que Dios te libró. Cualquiera puede decir "sí quiero" en el altar; la parte difícil es decir "sí quiero" cada día desde entonces. Cualquiera puede establecer una meta en la vida; la parte difícil es perseguirla cada día. Cualquiera puede decir no a una adicción durante un día, pero hay que decirlo un día tras otro, tras otro.

Te pones en forma un entrenamiento a la vez.

Sales de la deuda un salario a la vez.

Lees toda la Biblia un versículo a la vez.

Cualquiera que sea la meta que persigues, tienes que seguirla un paso a la vez, un día a la vez.

ROMPER LO MALO

Si quieres romper un mal hábito, tienes que construir uno bueno. Es la ley del desplazamiento.

Repito: la única manera de romper el hábito del pecado es estableciendo un hábito de oración. ¡Y añadiría que un hábito de ayuno podría duplicar tus posibilidades! Notemos que Pablo no se limita a decir: *"no andamos conforme a la carne"*, sino que también dice *"conforme al Espíritu"*.[8] Tomar una decisión *contra* algo es solamente la mitad de la batalla. La otra mitad es tomar una decisión *por* algo.

El eminente Dallas Willard dijo una vez: "No ir a Londres o a Atlanta es un mal plan para ir a Nueva York". Eso es bastante obvio, pero es así como muchos de nosotros afrontamos la formación espiritual. Intentamos no pecar no pecando. Pero eso es como si yo dijera: "¡Sé espontáneo!". No puedes hacerlo, ¿verdad?

En psicología, se llama doble vínculo. Si estás enfocado en lo que *no deberías* hacer, probablemente no harás lo que deberías. Es santidad por sustracción, y eso no produce rectitud. Bondad no es la ausencia de maldad. Después de todo, puedes no hacer nada malo, y aun así no hacer nada bueno.

¿Prefieres ser *correcto* o ser *recto*? Ambas cosas no son lo mismo.

Rectitud no es simplemente *ser* correcto; es *hacer* algo correcto. No es simplemente llegar a un balance; es entregarte totalmente para Cristo.

Hay demasiados seguidores de Cristo que están jugando a no perder, y eso es lo que da como resultado *si tan solo...* remordimientos. Es como una defensa preventiva en el fútbol americano, lo cual, según mi opinión, no previene otra cosa que un *touchdown* por parte del otro equipo.

Somos llamados a avanzar el reino, no a guardar el fuerte.

Es la diferencia entre *por qué* y *por qué no*.

Es la diferencia entre *si tan solo...* y el *¿y si..?*.

Jesús dijo: "Edificaré mi iglesia, y las puertas del reino de la muerte no prevalecerán contra ella".[9]

En primer lugar, Jesús no dijo *tú* edificarás *tu* iglesia. No es tuya; es de Él. Y eso se aplica igualmente a tu negocio, tu escuela o también tu equipo. No es tuyo; es de Él. Por lo tanto, la presión no está sobre ti. Si caminamos en obediencia, ¡Él luchará nuestras batallas por nosotros!

En segundo lugar, las puertas son medidas defensivas. Así que, por definición, somos llamados a jugar a la ofensiva. Necesitas una visión que sea mayor que las tentaciones que enfrentas. Necesitas un sí que sea mayor y mejor que tu no. La manera más eficaz para vencer los *si tan solo...* remordimientos es perseguir *¿y si...?* sueños que sencillamente los sobrepasen.

¿Y si tomaras una decisión contra ti mismo

poniendo la alarma de tu despertador treinta

minutos más temprano para así tener tiempo para

leer la Biblia de principio a fin este año?

7

Reinicio de Fábrica

A fin de que las justas demandas de la ley
se cumplieran en nosotros.
Romanos 8:4

Yo soy un asiduo del Genius Bar de Apple. Si sacudir violentamente mi teléfono no resuelve el problema, bueno, ¡sé dónde acudir en busca de ayuda!

Cuando mi iPhone comenzó a hacer cosas extrañas hace un tiempo, uno de los "geniuses" me dijo que había dos maneras de reiniciar mi teléfono. ¿Quién sabía eso? Evidentemente, ¡casi todo el mundo menos yo! Un reinicio sencillo cierra aplicaciones y limpia la memoria caché, pero los datos almacenados en el disco duro no se ven afectados.

Eso no logró arreglarlo, así que hicimos un reinicio profundo, que también se conoce como reinicio de fábrica porque el iPhone recupera la configuración original del fabricante, que tenía cuando salió de la fábrica. Reinicia los componentes centrales del hardware y reinicializa el sistema operativo. Y todas las configuraciones, aplicaciones y datos quedan eliminados. Es un comienzo desde cero; es un teléfono nuevo.

Tú eres una nueva criatura.[1] No nueva como en un reinicio sencillo. Nueva como en un reinicio *de fábrica*. No significa *como nueva*. ¡Significa *totalmente nueva!* Es nueva en el tiempo, nueva en naturaleza.

Significa estado impecable, recién salido de la línea de ensamblaje, lo más nuevo y mejor.

Cuando pones tu fe en Cristo, es un reinicio profundo. No solo limpia la memoria caché. Limpia completamente tu historial, como si nunca hubiera sucedido. Eso es lo que significa la palabra *justificado: justo como si nunca hubiera pecado.*

Eso es algo más que un aparato mnemotécnico. Es algo más que un cambio de paradigma. Es un reinicio de fábrica.

En la cruz, Jesús convierte *si tan solo...* remordimientos en *¿y si...?* posibilidades. Él nos hace libres del pecado y de los sentimientos de vergüenza que conllevan. Las puertas de la prisión de la culpabilidad por el pasado y el futuro se abren de par en par. Si temes a Dios, no tienes que temer a ninguna otra persona. A todos los otros temores se les presenta una notificación de desalojo. No pueden coexistir con el perfecto amor de Dios. Su amor reinicializa nuestro corazón, nuestra alma y nuestra mente, de modo que podemos estar plenamente vivos, plenamente presentes.

Dios perdona y olvida.[2] Asombroso, ¿no es cierto?

Él recuerda todo lo que has hecho bien, a la vez que olvida todo lo que has hecho mal. Sin embargo, aunque Dios no puede recordar nuestro pecado confesado, a nosotros nos cuesta mucho más trabajo olvidarlo.

Tendemos a recordar nuestros errores más fácilmente que nuestros éxitos. Por eso es más difícil perdonarnos a nosotros mismos que recibir el perdón de Dios. Tenemos tendencia a recordar lo que deberíamos olvidar, y a olvidar lo que deberíamos recordar.

Esa incapacidad de olvidar el pecado que hemos confesado es parte de nuestra naturaleza de pecado. La caída fracturó la imagen de Dios en nosotros, incluida la amígdala cerebral: la parte del cerebro responsable de guardar los recuerdos emocionales. La fuerza de la memoria está dictada por la fuerza de la emoción. Olvidamos rápidamente los momentos que no producen un pitido en nuestro radar emocional. Pero las emociones fuertes, como la vergüenza, toman instantáneas pecaminosas y las amplían a tamaño póster, quedando totalmente desproporcionadas en el cuarto oscuro de la mente.

Hay un viejo dicho: *la batalla se gana o se pierde en la mente*. Yo creo que eso es cierto, pero seamos más específicos. Cuando se trata de *¿y si...?* posibilidades, el frente de batalla es la imaginación. Cuando se trata de *si tan solo...* remordimientos, nuestra memoria puede convertirse en tierra de nadie.

DERECHO A LA CRUZ

Cuando me gradué del instituto bíblico, mi regalo de graduación fue un conjunto de ochenta y seis volúmenes de los sermones de Charles Haddon Spurgeon que debían pesar doscientos kilos. No hay duda de que si hubiera sabido que Google me permitiría encontrar esos sermones unos años después, ¡habría pedido otra cosa!

Spurgeon está clasificado como uno de los más grandes predicadores de la historia. Si él estuviera vivo en la actualidad, estoy seguro de que sus frases serían tendencia en Twitter. Casi cada sermón tiene un lema brillante, pero mi favorito es este: "Tomo mi texto y voy derecho a la cruz".[3]

Hay 31.102 versículos en la Biblia, y todos ellos señalan a la cruz de algún modo, de alguna manera. El Antiguo Testamento señala hacia adelante mientras que el Nuevo Testamento señala hacia atrás. Pero en cualquiera de los casos, la cruz es el punto de referencia.

Tal como eso es cierto de cada texto, es cierto también de cada circunstancia. ¡Ve derecho a la cruz! Es superior a toda frase, más duradera que todo axioma.

Quédate con ese pensamiento.

La palabra *acuérdate* se repite no menos de 148 veces en la Escritura.[4]

Acuérdate del sábado, para consagrarlo.[5]

Acuérdate de los tiempos antiguos.[6]

¡Recuerden las maravillas que ha realizado![7]

¡Acuérdense de la esposa de Lot![8]

Debemos encontrar maneras creativas de recordar las promesas que hemos hecho. No podemos permitirnos olvidar las promesas de Dios. Y cuando Dios demuestra su fidelidad, debemos construir altares que lo recuerden. Pero lo que más debemos recordar, lo que menos podemos permitirnos olvidar, es la cruz de Jesucristo.

Uno de mis primeros recuerdos de la iglesia es el de la mesa de la Comunión que estaba al frente y en el centro de la iglesia *Trinity Covenant* en Crystal, Minnesota. Con palabras de estilo gótico en su frente estaba la siguiente inscripción:

Hagan esto en memoria de mí.

Recitamos esas palabras cada vez que celebramos la Comunión, de modo que casi se convierten en una idea adicional. Pero cuando Jesús las dijo, fue un reinicio profundo para los discípulos. Los israelitas habían celebrado la Pascua durante mil años como manera de conmemorar su éxodo de Egipto. La noche anterior al éxodo, se dijo a los israelitas que sacrificaran un cordero sin defecto, y marcaran los dinteles de sus puertas con su sangre. Entonces, cuando el ángel de la muerte recorriera Egipto, pasaría sin tocar sus hogares.

Lo que los discípulos no sabían era que estaban comiendo la cena de Pascua con el Cordero pascual que iba a sacrificarse a sí mismo.

Jesús reinicializó la comprensión que ellos tenían del pan y la copa, diciendo a los discípulos que representaban su cuerpo y su sangre. Y debido a lo que Él logró en la cruz del Calvario nos situamos bajo la custodia protectora de la sangre del Cordero. Al igual que la Pascua, la Comunión es una conmemoración de nuestro éxodo de la esclavitud. Éramos esclavos del pecado, pero Cristo nos liberó. Siempre que acudimos a la Mesa del Señor, vamos derechos a los pies de la cruz: el lugar donde el pecado se encontró con la horma de su zapato. Recordamos que nuestro pecado está clavado en la cruz. ¡Recordamos que el Padre ya no se acuerda!

En todos mis años como pastor, la experiencia más profunda en la Comunión de la que he sido parte implicó una confesión por escrito del pecado. Hubo algo liberador con respecto a escribir mi pecado en papel. Después indicamos a las personas que visitaran una de las "Estaciones de la Cruz" donde había un martillo y clavos. Nunca olvidaré el sonido del martillo golpeando el clavo o la escena de la cruz cubierta de confesiones.

Uno de nuestros problemas fundamentales es que vivimos como si Cristo siguiera estando clavado a la cruz. No lo está. Él está sentado a la diestra del Padre, con poder y gloria. Lo único que está clavado a la cruz es nuestro pecado. Y cuando nuestro pecado está clavado, está clavado.

EL PODER DE LA CONFESIÓN

Dios tiene una memoria extraordinaria.

El Omnisciente no solo lo sabe todo. Él *recuerda* todo. De hecho, ¡se acuerda de ello antes de que suceda! Cada momento de tu vida fue ordenado en la imaginación de Dios antes de que se convirtiera en recuerdo: cada risa, cada sueño, cada sacrificio. Nada está perdido en Dios, ni siquiera tus lágrimas. Él no solo se acuerda de ellas; las reúne en una botella.[9]

Hay solamente una cosa que Dios puede olvidar y olvidará: el pecado confesado. Ese es el poder de la confesión. Es nuestro reinicio de fábrica.

No solo eres perdonado.

Tu *pecado* queda olvidado.

Por lo tanto, cuando confiesas un pecado que ya ha sido confesado, le estás recordando a Dios algo que Él ya ha olvidado. La razón de que volvamos a sacarlo a la luz es que pese al *hecho* de que somos perdonados, no nos *sentimos* perdonados; y el motivo de que no nos sintamos perdonados, en mi opinión, se debe a nuestras confesiones genéricas.

"Señor amado, por favor, perdóname todo lo que he hecho mal".

¿Puede Dios hacer eso? Sin duda alguna, si lo pides con sinceridad. Pero sigue siendo una confesión débil. ¡Ni siquiera permitimos a nuestros hijos salir airosos con esa frase! No es suficiente lamentar algo; tienes que saber exactamente qué es lo que lamentas. La meta de nuestra confesión no es el perdón; es el cambio. Con demasiada frecuencia decimos que lo sentimos, pero seguimos cometiendo el mismo error una y otra vez.

Imagina que vas al médico y simplemente dices que no te sientes bien. Solo con eso sería muy difícil para el médico hacer un diagnóstico o un pronóstico. ¡Tienes que ser un poco más concreto! Comienzas con los síntomas, y vas llegando a la raíz del problema. Eso es cierto de nuestra confesión. Cuando se trata de la confesión, yo creo en el: *decláralo, reclámalo*. ¡Tienes que poner nombre a tu pecado para poder así reclamar la misericordia de Dios!

MISERICORDIA CON MATICES

Hace varios años me encontraba en Wittenberg, Alemania, el Día de la Reforma. Fue allí donde el sacerdote de una parroquia llamado Martín Lutero clavó sus Noventa y Cinco Tesis en las puertas de la Iglesia del Palacio. Antes de hacer el viaje, había leído una biografía bastante detallada de Lutero. Él, sin duda, tenía sus puntos ciegos como el resto de nosotros, pero una cosa que me llamó la atención fue que Martín Lutero pasaba hasta seis horas en una sola sesión confesando sus pecados. ¡La razón por la que me sorprendió fue que yo en raras ocasiones paso más de seis minutos!

Quizá por eso no sentimos que los justos requisitos de la ley han sido plenamente cumplidos en nosotros. No hemos confesado totalmente nuestro pecado.

El biógrafo de Lutero observaba: "Cada pecado, a fin de ser absuelto, había de ser confesado. Por lo tanto, hay que examinar el alma, y rebuscar en la memoria, e investigar las motivaciones".[10]

¿Cuándo fue la última vez que examinaste tu alma, rebuscaste en tu memoria, e investigaste tus motivaciones?

Al igual que una confesión nebulosa dará como resultado un sentimiento de perdón nebuloso, una confesión con matices dará como resultado un sentimiento de perdón con más matices.

Una de mis mejores prácticas, cuando se trata de adoración, es repetir los cantos, pues me ayuda a meditar en los matices de la letra. Al final, ese canto es descargado a mi espíritu. Uno de los cantos que escuché repetidamente este año pasado fue *From the Inside Out* [Desde dentro hacia fuera], de Hillsong. La primera frase de la letra es poderosa: "Mil veces he fallado, y aun así tu misericordia permanece". Esa frase me recuerda uno de mis versículos más citados: Lamentaciones 3:22-23 (NTV):

> *Sus misericordias jamás terminan...*
> sus misericordias son nuevas cada mañana.

La palabra *nuevas* es la palabra hebrea *hadas*. No solo significa una y otra vez, por increíble que sería eso. Son nuevas como en *diferentes*. Significa *nunca antes experimentadas*. La misericordia de hoy es diferente a la de ayer, o a la del día anterior, o a la de hace dos días. Al igual que la vacuna para la gripe estacional cambia de un año a otro, las misericordias de Dios cambian de un día a otro. Es una nueva cepa de misericordia.

¿Por qué? ¡Porque no pecaste hoy del modo en que pecaste ayer!

Prueba a hacer este pequeño ejercicio: calcula tu edad, no en años, sino en días. La cifra resultante no es tan solo tu edad en días; se duplica como la suma total de diferentes tipos de misericordia que has recibido hasta la fecha. Cuando tienes veintiuno, has experimentado 7.665 misericordias únicas. Cuando llegas a la mediana edad, ascienden a 14.600; y en el momento de tu jubilación, ¡Dios te ha mostrado misericordia 23.725 veces!

Su misericordia por ti es diferente a como es para cualquier otra persona. Es una misericordia que encaja perfectamente con tu pecado, tus defectos, tus necesidades y tus errores. ¡Su misericordia encaja como un guante! Pero una apreciación matizada de la misericordia de Dios comienza con una confesión matizada de nuestro pecado.

A propósito del tema de los matices, *misericordia* y *gracia* no son lo mismo.

Misericordia es no recibir lo que te mereces.

Gracia es recibir lo que no te mereces.

Ese matiz duplica mi apreciación de ambas cosas. Y dentro de cada una de ellas hay variedades infinitas. Por eso se llama "la multiforme gracia de Dios".[11] Como los copos de nieve, la gracia de Dios nunca cristaliza de la misma manera dos veces. ¡Eso es lo que hace que sea tan asombrosa!

APROVECHA TUS REMORDIMIENTOS

Antes de dejar atrás nuestros *si tan solo...* remordimientos, una última idea: Dios quiere hacer mucho más que simplemente perdonar tu pecado. ¡Él quiere aprovechar tus remordimientos pasados para sus propósitos eternos!

¿Has cometido un error que te costó tu reputación? Ayuda a otros a evitarlo. ¿Te has sobrepuesto a una adicción? Ayuda a otra persona que batalle con lo mismo. ¿Has pasado por una mala ruptura? Ayuda a alguien a sobreponerse a lo que tú pasaste.

En lo que hayas sido herido, es ahí donde Dios quiere que ayudes a otros, ¡para sanar a otros! No solo dejes el pasado en el pasado. Con la ayuda de Dios, aprovecha esos *si tan solo...* remordimientos, y conviértelos en *¿y si..?.* posibilidades.

Eso es lo que hizo Craig DeRoche.

Craig DeRoche ascendió la escalera política hasta el último peldaño, convirtiéndose en Portavoz de la Cámara de Representantes de Michigan. Entonces Craig fue arrestado con cargos de conducir bajo la influencia del alcohol, y su castillo de naipes se derrumbó. Lo que nadie excepto Craig sabía era que había batallado con una adicción al alcohol por veintinueve años. De un tirón perdió su trabajo, perdió su salario, y perdió su reputación. Fue la proverbial caída de la gracia, pero es ahí donde a menudo descubrimos la gracia de Dios.

Conocí a Craig de una forma bastante casual. Yo iba atravesando la cafetería Ebenezer de camino a mi oficina, como hago cada día laboral, cuando me encontré con Craig. Él me dio las gracias por *El Hacedor de Círculos*, libro que él estaba leyendo en ese tiempo. Después me contó la versión condensada de su testimonio.

Craig no solo fue arrestado; fue también humillado.

Helicópteros sobrevolaron su casa. Quinientos periódicos cubrieron su historia. Cuando finalmente fue a juicio, el juez permitió a los medios de comunicación sentarse en la tribuna del jurado. Fue un error de alto riesgo, de alto perfil.

Así fue como Craig llegó hasta el límite de sus fuerzas, y fue entonces cuando voluntariamente ingresó en un centro de rehabilitación. Fue allí, el día 29 de junio de 2010, donde Craig rindió su vida al señorío de Jesucristo. En aquel momento, Dios hizo rodar la vergüenza de sus tres décadas de esclavitud al alcohol.

Al final de nuestra conversación, Craig me entregó su tarjeta de visita, y me sorprendió un poco el título que aparecía en la tarjeta. Craig es ahora el director ejecutivo de *Justice Fellowship*, y trabaja como el líder de la abogacía por la reforma de la justicia criminal en *Prison Fellowship*. ¿Por qué? Porque ninguna vida humana está por encima de ser redimida; nadie está más allá del alcance de Dios. Ellos creen en la justicia seguida de un adjetivo: justicia restaurativa. Su misión es ver a prisioneros transformados desde dentro hacia fuera por la gracia de Dios, incluso cuando son castigados por la letra de la ley humana.

En la última década he recibido cientos de cartas de presos que han leído uno de mis libros, y todos ellos cuentan una historia común. Una y otra vez he oído cómo Dios ha aprovechado sus peores errores. Aunque desearían poder volver atrás y deshacer lo que hicieron, uno tras otro ha testificado de cómo Dios ha transformado lo peor que hicieron en lo mejor que les ha sucedido jamás. Cuando estaban tras los barrotes de la cárcel fue cuando Dios los hizo libres del pecado y la vergüenza que conlleva. Si Dios no les ha dado la espalda, entonces tampoco deberíamos hacerlo nosotros. De hecho, Dios está levantando una generación de predicadores en el lugar más improbable: ¡la cárcel!

La historia de Craig podría haber terminado muy mal, sumido en un estado de estupor por la bebida. En cambio, Dios está aprovechando los errores de Craig para sus propósitos. Y Él puede hacer lo mismo por ti.

Así es Dios.

Y eso es lo que Dios hace.

¡Él es el Dios que transforma los *si tan solo...* remordimientos en ¿*y si...*? posibilidades!

Quizá has batallado con una adicción que se remonta a tus años de adolescencia. Tal vez tu primer matrimonio terminó en divorcio. O quizá estés ahora mismo en la cárcel por un delito que cometiste.

El enemigo quiere aprovechar eso *contra* ti, chantajeándote con sentimientos de vergüenza. Dios quiere aprovecharlo *a tu favor*. No permitas que el remordimiento te acose el resto de tu vida. El arrepentimiento es una orden de alejamiento contra el remordimiento. Seguirá apareciendo de vez en cuando, ¡pero es entonces cuando vas derecho a la cruz!

La cruz es nuestro punto de apalancamiento más alto. Aprovecha tus remordimientos aprendiendo las lecciones difíciles, las lecciones dolorosas. ¿Amargado o mejorado? ¡Eso lo decides tú! Aprovecha tus remordimientos sacando el máximo de tu segunda oportunidad, tu segundo matrimonio, o la segunda mitad de tu vida.

Dios no solo deja nuestros remordimientos en la cruz. Él resucita esos remordimientos en forma glorificada. Si se lo permites, ¡Dios aprovechará tus *si tan solo...* remordimientos para su gloria!

¿Y si apartaras un día entero para

examinar tu alma, sondear tus motivos,

y confesar tu pecado?

El Segundo Sí:

Como Si...

Lo que es real contra lo imaginado,
el cerebro no distingue entre ambos.
Ahí yace el poder de como si...
Ahí yace el poder de la fe.
Ve lo invisible.
Cree lo imposible.
Como si... cierra la brecha entre si tan solo... y el ¿y si...?
Es el modo de desafiar nuestras circunstancias.
Es el modo en que las promesas de Dios se convierten en nuestra realidad.

8

Tiempo de Reacción

*Los que viven conforme al Espíritu fijan
la mente en los deseos del Espíritu.*
Romanos 8:5 (ESV)

Al final de su distinguida carrera como neurocirujano pionero, el doctor Wilder Penfield había realizado cirugía cerebral a 1.132 pacientes. Muchos de ellos sufrían ataques epilépticos, y el doctor Penfield quería saber por qué. Con la ayuda de anestesia local, abrían el cráneo por arriba a los pacientes, pero seguían conscientes durante la operación para que así pudieran conversar con el doctor Penfield.

Durante una de esas operaciones a cerebro abierto, el doctor Penfield hizo un descubrimiento fascinante. Cuando utilizaba una corriente eléctrica muy baja para estimular distintas partes de la corteza, algunos de los pacientes del doctor Penfield experimentaban escenas del pasado: gráficos recuerdos de acontecimientos pasados que se repetían en los ojos de su mente. Una paciente recordó cada nota de una sinfonía que había oído en un concierto muchos años atrás. Otra paciente recordó estar sentada en una parada del tren cuando era niña, y dio una descripción detallada de cada vagón del tren tal como lo veía en su recuerdo. Otro paciente visualizó un peine de su niñez, y pudo contar el número exacto de dientes que tenía.

Aparte de los recuerdos detallados, lo que más asombró al doctor Penfield acerca de esos recuerdos fue el hecho de que muchos de ellos no estaban olvidados en absoluto. De hecho, algunos de ellos perseguían las primeras memorias de sus pacientes. El doctor Penfield llegó a la conclusión de que cada escena, cada sonido, cada experiencia, cada pensamiento consciente, y cada sueño subconsciente quedan grabados en nuestro disco duro interno: la corteza cerebral.

Así es como funciona el complejo proceso, en términos sencillos. Cuando oyes una canción, ves una fotografía o lees un versículo de la Escritura, se inscribe un engrama en la superficie de la corteza cerebral. Ese código también se denomina rastro de memoria, y es así como caminamos por el carril de la memoria. Casi como si fuera el juguete *Etch a Sketch*, o pantalla mágica, canciones, fotografías y palabras quedan rastreados y re-rastreados. Con cada repetición, el engrama es inscrito cada vez más profundamente hasta que queda literalmente grabado en la superficie de la corteza cerebral.

Ahora vamos a contraponer eso con esto:

> *Haya en ustedes esta manera de pensar que hubo también en Cristo Jesús: Haya en ustedes esta manera de pensar que hubo también en Cristo Jesús.*[1]

En pocas palabras: la mente de Cristo es la Palabra de Dios.

Al igual que Jesús es la encarnación de la Palabra, la Biblia es Jesús en palabras. Él es, después de todo, "el Verbo".[2] Por lo tanto, cuando oras, o meditas, o memorizas la Palabra de Dios, estás grabando a Jesús en tu cerebro. Neurológicamente hablando, estás reclutando nuevas conexiones cerebrales, y redirigiendo viejas conexiones neuronales. De modo lento pero seguro, tu cerebro está siendo reconectado y renovado. Piensa en ello como si fuera una sincronización mental. Tú descargas las mismas palabras, los mismos pensamientos de Dios y, con el tiempo, esas descargas son actualizaciones que forman la mente de Cristo en nosotros.

Es así como fijamos nuestra mente en las cosas del Espíritu.

Es así como nos conectamos con el poder de *como si.*

Una manera infalible de ser llenos con el Espíritu de Dios es ser llenos con la Palabra de Dios. Fue el Espíritu de Dios quien inspiró a los escritores originales de la Escritura, de modo que cuando leemos la Escritura estamos inhalando lo que el Espíritu Santo exhaló hace miles de años.

DE CUBIERTA A CUBIERTA

En la antigua cultura judía, la educación formal comenzaba a los seis años de edad. Los muchachos judíos se matriculaban en la escuela de la sinagoga local llamada *bet sefer*, que significa "casa del libro". Cuando se graduaban cuatro años después, habían memorizado toda la Torá; cada punto y coma de Génesis, Éxodo, Levítico, Números y Deuteronomio estaban grabadas en su corteza cerebral mediante la memorización. No tenemos excusa, ¿verdad?

Según la tradición, el rabino cubría su pizarra con miel el primer día de clase. Entonces el rabino indicaba a su clase que fuera lamiendo la miel de su pizarra mientras recitaban Salmos 119:103: "*¡Cuán dulces son tus palabras en mi boca! ¡Son más dulces que la miel en mis labios*". Esa era la primera lección y quizá la más importante en toda su educación. El rabino quería que sus alumnos se enamoraran de la Palabra de Dios. Quería que gustaran y vieran que la Palabra es buena.

En cierto sentido, la Biblia es la tierra que fluye leche y miel. Es nuestra Tierra Prometida. Hay miles de promesas en la Escritura, y cada uno de esos ¿y si...? están ahí para que los tomemos.

Hace una década fui desafiado profundamente por algo que dijo J. I. Packer: "Todo cristiano que merezca su sal lee la Biblia de cubierta a cubierta cada año". No pude argumentar contra eso, pero para ser sincero, yo no lo estaba haciendo.

Por lo tanto, tomé la decisión de que intentaría leer cada año una versión diferente de la Biblia. ¿Lo he logrado cada año? No. Pero esa es mi meta cada año: leer los 66 libros, los 1.189 capítulos, los 31.102 versículos.

La meta no es recorrer toda la Biblia.

La meta es que la Biblia me recorra a mí.

Desde luego que la clave para lograr esa meta anual de leer toda la Escritura está en establecer una disciplina diaria. De hecho, las disciplinas diarias son la clave para casi cualquier meta a largo plazo. Llegas allá un día a la vez.

GUARDADORES DE LA PALABRA

Si pudiera mover una varita mágica, asegurando una adherencia absoluta a un mandamiento de la Escritura, Deuteronomio 17:19 estaría en mi lista corta. En la presencia de los sacerdotes levíticos, se requería a los reyes de Israel que hicieran una copia de la ley de su propio puño y letra. Se les requería que la mantuvieran sobre su persona en todo momento. Se les requería que la leyeran cada día. ¿Mi consejo? ¡Actúa como un rey!

Haz la promesa de leer la Palabra de Dios cada día.

> *Y lo tendrá consigo, y leerá en él todos los días de su vida, para que aprenda a temer a Jehová su Dios, para guardar todas las palabras de esta ley y estos estatutos, para ponerlos por obra* (RVR 1960).

La palabra clave aquí es *guardar*, así que voy a profundizar en ella. Los rabinos judíos decían que cada palabra de la Escritura tiene setenta aspectos y seiscientos mil significados. Esta es una de esas palabras caleidoscópicas en hebreo.

La palabra *guardar* significa *recuerdo*, como en una posesión que se atesora.

Significa *vigilar* algo, como si tu vida dependiera de ello.

Significa *seguir el rastro de*, como un taquígrafo en un tribunal.

Significa *cuidar de*, como un controlador de tráfico aéreo.

Significa *mantener vigilia*, como un vigilante nocturno.

Significa *preservar*, como un taxidermista.

Significa *examinar*, como un científico forense.

Significa *contrainterrogar*, como un abogado de la fiscalía.

Significa *poner en una caja fuerte*, como un banquero.

Significa *hacer un contrato sobre algo*, como un agente de bienes raíces.

Significa *descifrar secretos*, como habladores de códigos de la Segunda Guerra Mundial.

Guardar la Palabra de Dios en nuestros corazones, mantener nuestra mente fija en el Espíritu, requiere ese tipo de diligencia. Pocas cosas son tan agotadoras como la intencionalidad, pero siempre vale la pena el beneficio. Pagamos el precio acudiendo a la Palabra de Dios diariamente, y entonces el Espíritu Santo la trae a la memoria cuando la necesitamos. Casi como Wilder Penfield usando su electrodo para hacer surgir recuerdos enterrados profundamente en la corteza cerebral, el Espíritu Santo trae a nuestra memoria lo que necesitamos saber cuando necesitamos saberlo.

Y Él no solo nos recuerda cosas que hemos aprendido o cosas enterradas profundamente en nuestro subconsciente. El Espíritu Santo también revela cosas que sobrepasan la mente consciente, cosas que están por encima de la capacidad de percibir que tienen nuestros cinco sentidos. ¿Alguna vez has tenido un pensamiento surgido de la nada, un pensamiento que está por encima de tu capacidad intelectual? Yo los llamo *ideas de Dios*. Esas ideas de Dios vienen del Espíritu Santo que *sella* cosas en nuestra memoria, y *revela* cosas a nuestra imaginación.

VIVIFICAR

La Biblia no es meramente para leerla. Es para orar por medio de ella, meditar en ella, y vivir de acuerdo con ella. Si lo único que haces es leerla, lo único que has hecho es auditar la Palabra de Dios. Y no consigues mérito por una auditoría. Sencillamente has sido enseñado por encima del nivel de tu obediencia. La clave es que el Espíritu la *vivifique*.

Antes de acercar más el enfoque, voy a ampliarlo en esta parte del portafolio del Espíritu Santo. Hay un asombroso *si* en Romanos 8:11:

> *Y si el Espíritu de aquel que levantó de los muertos a Jesús mora en vosotros, el que levantó de los muertos a Cristo Jesús vivificará también vuestros cuerpos mortales por su Espíritu que mora en vosotros* (RVR 1960).

En esta ocasión, *vivificará* se refiere a nuestra resurrección corporal de la muerte. Cuando Cristo regrese, los muertos en Cristo resucitarán primero. Cuerpos que han sido enterrados bajo tierra serán desenterrados, corazones que dejaron de latir hace milenios bombearán adrenalina santa, y cenizas que han sido incineradas volverán a materializarse. ¡Qué momento será ese! ¡Uno inigualable!

Pero el Espíritu Santo nos vivifica en más de una manera. A veces es una idea de Dios que pasa por nuestra sinapsis. Algunas veces es un impulso para intervenir o dar un paso de fe. Algunas veces es una palabra de sabiduría en una situación difícil. Cuando el Espíritu Santo te avive de ese modo, no vaciles. Actúa según la idea, agarra la oportunidad, declara la palabra.

En mi experiencia, cuando el Espíritu Santo nos vivifica sucede con mayor frecuencia cuando estamos meditando en la Palabra de Dios. En palabras del salmista: "Vivifícame según tu palabra".[3]

El Salmo 119 es el capítulo más largo de la Biblia con mucha diferencia. Es un poema con veintidós estrofas, y cada estrofa comienza con una de las veintidós letras del alfabeto hebreo. Es una oda de la A a la Z a la Palabra de Dios. El salmista hace referencia a "la Palabra", o a uno de sus diez sinónimos, no menos de 174 veces.

Se da una amplia variedad de mandamientos, incluido el mandamiento de "guardar la Palabra", veintidós veces. La palabra *vivificar* se repite la mitad de esas veces, once, pero no es menos importante. Guardar y vivificar son una doble especialización.

Es un poco horrible, pero permíteme dibujar un cuadro mental que probablemente no olvidarás. Estaba yo cambiando de canales no hace mucho cuando me encontré con la reposición de *Misión Imposible III*. Lo vi en el momento en que un artefacto micro-explosivo fue introducido por la nariz e implantado en el cerebro del agente de la FMI, Ethan Hunt, que interpreta Tom Cruise. No te diré lo que sucede cuando es detonada la bomba, pero él es el bueno, ¡así que ya sabes que sobrevive! El vivificar del Espíritu Santo es como una bomba de verdad que explota en tu espíritu. Puede ser una sola palabra, una frase o un versículo que salta de la página y entra en tu mente, en tu corazón, en tu espíritu.

Para mí funciona de la siguiente manera.

Abro mi Biblia donde esté en mi plan de lectura, y comienzo a leer. Continúo hasta que llego a cualquier versículo que puede sugerir hacer una pausa, y con frecuencia es algo sobre lo que necesito pensar u orar. A veces es la convicción del Espíritu Santo, y necesito tener una conversación con Dios antes de continuar.

Eso es el vivificar del Espíritu Santo. Cuando llego a uno de esos versículos, hago tres cosas. En primer lugar, lo subrayo o le pongo en un círculo en mi Biblia. En segundo lugar, lo escribo de puño y letra en mi diario. En tercer lugar, anoto pensamientos, confesiones e ideas relacionadas con ello. Entonces, cuando siento que el Espíritu Santo le pone fin, paso al versículo siguiente.

CON LENTITUD

Cuando tenía diez años, me regalaron mi primer reloj de pulsera digital con cronómetro que medía hasta centésimas de segundo. Yo solía pasar el tiempo probando mi tiempo de reacción hasta que se me dormía el pulgar. No creo que sobrepasara nunca los 0,05 segundos entre comienzo y fin.

Ya seas jugador de béisbol en la caja de bateo o jugador de baloncesto en una escapada, son los músculos que se contraen rápidamente los que te permiten lograr un jonrón o encestar una canasta. En el ámbito del juego, tus reacciones rápidas son las que te permiten llegar al siguiente nivel.

Espiritualmente hablando, nuestras reacciones rápidas son las que nos forjan o nos derrumban en los momentos críticos. En el segundo posterior a que alguien te insulte, te ofenda o se ponga delante en medio del tráfico, ¿cuál es tu reacción? ¿Cuál es tu tiempo de reacción?

¿Y en los impulsos del Espíritu Santo? ¿Cuál es tu tiempo de reacción? Tu *tiempo de reacción* es el lapso de tiempo que pasa entre el mandamiento de Dios y tu obediencia; y es una de las mejores medidas de madurez espiritual.

El apóstol Santiago dijo: *"Sean prontos para escuchar y lentos para hablar"*.[4] ¡Ese pequeño consejo tiene el potencial de resolver algunos de nuestros mayores problemas! Junto con ser pronto para escuchar, yo quiero ser pronto para perdonar, pronto para ayudar y pronto para dar la gloria a Dios.

Cuando se trata de la Palabra de Dios, quiero ser un estudioso rápido. Pero para ser un estudioso rápido hay que *ir con lentitud*. Cuanto más tiempo ores o medites en un pasaje, más tardarás en recorrer la Biblia. Pero la Palabra tendrá un efecto más duradero en ti. Y cuanto más lento vayas, más rápido será tu tiempo de reacción al impulso del Espíritu Santo.

Voy ser claro y decirlo: demorarse en obedecer es desobedecer.

¿Recuerdas a los diez espías que dudaron de que Dios pudiera cumplir su promesa, y disuadieron a los israelitas de entrar a la Tierra Prometida? Su duda fue tan ofensiva para Dios, porque Él ya les había revelado su poder mediante el éxodo de Egipto y la división del mar Rojo, que Él ejecutó juicio de inmediato. Al día siguiente, los israelitas dieron media vuelta.[5] Cambiaron de idea, pero fue demasiado tarde. ¡Un día de retraso les costó cuarenta años! No entraron en la Tierra Prometida porque su tiempo de reacción fue demasiado lento.

Ahora, eso no significa que deberías vivir con miedo a perderte cosas. Después de todo, Dios es el Dios de las segundas oportunidades. Pero por favor, tienes que entender esto: la inacción *es* una acción, y la indecisión *es* una decisión.

Yo no quiero desperdiciar cuarenta años por ser demasiado lento en dar un paso. Por cierto, no quiero adelantarme a Dios intentando fabricar mi propio milagro. ¡He hecho eso una o dos veces! Pero lo que sí quiero es agarrar oportunidades ordenadas por Dios tan rápidamente, tan decisivamente y tan valientemente como pueda.

EL PODER DE LAS PALABRAS

Es un poco embarazoso admitirlo, pero una vez leí todo el diccionario Webster. Solamente llegué hasta la letra Q, como en *quirky* (raro), pero eso aún me califica como un enamorado de las palabras. Paso demasiado tiempo en Thesaurus.com. Y cuando no puedo encontrar la palabra adecuada, con frecuencia me la invento.

Sé que ya hemos disectado la palabra *guardar*, pero permíteme hacerlo otra vez con la palabra *vivificar*. Te ayudará a entender un papel clave que desempeña el Espíritu Santo en nuestras vidas.

La palabra *vivificar* significa *catalizar*. Piensa en la química. Hebreos 4:12 dice que la Palabra es viva y poderosa. La Reina-Valera 1960 dice *eficaz*. Cada uno de los libros que hay en mi biblioteca está hecho de árboles muertos, y la mayoría de ellos han sido escritos por autores ya fallecidos. El Autor de la Escritura está vivo y bien. El mismo Espíritu que inspiró a Moisés, David, Pedro y Pablo cuando *escribían* nos inspira a nosotros cuando *leemos*. Y cuando la Palabra viva es catalizada por la fe, tiene lugar una reacción sobrenatural que perdona el pecado, quita el temor, inspira ideas, y hace nacer sueños.

Vivificar también significa *transferir posesión*. Piensa en bienes raíces. No se puede sencillamente hacer un contrato de una casa; hay que hacer un pago. Por la fe, nos apropiamos de la Palabra y la Palabra se apropia de nosotros. Cuando la Palabra es vivificada, sella el trato.

Significa *mantener la vida*, como en un sistema de respiración artificial.

También significa *hacer regresar a la vida*, como en la desfibrilación.

Cada vez que lees la Palabra de Dios, se produce una pequeña resurrección. Es el modo en que el Espíritu Santo hace regresar a la vida nuestros sueños ordenados por Dios. Revive la fe, la esperanza y el amor, y resucita el *¿y si...?*

Un último significado, y quizá el más poderoso, es *concebir*.

¿Hay algo más milagroso que el momento de la concepción? Todo el potencial del mundo está contenido en esa vida unicelular. Encriptado en cada célula está un código genético completo.

Cuando la Palabra de Dios es concebida en nosotros mediante la vivificación del Espíritu Santo, nos impregna de posibilidades. Cambia nuestros deseos más profundos, erradica nuestros peores temores, y cumple nuestros sueños más grandes.

Que la Palabra de Dios sea vivificada en ti hace que se te parta el corazón por las cosas que parten el corazón a Dios. Forma la mente de Cristo en ti. Y cuando la Palabra de Dios completa su periodo de tiempo, da a luz a *¿y si...?*

¿Y si hicieras la promesa de leer

la Palabra de Dios cada día?

9

El Efecto Ancla

*La mentalidad pecaminosa es muerte, mientras que
la mentalidad que proviene del Espíritu es vida y paz.*
Romanos 8:6

La misión del *Exploratorium* de San Francisco es hacer surgir curiosidad, fomentar la exploración, y cambiar el modo en que el mundo aprende. En armonía con su misión, el *Exploratorium* realizó un estudio secreto con visitantes que no lo sabían. Al azar, se hacían dos preguntas a los participantes seleccionados:

1. ¿Es la altura de la secoya más alta, mayor o menor de 1.200 pies (365 metros)?

2. ¿Cuál es tu mejor aproximación sobre la altura de la secoya más alta?

Se hizo las mismas preguntas a un segundo grupo de participantes pero con cifras diferentes.

1. ¿Es la altura de la secoya más alta mayor o menor de 180 pies (55 metros)?

2. ¿Cuál es tu mejor aproximación sobre la altura de la secoya más alta?

Las dos alturas diferentes, 1.200 pies (365 metros) y 180 pies (55 metros), se denominan anclas. Esas anclas tuvieron mucha influencia en las respuestas de cada grupo. A quienes se dio el ancla más alta de 1.200 pies (365 metros) supusieron que la altura promedio era de 844 pies (257 metros). A quienes se dio el ancha más baja de 180 pies (55 metros) supusieron que la altura promedio era de 282 pies (86 metros). ¡Es una diferencia de 563 pies (171 metros)!

Ese 55 por ciento de diferencia es el resultado de algo que los psicólogos denominan "el efecto ancla".[1] En palabras sencillas, tenemos tendencia a apoyarnos demasiado en el primer hecho, el primer precio, o la primera impresión. Cuando nos "anclamos" a ellos, se convierten en la base para la toma de decisiones.

En caso de que tengas curiosidad, la secoya está clasificada como la especie de árbol más alto del planeta. Su sistema de raíces alcanza una profundidad de 13 pies (4 metros) con un radio de 100 pies (30 metros). Pueden medir hasta 22 pies (6,7 metros) de contorno y 360 pies (110 metros) de altura, ¡y pueden vivir hasta 2.000 años!

Puedo decirte por mi experiencia personal que pocas cosas inspiran más asombro que estar de pie en la base de uno de esos gigantes que miran al cielo.

Regresemos al anclaje.

Sucede cada día de miles de maneras diferentes.

Los padres utilizan el anclaje para ser más inteligentes que sus hijos adolescentes. Si tu hijo o hija adolescente quiere salir hasta la medianoche, pero tú quieres que esté en casa a las 11:00 de la noche, comienza proponiéndole que regrese a las 10:00 de la noche. Entonces, cuando lleguen a un acuerdo en la mitad, ¡ellos piensan que es una concesión! No, es tan solo un viejo truco de anclaje.

Los vendedores sabios hacen lo mismo con las ventas. Si compras un objeto que vale 50 dólares por 50 dólares, no te sientes bien al respecto porque pagaste el precio completo. ¡Incluso si el precio completo es un precio justo! Los vendedores lo saben, de modo que ponen objetos en rebajas. Si consigues un objeto de 50 dólares con un 20 por ciento de descuento, te sientes estupendamente, incluso si el precio de venta ha sido inflado de modo artificial.

Incluso la serpiente utilizó una técnica de anclaje para conseguir que Adán y Eva fijaran sus ojos en el fruto prohibido. Ellos eran libres para comer de cualquier árbol excepto uno. Pero él hizo que se enfocaran en el único árbol del que se les mandó que no comieran: el árbol del conocimiento del bien y del mal.

Las implicaciones y aplicaciones del anclaje son profundas. Si la batalla se gana o se pierde en la mente, entonces el lugar donde lancemos el ancla dictará el resultado.

El escritor de Hebreos se refiere a la esperanza como un ancla,[2] y es tan poderosa como el *como si*. El ancla de un barco no solo evita que vaya a la deriva. También puede lanzarse un ancla delante de un barco, y utilizarlo para navegar por canales peligrosos. El término náutico es *mover con anclote*, y es la imagen que dibuja el escritor de Hebreos. Esperanza es anclarnos a nosotros mismos a las ¿y si...? promesas de Dios mientras navegamos por rápidos de clase V. La paz se encuentra del mismo modo, ¡y también el gozo! Para mejor o para peor, nuestro enfoque determina nuestra realidad. Ese es el poder de *como si*.

Hay un acróstico para la palabra miedo: Mentalidad Irreal de Expectativas Desastrosas sin Ocurrir. El miedo da peso a cosas que no lo merecen; y nos aplasta.

Fe es el opuesto: es estar seguro de lo que esperamos.[3] Si la gratitud es dar gracias a Dios por cosas *después* de que sucedan, entonces la fe es dar gracias a Dios por cosas *antes* de que sucedan.

ESTOY BIEN

En el 1873, un acaudalado hombre de negocios de Chicago llamado Horatio Spafford planeaba acompañar a su famoso amigo D. L. Moody en una campaña evangelística en Inglaterra. Envió antes que él a su esposa y a sus cuatro hijas, pero el barco se hundió en medio del Atlántico, y sus cuatro hijas murieron. Cuando su esposa le telegrafió la noticia, Horatio se subió a un barco con mucha pesadez en su corazón. Cuando la nave se acercaba al lugar donde habían muerto sus hijas, Spafford escribió las palabras del himno "Estoy bien con mi Dios":

> De paz inundada mi senda ya esté,
> O cúbrala un mar de aflicción,
> Mi suerte cualquiera que sea, diré:

"Estoy bien, estoy bien con mi Dios".[4]

Horatio Spafford lanzó el ancla en medio del Atlántico. Al igual que Job, decidió confiar en el corazón de Dios cuando no podía entender sus circunstancias.

Nuestra familia hizo lo mismo cuando mi suegro, Bob Schmidgall, murió a los cincuenta y cinco años de edad de un ataque al corazón. Este canto era uno de sus favoritos, de modo que es el canto que entonamos junto a su tumba. Fue nuestra manera de anclarnos a una esperanza que está más allá de la tumba.

Si tus emociones están ancladas a tus circunstancias, se parecerán a una gráfica del mercado de valores que sube y baja diariamente. Tendrás muchos mercados en baja, y probablemente uno o dos desplomes. Si tus emociones están ancladas a la cruz, se convierte en tu punto fijo de paz. Si has hecho la paz con Dios, la paz es la orden del día. Pero como con todas las buenas dádivas de Dios, tienes que trabajar en ello. Así es como nos ocupamos de nuestra salvación con temor y temblor.[5] Si quieres que la paz que sobrepasa todo entendimiento guarden tu corazón y tu mente,[6] tienes que mantenerte anclado a las cosas correctas.

> *Por lo demás, hermanos, todo lo que es verdadero, todo lo honesto, todo lo justo, todo lo puro, todo lo amable, todo lo que es de buen nombre; si hay virtud alguna, si algo digno de alabanza, en esto pensad.*[7]

MENTALIDAD

Yo tengo el hábito de dividir palabras. *Responsabilidad*, por ejemplo, tiene más sentido con un guión: *respons-abilidad*. Es la habilidad de escoger tu respuesta en cualquier conjunto de circunstancias. Aceptar responsabilidad no significa aceptar la culpa o aceptar el mérito. En mi diccionario, significa rendir cuentas de tu respuesta a pesar de todo.

De la misma manera, me gusta combinar palabras. En Romanos 8:6 tenemos la palabra mentalidad; la palabra griega *phronema* significa fijar la mente en algo. Suena muy parecido a anclar, ¿no es cierto? Y no sucede por casualidad. Implica un alto grado de *como si...* intencionalidad.

Nuestra familia tiene cuatro valores: gratitud, generosidad, humildad y valentía. Esos cuatro valores son como cuatro puntos cardinales en la aguja de la brújula. Y es mi tarea, como esposo y padre, ser modelo de esos valores para mi familia. Y por lo tanto trabajo duro en ellos.

Este año pasado, la gratitud puede que haya sido mi mejor práctica. He escrito a intervalos un diario de gratitud durante muchos años, pero decidí contar las bendiciones este año.[8] En este año, estoy en la número 537. ¡Ese sencillo acto de enumerar puede que sea la mejor manera de contar tus bendiciones! También tiene un efecto ancla: me mantiene enfocado en las cosas por las que estoy agradecido, no frustrado.

La gratitud es una mentalidad.

También lo es la humildad.

También lo es la generosidad.

También lo es la valentía.

¡También lo es todo lo demás!

Hace casi una década incorporamos una práctica en la organización de compartir victorias al comienzo de cada reunión de equipo pastoral en la iglesia NCC. A veces solamente nos toma diez o quince minutos. Otras veces nuestras reuniones se convierten en reuniones de oración. Una hora después, nos encontramos postrados dando gracias a Dios por quién es Él, y por lo que ha hecho. Pero independientemente de cuánto tiempo nos tome, la energía positiva es palpable.

¡No hay mejor manera de comenzar la semana de trabajo!

Compartir victorias mantiene a nuestro equipo enfocado en los puntos positivos. Sinceramente, no puedo imaginar a demasiadas iglesias de nuestro tamaño que tengan menos problemas. Y no puedo imaginar demasiados equipos pastorales de nuestro tamaño que tengan mejor química. La fórmula es sencilla: ¡ánclate a las victorias!

La palabra bíblica para *victoria* es *testimonio*. Es el modo en que tomamos prestada fe de otros; si Dios lo hizo por ellos, puede hacerlo por mí. Y el modo en que devuelves un testimonio es prestando tu fe a otra persona.

Nuestro testimonio es nuestra arma secreta. Por supuesto, no podemos mantenerla en secreto. Es la manera en que compartimos la victoria con otros y vencemos al enemigo.[9]

LA PROPORCIÓN LOSADA

Marcial Losada es un psicólogo organizacional que estudia el poder de la positividad. Él argumenta que necesitamos un *lazo de retroalimentación negativa* para sobrevivir. Sin hacer correcciones a medio camino, cometemos los mismos errores sin darnos cuenta; y eso suma muchos *si tan solo...*

Pero si quieres desarrollarte, necesitas un *lazo de retroalimentación positiva.* En palabras sencillas: celebra aquello de lo que quieres ver más. Sus estudios han producido lo que se conoce como la proporción Losada: es la proporción de retroalimentación positiva y de retroalimentación negativa en un sistema. No importa si el sistema es una iglesia, una familia o tu lugar de trabajo, tiene que haber por lo menos 2,9 retroalimentaciones positivas por cada retroalimentación negativa.

¿Cuál es tu proporción como cónyuge, como padre o madre, como amigo?

Parte de la razón de la disparidad es que la retroalimentación negativa tiende a tener más peso y durar más. Por lo tanto, tiene que ser compensada. Una buena regla de oro es la siguiente: servir tres elogios por cada queja. Y yo sugeriría que comienza con una mentalidad: *sorprender a personas haciendo las cosas bien.* Tienes que mantenerte enfocado en lo positivo.

No estoy haciendo presión para que seamos como Pollyana, optimistas exagerados; estoy defendiendo un optimismo que esté anclado en las miles de *¿y si...?* promesas que Dios nos ha dado. ¡Y vivir *como si* fueran ciertas!

Escoge una promesa, cualquier promesa. Entonces, ¡lanza el ancla!

Si quieres mantenerte positivo, a continuación tenemos algunas tácticas sencillas. Primero y sobre todo, lee la Palabra de Dios diariamente. Esa es la manera más obvia y más práctica de anclarte a las promesas de Dios.

Comienza a escribir un diario de gratitud. Es un punto de apalancamiento alto para la positividad. Sin duda, un diario de gratitud es para la gratificación personal. Si quieres compartir el amor, cultiva el hábito de escribir notas sinceras y guiadas por el Espíritu a las personas que aprecias. Solamente te tomará dos minutos, pero puede alegrarle el día a alguien, ¡puede alegrarle el año! Recientemente recibí una nota manuscrita de Jack Hayford, a quien mencioné anteriormente. Sé que él está demasiado ocupado para escribir notas de gratitud, pero eso es lo que hace que sea aún más significativa.

A continuación, encuentra una manera de compartir victorias en tu familia o en tu lugar de trabajo. Eso tiene la capacidad de cambiar el enfoque, de cambiar la cultura, y también te anclará a tus hijos o a tus colegas de trabajo de una manera nueva y poderosa.

Por último pero no menos importante, la adoración es una poderosa manera de anclarnos a la realidad de lo que está sucediendo en el cielo. Cuando adoramos, ¡esa realidad celestial invade nuestro código de área, nuestro código postal!

Uno de mis rituales es repetir un canto mientras estoy corriendo o escribiendo, pues me ayuda a meterme en un ritmo. Mientras escribo, utilizo cantos sin letra para poder concentrarme en las palabras que estoy escribiendo. En caso de que te interese, escuché miles de veces "Raising the Sail" (Izando la vela) de la banda sonora de *El Show de Truman* mientras escribía *The Circle Maker* [El Hacedor de Círculos]. Para *Qué Pasaría Si* fue "Revive" (Avívanos) de *NCC Worship*, y Lord, *I Need You* (Señor, te necesito), de Chris Tomlin. Cuando repito un canto de adoración, cala en mi espíritu. Lo canto hasta que lo creo. Entonces se convierte en una segunda naturaleza.

ANCLAS

Una de las maneras en que me mantengo arraigado en la gracia de Dios es reuniendo recuerdos, mezuzás, que me recuerdan la bondad y fidelidad de Dios. Los israelitas utilizaban con frecuencia piedras para construir altares, y yo uso prácticamente todo lo que puedas imaginar. Ya he mencionado algunos de mis recuerdos que sirven como mezuzás. Aquí tenemos algunos más.

La Biblia de mi abuelo es mi posesión más preciada. Fue una Biblia *Thompson Chain-Reference* de 1934, muy desgastada y bien practicada. Me encanta ver los versículos que él subrayó, y las notas que escribió en los márgenes. Esa Biblia en cierto modo me ancla al legado de mi abuelo, y alimenta mi fe.

Tengo una señal de taxi de las que se ponen en el techo del auto que encontramos en una de las propiedades que adquirimos milagrosamente, un viejo taller mecánico que solía reparar taxis del DC. No me ancla solamente a ese milagro, sino también me ayuda a creer a Dios para el siguiente.

Y tengo una lanza en miniatura que es un recuerdo de la primera parada en mi primer tour literario para mi primer libro, *In a Pit with a Lion on a Snowy Day* [Con un león en medio de un foso cuando estaba nevando]. Es un recordatorio de que el Dios que comenzó la buena obra es el mismo Dios que la llevará hasta su fin.

Tengo casi cien recuerdos, y siempre que alguien me visita en mi oficina, le hago un pequeño recorrido contándole sus historias. Cada una de esas anclas me mantiene arraigado espiritualmente.

¿A qué estás anclado tú? ¿Qué fotografías, carteles o símbolos necesitas colgar en las paredes de tu casa, en las paredes de tu corazón?

El propósito de esos recuerdos no es solamente para mirar atrás. Es para ver la fidelidad de Dios que alimenta nuestra fe para que avance. Esos recuerdos me mantienen anclado al *¿y si…?*

Lo admito: soy una persona que lo guarda todo. Coleccionar recuerdos es algo natural para mí. Pero incluso si no eres particularmente nostálgico, necesitas encontrar maneras de anclarte a ti mismo. Puede ser construyendo un altar o haciendo una promesa, pero sea lo que sea, ayuda si hay un recordatorio físico.

SESENTA MIL PENSAMIENTOS

Sé que hay estudios por todas partes, y es muy difícil cuantificar la información que estoy a punto de compartir. Después de todo, el 67,2 por ciento de las estadísticas se inventan. Sí, estoy siendo ingenioso. Pero incluso si esas cifras son inventadas, son un punto de inflexión. Cuando se trata de la mente humana, los expertos calculan que tenemos de cincuenta a sesenta mil pensamientos al día. Yo utilizaré sesenta mil como el promedio.

Ahora voy a citar cuatro estadísticas de las que cambian el juego.

Los psicólogos plantean que el 98 o 99 por ciento de nuestros pensamientos son habituales.[10] En otras palabras, son los mismos pensamientos que tuvimos ayer, y anteayer, y hace tres días.

Si quieres anclarte a ti mismo al ¿y si...?, con eso no lo lograrás. Tu mente debe ser renovada día tras día. No puedes seguir pensando las mismas cosas y esperar un resultado diferente, una perspectiva diferente. Una manera sencilla de sobreponernos a un pensamiento habitual es adoptar una mentalidad de aprendizaje. Haz que tu meta sea aprender algo nuevo cada día. Puede provenir de un libro o de una charla TED. Puede provenir de una conversación o de una clase. Puede provenir de un paseo por la calle.

El poeta francés Jacques Réda solía caminar por las calles de París con la intención de ver una cosa nueva cada día. Es la manera en que él renovaba su amor por su ciudad. También evitaba que cayera en la trampa del pensamiento habitual, una trampa mortal si eres poeta.

En segundo lugar, solo el 12 por ciento de nuestros pensamientos están enfocados en el futuro. Ahora, eso es bueno si tus pensamientos enfocados en el futuro oscilan desde la ansiedad de bajo grado hasta el temor al máximo. Con demasiada frecuencia usamos mal nuestra imaginación para repetir el ¿y si...? incorrecto. Pero por definición, la fe está orientada al futuro. Es estar seguros de lo que esperamos. En *The Circle Maker* [El Hacedor de Círculos] comparto mi lista de metas en la vida. Esas 115 metas son anclas. Es la manera en que camino hacia el futuro con anclotes. Es la manera en que me mantengo enfocado en el ¿y si...?

En tercer lugar, un estudio de la Universidad de Harvard descubrió que la persona promedio emplea el 46,9 por ciento de las horas en que está despierta pensando en otra cosa distinta a lo que está haciendo en el presente.[11] Según los psicólogos Matthew Killingsworth y Daniel Gilbert: "Una mente que divaga es una mente infeliz". Es lo contrario a estar anclado. Y es la razón de que estemos físicamente presentes, y emocionalmente ausentes. Desde luego, los culpables más obvios son los aparatos digitales que nos mantienen ausentes. ¡Nada baja el nivel de nuestra capacidad de soñar despiertos como nuestros teléfonos supuestamente inteligentes!

Finalmente, la Clínica Cleveland calcula que el 80 por ciento de nuestros pensamientos son negativos.[12] ¡Eso supone 48.000 pensamientos negativos al día! Y cuando verbalizamos esos pensamientos negativos, eso agrava el problema. Por si sirve de algo, tengo un amigo que tiene el hábito de leer la Escritura *en voz alta*. No creo que el volumen importe, pero hay algo poderoso en la utilización de las cuerdas vocales para declarar la Palabra.

La lengua tiene el poder de la vida y la muerte.[13] No es ningún encantamiento abracadabra, pero a veces tienes que decirlo como si lo creyeras. Jesús habló literalmente al viento y a las olas, ¿cierto? Él reprendió tormentas. Él reprendió demonios. Él reprendió fiebres. ¡Incluso nos dijo que habláramos a las montañas para moverlas! Cuando verbalizas la fe, le das poder, le das peso, le das crédito. Por lo tanto, dilo o cántalo como si realmente lo creyeras.

Por supuesto, también es cierto lo contrario. Hay algunas cosas que *no* deberías decir. Cuando Jeremías usó su edad como excusa, el Señor lo reprendió: "No digas: soy un niño".[14] En otras palabras, ¡no te descalifiques a ti mismo si Dios te ha llamado! Yo quiero hablar palabras que dan vida, llenas de fe y de gracia. Hay algunas cosas que me niego a decir porque eso les da poder. Lo llamo mi lista de "No digas".

¿Qué palabras necesitas incluir en tu lista de "No digas"?

No solo estoy hablando de palabras de cuatro letras. Jesús dijo que daríamos cuentas de toda palabra ociosa. La palabra *ociosa* significa *desempleada*. Una palabra ociosa es una palabra inútil, sin valor, una palabra que no consigue nada.

Voy a compartir una última historia que espero que te inspire tanto como me inspiró a mí. En *El Hacedor de Círculos* comparto la historia de R. W. Shambach, quien oró en 1960 que Dios cerrara un cine, y lo convirtiera en una iglesia. Ese teatro con cien años de antigüedad es ahora nuestro campus de Capitol Hill. Esa es la versión breve.

Recientemente conocí a la hija de R. W., Donna, y ella me dijo algo que me inspiró mucho. Desgraciadamente, los hijos de algunos pastores comparten historias que arrojan una sombra de duda sobre la integridad de su padre predicador, pero no así Donna. ¡Ella dijo que a veces la familia oía a su papá predicar, y hacer llamados al altar mientras dormía! Pero lo más poderoso que dijo fue lo siguiente: "Nunca oí a mi padre decir una palabra negativa sobre nadie ni sobre nada; ni una sola palabra negativa".

De lo que hay en el corazón habla la boca,[15] de modo que nuestras palabras son rayos-X de lo que hay en el interior. Es ahí donde se gana y se pierde la batalla. Si queremos que nuestras palabras reflejen su Palabra, es ahí donde tenemos que lanzar el ancla. Y cuando lo hacemos, la mente de Cristo se convierte en nuestra mentalidad.

¿Y si dejaras de murmurar y comenzaras a

presumir de las personas a sus espaldas?

10

El Poder de la Sugestión

*Pero si Cristo está en ustedes, el cuerpo está muerto
a causa del pecado, pero el Espíritu que está en ustedes
es vida a causa de la justicia.*
Romanos 8:10

Cuando estaba en la universidad, me desgarré el ligamento cruzado anterior en el último cuarto del último partido de mi temporada de baloncesto en mi segundo año.

En la actualidad sería una cirugía ambulatoria, pero me pasé toda una noche en el hospital después de que me realizaran una cirugía reconstructiva. Yo tengo un umbral de dolor por encima del promedio, pero cuando se me pasó el efecto de la anestesia general, necesitaba rápidamente calmantes, así que pulsé el botón de llamada de la enfermera. La enfermera me explicó que había morfina en mi bolsa intravenosa, y lo único que tenía que hacer era presionar un pequeño botón que la liberaba a mi flujo sanguíneo.

Yo presioné el botón y me sentí mejor, mucho mejor. De hecho, ¡sentí un empujón de felicidad! Yo creía que obtendría morfina cada vez, pero cuando llegué al límite de mi dosis, se cortó el flujo de morfina. Yo no supe eso hasta después, y me alegro por eso, porque la medicina placebo hizo su efecto. Este fenómeno se denomina el efecto placebo, desde luego, y ha sido documentado de cientos de maneras distintas. Su antítesis, el efecto *nocebo*, también ha sido demostrado.

No estoy seguro de si lo siguiente cumpliría con los actuales estándares de investigación, pero hace un siglo se realizó un experimento fascinante. Tres hombres probaron su fuerza con una máquina de anclaje, con una medida promedio de 101 libras (493 kilos) de presión. Entonces, los participantes fueron hipnotizados. Sé que eso no suena muy científico, pero los resultados son de todos modos intrigantes.

Cuando fueron hipnotizados, el investigador les dijo a los participantes: "No *pueden* anclar porque son débiles". Bajo el poder de la sugestión, su fuerza de anclaje promedio cayó hasta 29 libras (141 kilos). Entonces el investigador dijo: "Ahora *pueden* anclar". Su anclaje promedio aumentó hasta 145 libras (707 kilos) de presión.[1]

"Si crees que puedes o crees que no puedes, tienes razón", frase que se atribuye a Henry Ford.

Ese es el poder de la sugestión. En el experimento que acabo de citar, su fuerza aumentó cinco veces más cuando dijeron "puedo", contrario a cuando dijeron "no puedo".

Vamos a contraponerlo a esto:

Todo lo puedo en Cristo que me fortalece.[2]

Ya hemos comenzado a explorar el poder de *¿y si...?*, pero dirijamos nuestra atención a su primo segundo: *como si*. La mente no conoce la diferencia entre lo que es real y lo que es imaginado, razón por la cual *como si* está tan lleno de potencial. Desde luego, *como si* debe estar anclado a la verdad. Un discurso motivacional de Matt Foley, el hombre que ha estado viviendo en una camioneta al lado del río, no lo logrará, ¡y tampoco lo harán las afirmaciones positivas de Stuart Smalley! A propósito, el verdadero Stuart Smalley es Al Franken, excómico de la *SNL* y actual senador por el estado de Minnesota. Él vive a dos manzanas de mi casa, y es un cliente regular en Ebenezer.

No tengo ninguna intención de faltar el respeto, pero con franqueza, tú no eres lo suficientemente bueno o lo suficientemente inteligente. Y vaya, a algunas personas no les gustas. La realidad es la siguiente: eres un pecador que necesita un Salvador. Pero también eres más que vencedor.

Actuar *como si* es más fácil decirlo que hacerlo, pero es la definición de fe. ¿Creemos lo que Dios dice acerca de nosotros o no? El Gran Ocho dice que somos *"más que vencedores"*[3]; el problema es que yo me siento como un completo fracaso la mitad del tiempo. Soy pastor, pero batallo con la tentación tanto como cualquiera. Como padre, he hecho algunas cosas bien, pero también he hecho algunas cosas mal. Y amo con locura a mi esposa, pero no siempre me siento como un caballero de brillante armadura.

¿Mi punto? Me siento un fracaso gran parte del tiempo, pero una vez más, el Súper 8 me representa como más que vencedor.

Entonces, ¿cuál de las dos cosas es?

Ayuda pensar en la Escritura como un guión. Aunque la realidad de nuestras circunstancias a menudo parece que está fuera del guión, tengo que tomar el ejemplo de la Palabra de Dios. Tengo que vivir *como si* fuera quien Dios dice que soy. Si crees las mentiras del enemigo, estás en un profundo problema existencial. Si crees que eres quien Dios dice que eres, eso te sacará de los problemas, y te mantendrá alejado de problemas.

Sé que a quienes se oponen filosóficamente al cristianismo les gustaría pensar que la fe no es otra cosa que una muleta emocional. Pero el punto crucial del cristianismo es el sepulcro vacío. Si Jesús estuviera muerto y enterrado, estaríamos viviendo una mentira. Pero si Jesús salió del sepulcro bajo su propio poder, entonces todo puede pasar. Y necesitamos vivir *como si* eso fuera cierto, porque lo es.

La resurrección no es algo que celebramos un día al año. Es algo que celebramos cada día de muchas maneras, pues conforma cada realidad. Valida el *como si*.

Cuando tengas problemas, toma aliento: Él ha vencido al mundo.[4] Cuando te sientas solo, no lo olvides: Él nunca te dejará ni te abandonará.[5] Cuando sientas que has perdido el rumbo, recuerda: Él ordena tus pasos.[6]

COMO SI

A continuación tenemos algunos de mis *como si* favoritos.

San Agustín dijo: "Dios nos ama a cada uno de nosotros como si solamente hubiera uno de nosotros".[7]

Si comprendes plenamente este *como si*, es la verdad más liberadora en el mundo. Te hará libre de todo temor porque eso es lo que hace el perfecto amor. Dios no puede amarte más o menos porque Él ya te ama incondicionalmente, eternamente. Tan solo necesitamos vivir como sus amados.

En uno de mis libros, *The Grave Robber* [El Ladrón de Tumbas], escribo extensamente sobre el tema de los milagros. Ese libro está enmarcado por algo que dijo Albert Einstein: "Hay solamente dos maneras de vivir la vida. Una es como si nada fuera un milagro; la otra es como si todo lo fuera".[8]

Entonces, ¿cuál de las dos es? En cualquiera de los casos, vives *como si*. Pero cuando vives *como si* todo fuera un milagro, descubres los milagros que están a tu alrededor, todo el tiempo.

Hace muchas lunas, recibí de Amazon una taza para café. Debí haber sido uno de sus primeros y mejores clientes en esa época. En la taza estaba escrito un poderoso *como si*, por cortesía de Mahatma Gandhi: "Vive como si fueras a morir mañana. Aprende como si fueras a vivir para siempre".

Mi afirmación favorita de *como si* es también una de mis principales convicciones. Es difícil señalar la fuente original, pero Agustín de Hipona puede que fuera el primero en decirla: "Ora como si todo dependiera de Dios. Trabaja como si todo dependiera de ti".

A continuación hay algunas más para avivar el fuego.

Nuestro tercer presidente, Thomas Jefferson, dijo: "Cuando hagas algo, actúa como si el mundo entero estuviera observando".[9] Eso es lo que hizo Jefferson el 4 de julio de 1776. Formuló la Declaración de Independencia, que aún enmarca nuestra libertad como estadounidenses.

William James, el primer educador en ofrecer un curso en psicología, dijo: "Si quieres calidad, actúa como si ya la tuvieras".[10] Él dijo también: "Actúa como si lo que haces marcara la diferencia. Así es".[11]

Ya lo sé, entiendes el punto. Y perdóname si parece un exceso, pero cada *como si* es una bellota con el potencial de llegar a ser un roble. *Como si* es la semilla de la que nace todo éxito. La clave es el alineamiento. Si esos *como si* no están en consonancia con la verdad de la Escritura, es un castillo de naipes. Pero si lo están, puedes mover montañas.

EL *COMO SI* DEFINITIVO

Hay diez *síes* en el Gran Ocho. El versículo 31 es el *¿y si...?* definitivo: "Si Dios es por nosotros, ¿quién contra nosotros?". Pero el *si* en el versículo 10 es el *como si* definitivo: "Si Cristo está en ustedes".

Hay una tradición en el deporte profesional de jugar por un camarada caído. Cuando Myra Hiatt Kraft, la esposa del dueño de los *Patriots* de Nueva Inglaterra, Robert Kraft, perdió su batalla contra el cáncer, cada miembro del equipo llevaba cosidas a su camiseta las iniciales MHK. Los *Bears* de Chicago hicieron lo mismo cuando su fundador, George Stanley Halas, murió en 1983. El simbolismo tiene mucha fuerza, y en él hay un elemento de *como si*. El equipo ya no juega para ellos mismos; juegan para otra persona. De manera mucho más importante, nosotros ya no estamos jugando más para nosotros mismos.

> He sido crucificado con Cristo, y ya no vivo yo sino que Cristo vive en mí. Lo que ahora vivo en el cuerpo, lo vivo por la fe en el Hijo de Dios.[12]

Vivimos para el aplauso de manos con cicatrices de los clavos.

Anhelamos oír: "*Bien, buen siervo y fiel*".

Dudo incluso al usar la palabra *placebo* porque se refiere a una falsificación. La gracia de Dios es cualquier cosa menos un placebo, es lo verdadero. Pero la palabra *placebo* en realidad tiene raíces bíblicas. Es la palabra latina que utilizó Jerónimo en su traducción Vulgata de Salmos 116:9: "*Agradaré al Señor en la tierra de los vivientes*".

La palabra *placebo* significa *agradar*; y cuando el objeto de nuestro agrado es Dios, es una panacea. Mi personalidad es de querer agradar a las personas, pero esto es lo que he descubierto. Cuanto más te importa lo que piense la gente, menos te importan realmente ellos. También he aprendido que puedes agradar a todas las personas algunas veces, y a algunas personas todas las veces, pero no puedes agradar a todas las personas todas las veces. Desde luego que esa no es la meta, pues no vivimos para agradar a las personas como si la vida fuera un concurso de popularidad. Además, ninguna de ellas está sentada en el Trono del juicio. Algún día estaré delante de mi Creador y daré cuentas, así que vivo para agradar a Dios y solamente a Dios.

Ahora deja que haga una observación: es difícil sentirte ofendido si estás muerto. Es difícil que te enojes, te molestes o te deprimas. ¿Por qué? Porque estás muerto.

El día que pusiste tu fe en Cristo es el día en que murió tu viejo yo. RIP. Tus deseos, tus sueños y tus planes están muertos en el agua. Y lo digo literalmente: en el bautismo. La persona que se sumerge en el agua no es la misma persona que sale del agua. Eres una nueva criatura en Cristo.

Desde luego, tienes que entrar en esta nueva identidad diariamente. Primera de Corintios 15:31 se ha convertido en un lema de la mía: *"Cada día muero"*. Jesús lo dijo de este modo: *"Si alguien quiere ser mi discípulo, tiene que negarse a sí mismo, tomar su cruz y seguirme".*[13]

Hay una gran libertad en esta muerte diaria. Cuando te despiertas cada mañana, es como una pequeña resurrección. Y sabes que volverás a morir al yo, así que es el primer día y el último día de tu vida.

Vives *como si* Cristo hubiera sido crucificado ayer, resucitó de la muerte hoy, y va a regresar mañana.[14]

EL PODER DE *COMO SI*

Hace algunos años, un distrito escolar en San Francisco sacó adelante un experimento bastante ingenioso. Tres maestros fueron escogidos para dirigir un programa piloto especial, y los administradores les dijeron: "Ustedes son los mejores que tenemos. Queremos que enseñen a alumnos con un alto CI. Les permitiremos avanzar a su ritmo, y veremos hasta dónde pueden aprender en un año".

Al final del año escolar, esos alumnos especialmente seleccionados habían logrado de un 20 a un 30 por ciento más que el resto del distrito escolar. Fue entonces cuando el director llamó a los tres maestros a su oficina y les dijo:

"Tengo que hacerles una confesión. Ustedes no tuvieron alumnos con un alto CI. Eran alumnos promedio elegidos al azar".

Como puedes imaginar, los maestros estaban bastante satisfechos con lo que habían podido lograr. Entonces el director dijo: "Tengo que hacer otra confesión. Ustedes no eran los mejores maestros que tenemos. Sus nombres fueron los tres primeros que salieron entre los demás".[15]

La pregunta obvia es la siguiente: si eran alumnos promedio quienes recibieron enseñanza de maestros promedio, ¿cómo lograron resultados por encima de la media? La respuesta es, como ya podrás imaginar a estas alturas, el poder de *como si*.

Voy a compartir uno de los *como si* más poderosos que he encontrado jamás. El poeta y dramaturgo alemán Johann Wolfgang von Goethe dijo: "Trata a un hombre *como es* y seguirá siendo *como es*. Trata a un hombre *como puede ser y debería ser*, y se volverá como puede ser y debería ser".[16]

Nadie modeló eso mejor que Jesús.

Los fariseos trataban a las personas *como eran*. Jesús trataba a las personas *como podían ser*. Y solo eso tiene sentido. En definitiva, nadie conocía el potencial que Dios le había dado como Aquel que se lo dio en un principio.

¿Has observado alguna vez que algunos de los apodos que Jesús puso a sus discípulos parecían nombres poco apropiados?

Pedro era impetuoso, y sin embargo Jesús lo llamó Roca.

Jacobo y Juan eran niños de mamá, y sin embargo Jesús los llamó "los hijos del trueno". Ellos estuvieron a la altura de esos apodos. Jacobo se convirtió en el primero de los discípulos en ser martirizado. Juan es quien más tiempo vivió, escribiendo el Evangelio que lleva su nombre, y también el último libro de la Biblia: Apocalipsis.

¿Y si Jesús los hubiera tratado como ellos eran? Creo que habrían seguido siendo como eran. Pero Jesús vio quiénes podían llegar a ser, y los trató *como si*.

En algún punto en nuestras vidas todos necesitamos a alguien que crea en nosotros más de lo que creemos en nosotros mismos. Así es Jesús; eso es lo que hace Jesús. La fe que los discípulos pusieron en Jesús no es tan notable. Después de todo, ellos fueron testigos oculares de sus milagros. Lo notable es la fe que Jesús puso en los discípulos, ¡y la fe que pone en nosotros!

Sé que no es fácil ver más allá de los problemas de las personas, y mucho menos de sus personalidades. Pero eso es lo que hacen los profetas. Padres, si lo único que hacen siempre es señalar lo que hacen mal sus hijos, probablemente verán más de lo mismo. ¿Recuerdan la proporción Losada? Los niños necesitan más elogios que críticas. ¡Y también los adultos!

Y eso es lo que Jesús modela. No hay duda de que Él puso a los discípulos en su lugar cuando la ocasión lo requería. Como cuando le dijo a Pedro: *"¡Aléjate de mí, Satanás!"*.[17] ¡Vaya! Pero eran sus constantes afirmaciones las que abrieron la puerta a una exhortación ocasional. Es así como crecen las relaciones sanas. Requieren una elevada dosis de gracia y verdad.

Gracia significa te amaré a pesar de todo.

Verdad significa seré sincero a pesar de todo.

Nadie estaba más lleno de gracia y de verdad que Jesús.[18] Cuando estos dos elementos se combinan, estás amando a las personas como lo hacía Jesús.

¿Y si comenzaras a tratar a tus amigos y familiares

como deberían ser y como podrían ser?

11

Bizco

Por tanto, hermanos, tenemos una obligación,
pero no es la de vivir conforme a la naturaleza pecaminosa.
Romanos 8:12

Antes de que las trece colonias se convirtieran en país, cuatro quintas partes de americanos habían oído predicar a George Whitefield en persona.

Más precisamente, le oyeron alto y claro. Sin ningún sistema de amplificación de voz, él hablaba a multitudes que se contaban por cientos de miles. Testigos oculares afirmaban que su voz podía llegar hasta un kilómetro en el campo. Whitefield no predicaba en una iglesia desde detrás de un púlpito; lo hacía en campos y ferias. Y cuando lo hacía, ciudades enteras cerraban sus negocios. Estuviera predicando al amanecer o cuando llegaba la medianoche, había personas que se levantaban temprano, y se iban tarde a la cama.

Whitefield hizo trece viajes a América, sumando 782 días en el mar cruzando el Océano Atlántico. En total, predicó 18.000 sermones durante su carrera de treinta y cuatro años predicando.[1] Eso supone un asombroso promedio de más de 500 sermones al año, o si lo prefieres, 1,369863 al día. Oye, si predicas todos esos sermones, ¡te mereces todo el mérito de los decimales que puedas obtener!

El Primer Gran Avivamiento en los Estados Unidos tuvo muchos generales, pero George Whitefield fue de cinco estrellas. En total, proclamó el evangelio a más de diez *millones* de personas. Y la pregunta es: ¿qué atraía a las multitudes? Una cosa es segura: no era el buen aspecto de Whitefield.

Mis disculpas si eso suena un poco burdo, pero los retratos que han sobrevivido no son bonitos, incluso con la clásica peluca colonial. Whitefield era bizco, lo cual hacía que el contacto visual fuera una experiencia complicada. Pero si hubo alguna vez un doble significado, aquí está. Nadie fijaba sus ojos en la cruz de Jesucristo más que Whitefield.

Algunos historiadores consideran a George Whitefield la primera celebridad religiosa en los Estados Unidos. A mí no me gusta esa terminología, pero parece que todo el mundo era atraído al hombre y al mensaje, incluso quienes no estaban de acuerdo con él. Quizá el ejemplo más notable sea el de Benjamin Franklin. Franklin no estaba de acuerdo con gran parte de la doctrina de Whitefield, pero llegó a ser el publicista y editor de Whitefield. Incluso admitió vaciarse los bolsillos como respuesta a una de las ofrendas de Whitefield.

¿Cómo tenía Whitefield ese efecto? ¿Qué lo impulsaba? ¿Y qué atraía a las multitudes?

En palabras sencillas, él predicaba *como si* fuera cierto. Lo decía como si lo creyera. Y era impulsado por un poderoso *por lo tanto*.

RAYOS Y TRUENOS

Podría ser una afirmación un poco exagerada, pero la mayoría de los predicadores del siglo XIX eran tan dinámicos como, podríamos decir, alguien que hubiera pasado por una lobotomía. Los sermones eran sedantes; y entonces llegó George Whitefield.

Mientras sus contemporáneos con alzacuello leían secos ensayos de moralidad desde el púlpito, Whitefield predicaba como un luchador enjaulado. Y tenía el apodo adecuado: "Rayos y Truenos".[2] Tampoco fue casualidad, sino que fue un momento definitivo, una decisión definitiva. Una historia que él compartió en uno de sus sermones puede definirse como el momento *como si* de Whitefield.

En el año 1675, el arzobispo de Canterbury conocía a un actor llamado Señor Butterton. Un día, el arzobispo le dijo a Butterton: "Dígame, Señor Butterton, ¿cuál es la razón de que sus actuaciones sobre el escenario puedan afectar a sus audiencias al hablar de cosas imaginarias como si fueran reales, mientras que nosotros en la iglesia hablamos de cosas reales, y nuestras congregaciones solamente las reciben como si fueran imaginarias?".

"Bueno, señor mío", dijo Butterton, "la razón es muy simple. Nosotros los actores sobre el escenario hablamos de cosas imaginarias como si fueran reales, y ustedes en el púlpito hablan de cosas reales como si fueran imaginarias".[3]

Esa afirmación *como si* dio en el blanco de Whitefield: *hablar de cosas reales como si fueran imaginarias*. Whitefield decidió reavivar la cristiandad real. Al contar esa historia se dice que Whitefield gritó: "Por lo tanto, yo no seré un predicador de boca de terciopelo".[4] ¡Nunca lo acusaron de tal cosa!

¿Lo entendiste? *Por lo tanto*. Por lo tanto es donde comienza *como si*.

Es un manifiesto de solo tres palabras, una pasión ordenada por Dios, un sueño dado por Dios. Define quién eres tú y quién no eres. Es tu momento decisivo, la motivación que te impulsa. Es el *porqué* que está detrás de cada *qué*. Es aquello por lo que lucharías hasta irte a la tumba.

¿Cuál es tu *por lo tanto*?

Para Whitefield era "predicar, como pintaba Apeles, para toda la eternidad".[5] Para Whitefield, *por lo tanto* comenzó en la Torre de Londres, donde predicó a una audiencia cautiva de prisioneros. Con frecuencia lloraba durante sus sermones, rogando con urgencia a las personas que acudieran a Jesús. Dio su último sermón en Newburyport, Massachusetts, el 29 de septiembre de 1770. Casi sin poder mantenerse en pie, Whitefield predicó durante dos horas, hasta las 2:00 de la mañana. Más adelante esa mañana se quedó literalmente sin aire, muriendo de un ataque de asma. Su amigo y colega John Wesley dijo en su elegía a Whitefield: "Oh, cuánto ha sufrido la iglesia al apagarse esa brillante estrella que resplandecía con tanta gloria en nuestro hemisferio. No nos queda nadie para sucederle; ninguno de sus dones; no nos queda nada parecido a él que nos sea útil".[6]

En 1941, el ganador del premio Nobel, el poeta T. S. Eliot, planteó una pregunta poética: "¿Puede toda una vida representar un motivo?". Si George Whitefield no tuvo éxito en eso, estuvo muy cerca.

FILA 22, ASIENTO 12

Es imposible predecir cuándo o dónde será revelado el *por lo tanto*. Con frecuencia sucede en medio de las circunstancias más inadvertidas e inocuas. Para mí, fue en la fila 22, asiento 12, en la parte izquierda de la sala de la iglesia *Willow Creek Community*.

Era yo un alumno del seminario de veintidós años que asistía a su conferencia de liderazgo para obtener créditos. Creí que había conseguido tres créditos, pero obtuve un crédito extra. Descubrí mi *por lo tanto*. Solamente puedo describirlo como un reto santo; fue como si el Espíritu Santo me retara no solo a plantar una iglesia, sino a hacerlo *de modo diferente*.

Dos décadas después se me sigue erizando la piel. Siempre será el Momento de mi ministerio. En una sola frase:

> Hay maneras de conducir la iglesia en las que nadie ha pensado aún.

Eso es lo hace que me levante temprano, y me mantiene despierto hasta tarde.

Ese es mi *por lo tanto*.

Si el reino de Dios tuviera departamentos, yo solicitaría el de Investigación y Desarrollo. Parte de ello es una función de la personalidad. Yo soy un pionero, según la prueba *StrengthsFinder* para descubrir tus fortalezas. Es una manera positiva de decir que me aburro con facilidad. No me gusta el "he estado ahí, ya he hecho eso". Parte de ello es una función de la teología: creo que la iglesia debería ser el lugar más creativo del planeta. También tenemos este valor central: todo es un experimento. Quizá lo que mejor describa a la iglesia *National Community* sea lo siguiente: somos ortodoxos en creencia, pero no ortodoxos en la práctica.

Como escritor y predicador, este *por lo tanto* me impulsa. Intento decir cosas antiguas de maneras nuevas. Creo que cada *—ología* es una rama de la teología, y me encanta contraponer disciplinas distintas. Esa es mi manera de girar el caleidoscopio para revelar nuevas combinaciones de la verdad, porque toda verdad es la verdad de Dios.

En mi opinión, cada despertar comienza con *por lo tanto*. Y con despertar me refiero al personal y el social. Para Whitefield, fue un Gran Avivamiento que barrió los Estados Unidos. Para mí, fue un momento que define cada uno de los otros momentos de mi ministerio. Fue un reto a ser diferente. En cualquiera de los casos, *por lo tanto* implica lanzar el guante. Es el punto de no retorno.

1.220 POR LO TANTO

Hay 1.220 *por lo tanto* en la Escritura, que son los puentes teológicos sobre los cuales viajan algunas de las mayores verdades de la Escritura. Y ninguno tiene un rango más largo que la primera palabra del Gran Ocho. Al igual que todo predicador que ha estudiado hermenéutica, yo aprendí un sencillo axioma: *siempre que te encuentres con un por lo tanto, descubre para qué está ahí.*

Este libro gira en torno al octavo capítulo del libro de Romanos, pero hay dieciséis canciones en el álbum de Pablo a los Romanos. El Gran Ocho es el título de la pista, pero un término es el que los une todos. Ya lo habrás adivinado: *por lo tanto*. Si los siete primeros capítulos son la *causa*, el Gran Ocho es el *efecto*. Es la consecuencia de todo lo que Pablo ha dicho hasta aquí. *Por lo tanto* prepara en el *tee* la suma total de verdad que hay en los siete primeros capítulos, y después Pablo lanza con un *swing* hasta las vallas.

El primer *por lo tanto* en el Gran Ocho es la frase conjuntiva más significativa en Romanos, pero no es la única. Los once primeros versículos son un coro de *lo que Dios ha hecho por nosotros*. Los siguientes versículos son un estribillo de *lo que Dios espera de nosotros*, comenzando con el versículo 12:

> Por tanto, hermanos, tenemos una obligación, pero no es la de vivir conforme a la naturaleza pecaminosa.

Obligación.

No es tu palabra favorita, ¿verdad? Pero eso se debe a que la interpretamos, o más bien la malinterpretamos, bajo una luz negativa. No pienses en ello como algo que *tienes que hacer*; piensa en ello como algo que *consigues hacer*. Nuestra mayor obligación es también nuestra mayor oportunidad: rendir nuestra vida al señorío de Cristo. ¿Puedes pensar en algún privilegio mayor que el de ser usado para los propósitos eternos de Dios?

La palabra significa estar legal o moralmente atado, y la mejor imagen podría ser el matrimonio. Cuando dices "sí, quiero" en el altar, te estás obligando a ti mismo en lo bueno y en lo malo, en la riqueza y en la pobreza, en la salud y en la enfermedad, hasta que la muerte los separe. Yo he oficiado muchas ceremonias de boda, y nunca he visto a nadie meterse en esa obligación con otra cosa que no fuera una anticipación gozosa.

Cuando entramos en una relación de pacto con Dios, tenemos tendencia a enfocarnos en el hecho de que estamos legal y moralmente atados a Dios, pero Dios también está legal y moralmente atado a nosotros. El evangelio demanda que nos entreguemos por completo a Dios, pero cuando lo hacemos, Dios se entrega totalmente a nosotros. Yo haré ese trato siete días por semana, ¡y dos veces los domingos! Es un pacto de bendición, y toda bendición te pertenece *en Cristo*.

Toda promesa es *sí* en Cristo.

EL REY DEL CAMBIO

Recientemente me encontré con un programa de *reality* bastante interesante: *Reyes del Cambio*. Trata sobre cambiar algo de menor valor por otra cosa de mayor valor. Si lo haces las veces suficientes, bien podrías terminar con algo de valor significativo. Comienza con una tostadora, por ejemplo, y cámbiala por una bicicleta de segunda mano; después cambia la bicicleta por un microondas. Cambia el microondas por pasajes de avión, los pasajes de avión por un caballo, el caballo por un auto de segunda mano, y el auto por un *jet ski*. ¡*Voilà*! El programa muestra el hilo de todos esos cambios, y está lleno de giros inesperados.

Uno de los hilos de cambio más infames implicaba a un bloguero canadiense, Kyle MacDonald, que comenzó con un clip rojo y un *¿y si...?* Tomó casi un año entero y catorce transacciones al azar, entre las que se incluían una manilla para puertas esculpida a mano, un globo de nieve motorizado KISS, y un papel en una película. Para cuando terminó, el clip rojo fue cambiando todo el camino hasta una casa de campo de dos pisos en Kipling, Saskatchewan.

Bastante loco, pero no tan loco como el evangelio.

Al que no conoció pecado, por nosotros lo hizo pecado, para que nosotros fuésemos hechos justicia de Dios en él (RVR1960).

Este es el trato que el Rey del Cambio pone sobre la mesa: *tú cambias todo tu pecado por toda mi justicia, y estamos a la par.*. Nunca obtendrás un cambio mejor. Y por eso se llaman las Buenas Noticias. La salvación es cambiar por un valor mayor. La compensación es dar poder total de veto al Espíritu Santo. Pero repito: esa es una obligación buena.

Él te llevará a lugares donde tú no puedes ir.

Él concertará citas divinas con personas a las que tú no puedes conocer.

Y Él hará cosas en ti y por medio de ti que son imposibles.

PODER DE VETO

Yo vivo en una ciudad que come, duerme y respira política. Nuestras noticias locales son noticias nacionales, lo cual no siempre es positivo. Entiendo la frustración y el escepticismo sobre lo que sucede en el interior del Beltway, pero también estoy agradecido por los funcionarios públicos de ambos lados a los que he tenido el privilegio de servir como pastor.

Les he predicado, he orado por ellos, y he tenido conversaciones con ellos. Y cuando bajan la guardia, uno se da cuenta de que tienen los mismos temores y fallos, esperanzas y sueños, que el resto de nosotros. La única diferencia es que sus decisiones tienen implicaciones más amplias para el país en general.

Una de mis reuniones más memorables fue con un concejal de DC que aspiró a la alcaldía en el último ciclo de elecciones. Al final del tiempo que pasamos juntos, le pregunté por qué podía orar. Casi esperaba que su petición fuera que ganara las elecciones. En cambio, me dijo: "Ore para que yo no permita que el temor dicte mis decisiones".

¿Qué es lo que dicta tus decisiones?

No es algo en lo que pensemos mucho o de lo que hablemos mucho, pero todos nosotros tenemos un dictador interno. Para algunos, es el temor. Para otros, es una fe *como si*.

En política, las personas se enfrentan a una tentación tremenda de tomar decisiones por las razones equivocadas, como intercambiar favores políticos a cambio de sobornos, o cambiar valores para ganar votos. Necesitamos más oficiales públicos que tengan la capacidad de discernir lo correcto, y después el valor moral para hacerlo.

Durante el curso de la historia de la iglesia se han identificado siete pecados como mortales: orgullo, avaricia, lujuria, ira, glotonería, envidia y pereza. Cada uno de esos siete pecados mortales es un dictador. Funcionan de maneras diferentes, pero intentan dictar tus decisiones.

Si pierdes el temperamento, puede ser ira.

Si no puedes seguir una dieta, puede ser glotonería.

Si batallas con la pornografía, puede ser lujuria.

Cada uno de los pecados mortales es un dictador, y la única manera de destronar a esos dictadores es entronando a Jesucristo en cada área de tu vida. Esa es la decisión crucial. Y debe ser respaldada por decisiones previas. Voy a darte un ejemplo sencillo.

Uno de los dictadores es la avaricia, y la avaricia en realidad se presenta como un tipo bueno. ¿Su plataforma? *Más es mejor.* Pero es una mentira insidiosa porque *suficiente nunca es suficiente.*

¿Cómo vencemos la avaricia? El golpe de estado es el diezmo. Le devuelves a Dios el primer 10 por ciento de tus ingresos. Sinceramente, es la única manera que conozco de mantener a la avaricia fuera del trono de mi vida.

A lo largo de los años, Lora y yo hemos intentado devolver a Dios un porcentaje mayor de nuestros ingresos, y lo que hemos descubierto es que cuanto más damos, más disfrutamos de lo que nos quedamos. Si das el 20 por ciento, ¡disfrutarás del 80 por ciento que tienes un 20 por ciento más! Suponemos falsamente que la alegría se encuentra en la parte que nos quedamos, pero en realidad se encuentra en la parte que damos. El diezmo es una manera de dar a Dios poder de veto. Es un recordatorio de que todo proviene de Dios y es para Dios. Es una manera de asegurarme de que la generosidad dicte mis decisiones, y no la avaricia.

¿A qué dictador necesitas destronar?

Comienza con dar a Dios poder de veto. Y eso conduce a otro *por lo tanto*:

> *Por lo tanto, hermanos, tomando en cuenta la misericordia de Dios, les ruego que cada uno de ustedes, en adoración espiritual, ofrezca su cuerpo como sacrificio vivo, santo y agradable a Dios.*[8]

¿Y si dejaras de permitir que el temor

dicte tus decisiones?

12

La Ruta Panorámica

*Porque todos los que son guiados por el Espíritu
de Dios son hijos de Dios.*
Romanos 8:14

En el año 2001 cuatro amigos de la universidad que no estaban seguros de lo que querían hacer después de la graduación pensaron en una gran ¿y si...? idea. Compraron un viejo RV, lo pintaron de verde, y viajaron por el país entrevistando a personas que los inspiraban. Desde un vinicultor en California, un criador de langostas en Maine hasta un Juez del Tribunal Supremo en el DC, pidieron a un grupo ecléctico de personas que compartieran lecciones aprendidas en el viaje de la vida. Cientos de entrevistas, y casi 25.000 kilómetros después, se emitió el documental *Roadtrip Nation* en la PBS.

Incluso si no tienes espíritu viajero, ¿no te gustaría haber hecho eso? Yo tampoco estaba seguro de lo que quería hacer después de la universidad, pero seguí la ruta tradicional. Pospuse conseguir un empleo consiguiendo una maestría. Seguía sin saber qué quería hacer, así que compré otro año haciendo una segunda maestría. Fue una táctica de demora académica: una experiencia estupenda, pero me pregunto si habría aprendido tanto o más llenando mi tanque de gasolina, y haciendo lo que hicieron esos guerreros de la carretera.

Mientras conducían por el oeste de Montana, los viajeros de carretera decidieron salir de la I-90, y contemplar el pintoresco río Clark Fork. Fue entonces cuando observaron que había un tráiler estacionado al lado del río, y el conductor del camión estaba lanzando piedras al río. Era una escena extraña, porque se sabe que los camioneros solamente se detienen en áreas para camiones.

Cuando le preguntaron qué estaba haciendo, el camionero les dijo que su esposa había fallecido el día anterior. "Durante treinta y cinco años he pasado al lado de esta salida un millón de veces", les dijo", y nunca me había detenido".[1]

La expresión de su cara era en parte de remordimiento, y en parte de entendimiento. Por primera vez en treinta y cinco años había decidido salir de la autopista. Esa pequeña frase, *salir de la autopista*, se convirtió en el lema del movimiento *Roadtrip* (Viaje por carretera). Y yo voy a defenderlo. Pero primero, un pequeño discurso.

Nosotros somos los beneficiarios de avances increíbles en la tecnología que ahorran tiempo. Recuerdo cuando prácticamente había que plantar el maíz, desenvainarlo, hacer una fogata, y dejarlo que saltara en una sartén tapada. Entonces llegó el microondas, por el cual estamos agradecidos. Pero junto con los beneficios que ahorran tiempo, a veces me pregunto si hay un efecto secundario. ¿Acaso no somos las personas más impacientes en la historia de la humanidad? Yo seré el primero en admitirlo: si no aprietas el acelerador cuando la luz del semáforo se pone verde, voy a tocar la bocina del auto. ¿Por qué? Porque no puedo perder ni dos segundos; ¡tengo lugares donde ir y cosas que hacer! Llevamos el ajetreo como insignia; como las pegatinas para el parachoques cuando estamos en el cuadro escolar de honor.

Vamos, ¿no es bastante irónico que estemos increíblemente frustrados cuando un vuelo internacional se retrasa diez minutos, un vuelo que viaja cien veces a la velocidad de un vagón cubierto y nos lleva al otro extremo de los Estados Unidos con servicio de bebidas? ¡Por amor de Lewis y Clark, dejemos de quejarnos por pequeñas demoras en los viajes!

Nuestra paciencia es muy poca, y afecta a cada ámbito de la vida. Queremos aquello por lo que nuestros padres trabajaron durante décadas y ahorraron, en una fracción del tiempo, y con una fracción del esfuerzo. Estamos tan impulsados por adelantarnos que uno de los mandamientos más difíciles de cumplir es santificar el día de reposo. Después de todo, no podemos permitirnos quedar atrás. Pero así es como caemos, y nos quedamos atrás.

Nada nos hace más lentos que pretender adelantarnos a Dios. ¿Recuerdas cuando Moisés trató de acelerar el plan de Dios matando a un capataz egipcio? ¡Ese pequeño atajo se convirtió en una demora de cuarenta años!

Escucha: yo soy tan impulsivo como el que más. Quiero llegar tan lejos como pueda, tan rápido como pueda, ¡y quiero llegar allí ayer! Pero también tenemos que disfrutar del viaje, por la gracia de Dios. En definitiva, el viaje *es* el destino.

DISFRUTA DEL VIAJE

Cuando comencé a pastorear, tuve algunos combates épicos de lucha libre contra el desaliento. Especialmente durante nuestro primer año. Nuestra asistencia promedio era de veinticinco personas, y nuestra ofrenda promedio estaba alrededor de $497 por semana.

Fue entonces cuando caí en la trampa del cuando/entonces. Yo pensaba: *Cuando lleguemos a cien personas, entonces me gustará pastorear.* Pensaba: *Cuando nuestras ofrendas sean de mil dólares por semana, entonces la vida será buena.* ¡Pero era una mentira!

Tuve un momento decisivo justamente después de uno de nuestros primeros servicios. El Espíritu Santo dijo, en términos nada inciertos: *¡Disfruta del viaje!* Desde ese momento en adelante, he hecho todo lo posible por disfrutar profundamente de cada etapa de la vida, de cada etapa de crecimiento. Yo estaba decidido a disfrutar de pastorear a veinticinco personas, a cien personas, a mil personas, a cinco mil personas... al número de personas que Dios hiciera entrar por nuestras puertas.

Independientemente de la etapa de la vida en que estés, ¡disfruta el viaje!

Si necesitas lo que llegue después para hacerte feliz, pese a lo que sea ese *después*, sufres de la enfermedad del destino. Llegamos a enfocarnos tanto en el entonces y allá, que no disfrutamos realmente del aquí y ahora. *Cuando vaya a la universidad, cuando me gradúe de la universidad, cuando consiga un empleo, cuando consiga un ascenso, cuando me jubile, cuando me case, cuando tengamos hijos... entonces seré feliz.* No, no lo serás. ¡Es una ilusión! Si no eres feliz donde estás, unas vacaciones no resolverán tus problemas. Si no estás contento con cómo eres, el Botox no lo arreglará.

¿Cuándo fue la última vez que saliste de la autopista?

¿Que tomaste la ruta panorámica?

¿Que lanzaste piedras?

Tal como yo lo veo, hay dos carreteras conocidas que puedes tomar. El atajo es el camino de menor resistencia. Está muy transitado, pero es como el tráfico en la hora pico en el DC. ¡Nada divertido! La ruta panorámica es el camino menos transitado. Toma más tiempo, y es un camino cuesta arriba en ambas direcciones. Pero la vista desde la cumbre es espectacular.

¿Cómo llegas hasta allí?

Del mismo modo que llegas a cualquier parte: paso a paso.

Hace algunos años taché de mi lista una meta de vida haciendo una caminata por el Half Dome en el Parque Nacional Yosemite con mi hijo Parker. Por grado de dificultad, está en segundo lugar después del Camino Inca hacia Machu Pichu, y el Gran Cañón de un extremo al otro. Es una caminata de 15,5 millas (25 kilómetros) con un ascenso de 4.800 pies (1,4 kilómetros), pero si tienes miedo a las alturas, la parte más difícil es la pendiente de 60 grados hasta la cumbre.

La mañana de la caminata, levanté la vista hacia el Half Dome desde el valle, y me pregunté cómo sería posible que pudiera llegar a la cumbre, ¡en especial porque estaba sufriendo un caso grave de fascitis plantar! Parecía casi imposible, pero la respuesta era bastante sencilla. *Paso a paso.* ¡Así es como se llega a cualquier lugar! No logramos nuestras metas por la misma razón que estropeamos proyectos de ensamblaje: no lo tomamos paso por paso. Nos adelantamos a nosotros mismos, o quizá debería decir que nos adelantamos a Dios.

Comparto 115 de mis metas de vida en *El Hacedor de Círculos*, junto con diez pasos para establecer metas. Cualquier cosa que sea menor que metas del tamaño de Dios constituye una falta de fe. Tienes que estar seguro de lo que esperas: ¿y si...? bien definidos. Pero el peligro oculto de establecer metas está en llegar a estar tan enfocado en la meta que olvidas que la meta no es realmente la meta; es el hábito que te ayudó a llegar hasta ahí. No tienes que descubrir dónde ir o qué hacer; eso es tarea de Dios. Él está preparando buenas obras de antemano. Tu tarea es simplemente seguir al pie de la letra al Espíritu Santo.

10.000 PASOS

Esta pasada Navidad, Lora me regaló un Fitbit. Fue un regalo, no una sugerencia. Mi esposa sabe que me encanta el ejercicio y me encantan los artefactos, y el Fitbit es una combinación de ambas cosas. Utilizando un acelerómetro en tres dimensiones, mi pulsera lo hace todo, desde calcular el número de pasos que doy cada día hasta rastrear la calidad de mi ciclo de sueño.

¿Hay algo más normal y corriente que dormir o caminar? ¡Ya no! Estoy deseando despertarme, y comprobar mi gráfica. Cada paso que doy y cada caloría que quemo adoptan un nuevo significado porque me llevan un paso y una caloría más cerca hacia mi meta.

Antes de tener mi Fitbit, siempre me había preguntado cuántas calorías quemo durante un sermón. Fitbit me ayudó a descubrirlo: un sermón de treinta minutos quema cerca de cien calorías. Es cierto que eso varía según el predicador. Supongo que George Whitefield probablemente quemaba algunas más que yo, especialmente con la peluca puesta, al aire libre y en el calor del verano.

Sé que esto puede sonar un poco a un anuncio de Fitbit, pero fue un cambio de paradigma. Mi oficina está solamente a 647 pasos de mi casa, pero yo solía ir y regresar en auto. Con un nuevo objetivo diario de 10.000 pasos, ahora recorro el camino andando.

Después de Navidad, la tarea que menos me gusta es quitar todos los adornos navideños. Vivimos en una casa adosada muy vertical en Capitol Hill, y todas nuestras cosas están guardadas en el ático. Antes solía aborrecer ese día, pero ya no. ¿Por qué? Porque cada paso me acerca un paso más a mi meta.

Un último dato divertido: bailé 8.350 pasos con Lora en la Despedida de Año. ¡Y lo sentí al año siguiente! Eso equivale a 4,18 millas (6,4 kilómetros) de carrera, el paso eléctrico y el *moonwalk*.

Tengo un pequeño lema que repito a cualquiera que parezca ansioso por pasar por alto la voluntad de Dios: *Dios quiere que llegues a donde Dios quiere que vayas, más de lo que tú quieres llegar a donde Dios quiere que vayas.* ¡Y Dios es extremadamente bueno en hacernos llegar hasta allí! Así que respira profundamente y relájate. Él ordena tus pasos, cada uno de ellos. Tu tarea es simplemente esta: "Sigue el paso al Espíritu".[2] Parece sencillo, ¿no es cierto? ¡Casi tan sencillo como seguirme el paso a mí en la pista de baile!

Hay un sketch clásico del programa *Saturday Night Live* titulado "Haz el idiota". Un tipo normal y corriente, representado por Jeff Goldblum, no sabe bailar nada. Pero su novia, Julia Sweeney, lo lleva a un club de baile de moda. Cuando ella consigue sacarlo a la pista de baile, es un desastre. Se parece a uno de esos muñecos gigantes inflables que mueven sus largos brazos con el aire, que vemos en concesionarios de autos.

Es entonces cuando el Gordo Gritón, representado por Chris Farley, grita: "¡Eh, oigan todos! ¡Vamos, hagamos el idiota!".[3]

Ese soy yo: ¡el idiota! A veces, cuando entro en mi zona, ¡Lora tendrá que recordarme que ella está ahí a mi lado!

¿Qué quiero decir? Es difícil seguirme el paso. Después de todo, con frecuencia hago el idiota. A veces ese es el sentimiento que se tiene al tratar de seguir el paso al Espíritu Santo. Te sientes como un tonto, pero es entonces cuando Dios aparece e interviene.

Tú eres el milagro de otra persona. Estoy seguro de eso. Lo único que tienes que hacer es permitir que el Espíritu te guíe, y obedecer sus impulsos. Algunas veces eso significa decir unas palabras de aliento. Otras veces significa mantener la boca cerrada. Otras es invitar a un desconocido a acompañarte en una ronda de golf.

RESPUESTAS A ORACIONES A CAMPO TRAVIESA

La iglesia *National Community* es una congregación muy joven, de modo que damos mucha importancia a los cabellos canosos que tienen un poco de sabiduría qué ofrecer. Dave y Lynn Weatherby encajan en la descripción. Han estado casados por más de cuarenta años, pero siguen estando llenos de ¿y si...? Una de las cosas que admiro de ellos es que parecen tener citas divinas constantemente, incluso cuando están de vacaciones.

Recientemente me hablaron sobre un viaje que hicieron a California para asistir a una boda. El día después, decidieron ir a la pista de golf local. En el cuarto hoyo, una persona jugaba detrás de ellos, y cortésmente le preguntaron si quería que lo dejaran pasar por delante o quizá unirse a ellos. Para sorpresa de ellos, él los acompañó durante el resto de la ronda, y eso en realidad fue bueno para su puntuación, pues él conocía el campo.

Cuando se acercaban al noveno hoyo, él les dijo a los Weatherby que normalmente jugaba con un grupo de hombres, pero que no quiso jugar con sus colegas ese día. Entonces reveló por qué. Su hermano, que había cumplido una sentencia de treinta años en la cárcel por abusar de sus dos hermanas, salía de la cárcel ese mismo día. Su hermano nunca había mostrado remordimiento, así que ese día era muy increíblemente difícil para él. No pensó que su grupo de cuatro amigos lo entendería, y por eso decidió jugar solo.

Pero se atrevió a decir a Dave y Lynn: "Esta mañana oré para que Dios me diera a alguien con quien jugar que mostrara interés y comprensión". Si conocieras a Dave y Lynn, comenzarías a reírte, porque no conozco a dos personas que muestren más interés y comprensión.

Cuando hicieron un golpe corto en el último *green*, Dave le dijo a su nuevo amigo: "Dios nos trajo desde más de dos mil millas (3.200 kilómetros) en Bethesda, Maryland, hasta Modesto, California, ¡para ser la respuesta a tu oración!". Entonces hicieron una oración de bendición mutua, y se despidieron.

Los cristianos celtas tenían un nombre bastante singular para el Espíritu Santo. Lo llamaban *An Geadh Glas*, o el Ave Salvaje. No se me ocurre una mejor descripción de lo que es vivir una vida dirigida por el Espíritu. La mitad de las veces no tengo ni idea de hacia dónde voy, pero Dios está en el negocio de posicionarnos de modo estratégico en el lugar correcto en el momento correcto.

Yo lo llamo sincronizaciones divinas. Y son algo más que mera coincidencia, ¡son providencia!

Si hay algo que creo, es que Dios ordena nuestros pasos. Y no solo cuando recorremos la fila el día de nuestra graduación o recorremos el pasillo hasta el altar el día de nuestra boda. Es cada paso. ¿Podemos perder el paso? ¡Claro que sí! Pero cuanto más tiempo vivo, más me maravillo ante la capacidad de Dios para coreografiar citas divinas.

Tuve uno de esos momentos cuando estaba hablando en la celebración del centenario de las Asambleas de Dios en Springfield, Missouri. Hacía muchos años que no había estado en Springfield, pero sí pasé dos años de formación en el Instituto Bíblico Central, así que el viaje fue más parecido a un peregrinaje para mí. El IBC había cerrado sus puertas hacía poco, y la propiedad estaba a la venta, así que sabía que era mi última oportunidad de visitar mi alma mater de bachillerato. En realidad quería entrar en el gimnasio y la capilla, mis dos lugares favoritos en el campus. Pero sabía que sería difícil porque, bueno, la escuela estaba cerrada.

Cuando llegué, se sentía como una ciudad fantasma. Vi solamente un vehículo en el campus, pero decidí intentar entrar al gimnasio de todos modos. No podía ver el interior porque había un espejo, y por eso me sorprendió bastante cuando alguien abrió la puerta al acercarme. Quedé aún más sorprendido cuando él me dijo: "Hola, Mark. Entra". Yo no lo conocía de nada, pero él se comportó como si yo tuviera una cita.

Y quizá la tenía. Quizá aquella era una cita divina. Resultó que él era el guarda del campus mientras está a la venta, y de algún modo me conocía. Me dejó entrar en la capilla, así que caminé una última vez por la galería donde había aprendido a orar. Y la biblioteca era como caminar por un sendero de la memoria, porque estaba llena de recuerdos del IBC, incluidas algunas fotografías de mí mismo con mis pantalones cortos de baloncesto del siglo XX.

Cuando llegamos al final del recorrido, yo tenía ganas de situarme en medio del campus y gritar: "¡Dios es fiel!" con todas mis fuerzas. Lo sentí como un lapso de veinte años. Y ese recorrido de media hora sigue alimentando mi fe.

Mientras me preparaba para irme, mi acompañante dijo: "Mire, esta mañana le dije a un amigo: 'Me pregunto si Mark Batterson va a pasar por aquí hoy'".

Me quedé boquiabierto. Quizá él hizo los cálculos sabiendo que yo iba a estar en la ciudad para el centenario, sabiendo que yo era un graduado del IBC, y sabiendo que quizá yo querría visitar el campus una última vez. Pero aun así, ¿cuáles son las probabilidades? Y si yo no me hubiera acercado hasta el gimnasio en ese preciso momento, no nos habríamos encontrado.

Sé que esta no es una historia de vida o muerte, o transformadora, pero para mí significó más de lo que puedas imaginar. Lo sentí como el modo que tuvo el Padre celestial de mostrarme lo mucho que Él se interesa por cada paso.

Dios está preparando citas divinas. Lo único que tenemos que hacer es seguir su guía, ejercitar un poco de paciencia, y caminar paso a paso.

¿Y si tomaras la decisión de salir

de la autopista, tomar la ruta panorámica,

y disfrutar el viaje más a menudo?

13

Tener Por Cierto

*Pues tengo por cierto que las aflicciones del tiempo
presente no son comparables con la gloria
venidera que en nosotros ha de manifestarse.*
Romanos 8:18 (RVR 1960)

Nick Vujicic nació sin brazos y sin piernas.

Hay mil cosas que Nick no puede hacer, y que nosotros damos por sentadas. Nick no puede dar un abrazo ni un apretón de manos. No puede aplaudir porque no tiene manos. No puede mover un pie al ritmo de la música ni sentir la arena bajo sus pies mientras camina por la playa.

Pero en lugar de enojarse con Dios por las cosas que no puede hacer, Nick tomó una decisión crucial cuando era adolescente: ser agradecido por las cosas que puede hacer. Y ha hecho decenas de cosas asombrosas: surfear, por ejemplo. ¿Cómo se puede hacer eso sin tener brazos ni piernas?

La vida de Nick es una notable reprensión contra la autocompasión. Si Nick no pone excusas, ¡probablemente tampoco deberíamos hacerlo nosotros!

Él se niega a ser definido por sus discapacidades. En cambio, Nick ha aprovechado sus limitaciones, y las ha convertido en su testimonio.

Según el último cálculo, doscientas mil personas han puesto su fe en Cristo después de oír el testimonio de Nick. Conozco a muy pocas personas que hayan guiado a tantas personas a la fe en Cristo. A riesgo de parecer insensible, no creo que Nick habría tenido la misma plataforma si tuviera brazos y piernas. Con lo que más se identifican las personas es con el sufrimiento que Nick ha soportado.

Dicho sencillamente, Dios ha convertido el dolor de Nick en ganancia eterna para miles y miles de personas. Y Nick ha aceptado ese hecho. "Prefiero no tener brazos ni piernas aquí en la tierra", dice él, "¡y pasar la eternidad con quienes llegan a la fe mediante mi testimonio!".[1]

"Tengo por cierto".[2]

Esas son las palabras que utiliza el apóstol Pablo cuando compara el sufrimiento en el tiempo presente con la gloria en el tiempo futuro. Es un término de contabilidad: *logizomai*. Piensa en la hoja de cálculo o la hoja de balance. Es un registro de débitos y depósitos. Casi igual que tu cuenta corriente, tu sufrimiento será conciliado algún día. Y aunque podamos ver el sufrimiento como un pasivo en el presente, en la balanza eterna es un bien que aprecia.

La fe no es lógica, pero tampoco es ilógica. La fe es teológica: añade a Dios a la ecuación. No ignora el diagnóstico de un médico. Sencillamente busca una segunda opinión del Gran Médico. Eso fue lo que hicimos cuando recientemente diagnosticaron a mi papá no una, sino dos formas de cáncer. Fue un golpe seco, sin lugar a duda, pero devolvimos el golpe con las promesas de Dios. Ciertamente escuchamos lo que tengan que decir los médicos y apreciamos su consejo experto. Pero le damos a Dios la última palabra.

Lo que sea que Dios diga es lo que tenemos por cierto.

NINGÚN MAÑANA

Puedes ser salvo sin sufrimiento, pero no puedes identificarte plenamente con Cristo. El sufrimiento no devalúa nuestras vidas, sino añade valor en forma de valiosas lecciones. Es también un multiplicador de la gloria de Dios. Cuando se compara con la gloria eterna que produce, el sufrimiento que tiene el sello del tiempo se califica como uno de los mayores dones de Dios.

Eso no significa que tu sufrimiento tendrá sentido en el tiempo presente. Pero no es eso lo que tenemos por cierto. Evaluamos el sufrimiento con los ojos de la eternidad.

Ciertamente, no estoy sugiriendo que el cáncer o cualquier otra enfermedad debilitante sean buenas. No lo son. Fue el cáncer el que se llevó la vida de mi abuelo. No te equivoques: el cáncer y sus primos enfermos son productos de la maldición. Y Jesús vino para revertir la maldición: la maldición del pecado, la maldición de la enfermedad, la maldición de la muerte.

A veces nuestra sanidad se produce a este lado de la línea continua del espacio-tiempo. Y eso es lo que oramos cuando decimos: *"Hágase tu voluntad como en el cielo, también en la tierra"*. Estamos orando que la realidad del cielo, un lugar donde no hay enfermedad, no hay sufrimiento ni dolor, invada nuestra realidad aquí y ahora. *Como* es otra manera de decir *como si*. Pero incluso si nuestra sanidad no se produce a este lado, la sanidad completa espera en el cielo. Puede que el cáncer acorte nuestra vida en la tierra, pero no tiene que devaluarla. De hecho, puede convertirse en el catalizador que haga que el resto de nuestra vida sea más significativo. Incontables personas que han sobrevivido al cáncer señalan su diagnóstico como lo peor *y* lo mejor que les ha sucedido jamás.

Peter Senge es científico de sistemas y conferencista experimentado en la Escuela de Administración Sloan de MIT (Instituto de Tecnología de Massachusetts). Escribe y da conferencias sobre cómo imaginar futuros alternos puede conducir al cambio transformacional. A veces, esos futuros alternos son *¿y si...?* posibilidades. Otras veces son duras realidades. En mi experiencia, no hay nada que dé más vida que una experiencia cercana a la muerte. Es como una llamada de atención metafísica.

Peter Senge comparte una de esas experiencias en el libro del que fue coautor titulado *Presence* [Presencia].[3] Senge estaba dirigiendo un seminario en el Banco Mundial cuando un empleado llamado Fred reveló que le habían diagnosticado una enfermedad terminal. A Fred le dieron solamente unos meses de vida. Así que hizo precisamente eso. Comenzó a vivir *como si* no hubiera un mañana.

Como cualquiera que recibe un diagnóstico devastador, Fred pasó por un periodo de negación. "Entonces sucedió algo asombroso", decía Fred. "Simplemente dejé de hacer todo lo que no era esencial, lo que no tenía importancia".[4] Las cosas importantes se volvieron aún más importantes. Las cosas poco importantes se volvieron aún menos importantes.

Habían pasado unos meses cuando un amigo le dijo a Fred que debería buscar una segunda opinión. Su nuevo médico le dijo que le habían hecho un diagnóstico equivocado. Fred tenía una enfermedad muy rara, pero curable. Cuando el médico le dio la noticia, Fred lloró como un niño. ¿Por qué? "Porque tenía miedo a que mi vida volviera a ser como solía ser antes".[5]

A veces el sufrimiento es el catalizador que nos hace preguntarnos *¿y si...?* Desde luego, no tiene que ser una tragedia. Puede ser una crisis de la mediana edad. Cuando llegas a los cuarenta, comienzas la cuenta regresiva. Pero el tictac de tu reloj corporal no es algo negativo. Es un recordatorio a tener por cierto.

Haz que cada día cuente.

Vive como si no hubiera mañana.

Haz cosas que seguirán vivas cuando tú no estés.

EXPERIENCIA CERCANA A LA VIDA

A veces es un milagro lo que nos ayuda a tener por cierto de modo distinto.

Después de que Jesús alimentó a cinco mil personas con cinco panes y dos peces, los discípulos tuvieron por cierto de modo distinto.[6] Antes de que sucediera el milagro, Felipe miró los cinco panes y los dos peces y dijo: "¿De qué sirve esto?".

En seguida descubrieron que cinco más dos *no* es igual a siete; no en el reino de Dios. Cuando añadimos a Dios a la ecuación: $5 + 2 = 5.000$ con 12 cestas llenas de las sobras. Cuando la voluntad de Dios no suma, ¡Dios la hace multiplicarse!

Por lo tanto, a veces es un milagro lo que nos ayuda a tener por cierto de modo distinto.

A veces es necesario algo de sufrimiento para ayudarnos a tener por cierto de modo distinto.

Pablo no escribió en un vacío.

Su currículum de sufrimiento es bastante notable: cinco veces lo azotaron, tres naufragios, y al menos un apedreamiento. Como un tatuaje que relata una historia, cada cicatriz en el cuerpo de Pablo era un recordatorio visible de su sufrimiento, y de la fidelidad de Dios.

Yo tampoco escribo en un vacío.

Durante cuarenta años no he pasado ni una semana sin utilizar un inhalador. He pasado semanas y semanas en el hospital. Y he tenido algunas experiencias cercanas a la muerte. La última vez que analizamos mi función pulmonar, mi capacidad y mi flujo de aire estaban muy por debajo del promedio. Sinceramente, no entiendo por qué Dios me dio una medida de habilidad atlética, suficiente para jugar al baloncesto universitario, y sin embargo no ha sanado mi asma.

Pero sé con toda seguridad lo siguiente: Dios me ha enseñado algunas cosas por medio de mi sufrimiento que no hubieran podido ser aprendidas de ninguna otra manera. Dios no entrega doctorados honorarios. Él otorga licenciaturas bien ganadas de la escuela del sufrimiento, la escuela del fracaso, y la escuela del dolor. Y aunque yo no querría volver a pasar por algunas de esas experiencias, no cambiaría el guión de mi vida.

He escrito antes al respecto, así que te ahorraré los detalles, pero la fecha de mi muerte debería haber sido el 23 de julio de 2000. Ese es el día en que mis intestinos se rasgaron. Rápidamente me hicieron una cirugía de emergencia a las tres de la mañana, y pasé dos días con un respirador. Perdí veinticinco libras (11 kilos) en una semana, y pasé por múltiples cirugías para reparar y revertir el daño causado.

En lugar de ser la fecha de mi muerte, el 23 de julio de 2000 se convirtió en mi segundo cumpleaños. Literalmente hago fiesta como si fuera 1999 porque ese habría sido mi último cumpleaños si no hubiera sobrevivido.

Dos años de mi vida tienen un asterisco sobre ellos. Nunca querría volver a experimentar nada como eso, pero no lo cambiaría por nada del mundo. Fue un curso de postgrado en gratitud. Fue como una experiencia fuera del cuerpo que me dio una perspectiva nueva de la vida. La cicatriz de diez pulgadas que tengo en mi abdomen es una línea de demarcación en mi vida.

Uno *tiene por cierto* de un modo distinto después de una experiencia como esa.

LA LEY DE LA UTILIDAD MARGINAL DECRECIENTE

Suena muy sofisticado, "la ley de la utilidad marginal decreciente", pero en realidad es bastante sencillo. En cierto punto, *más es menos*. A medida que aumentas el consumo de un producto a la vez, mientras mantienes constante el consumo de otro producto, hay un declive en la ganancia que derivas de consumir cada unidad adicional de ese producto. Durante mucho años, yo probé esta teoría con ositos de gominola Haribo, ¡y puedo confirmar que es cierta! Cuanto más consumes, menos lo disfrutas.

Esta ley tiene mucho que ver con tu medida de gozo. *El gozo no es conseguir lo que quieres; es apreciar lo que tienes.* Y en algunos casos, ¡requiere querer menos! Tienes que encontrar contentamiento en los placeres sencillos.

Ya que estamos hablando del tema, permíteme hacer otra conexión. La ley de la utilidad marginal decreciente es una razón más por la cual el ayuno es tan poderoso, tan importante. Y no solo ayunar, sino festejar. La Biblia receta ambas cosas. El problema de nuestra cultura de tamaño súper es que hacemos banquetes todo el tiempo. Existe un nombre para eso: glotonería.

Si te das el gusto en todo lo que quieres, siempre que quieres, lo disfrutarás cada vez menos. Y será más difícil y más difícil saciar tu hambre. Sin embargo, si sigues el ritmo bíblico de ayunar y festejar, no solo mantendrás a raya tu apetito, ¡sino que también disfrutarás un poco más cada bocado!

Ahora déjame meterme en tus asuntos.

Hay un estudio bien documentado que sugiere que el dinero deja de hacer más felices a las personas cuando los ingresos familiares están en torno a los 75.000 dólares.[7] Obviamente, hay que tener en cuenta cosas como el costo de la vida y el número de hijos, de modo que esa cifra fluctúa un poco. Pero después de llegar a ese número mágico, entra en escena la ley de la utilidad marginal decreciente.

Malcolm Gladwell desarrolla este concepto en su libro *David and Goliath* [David y Goliat], haciendo una observación muy interesante. Si no tienes suficiente dinero para obtener lo que quieren tus hijos, sencillamente puedes decir: "No, no podemos". Si tienes dinero más que suficiente, tienes que decir: "No, no lo compraremos". Gladwell argumenta que *no lo compraremos* es mucho más difícil de decir que *no podemos*.

> Eso, desde luego, requiere que tengas un conjunto de valores y sepas cómo expresarlos, y sepas cómo hacer que sean plausibles para tu hijo, todo lo cual es realmente difícil de hacer para cualquiera, bajo cualquier circunstancia, en especial si tienes un Ferrari en la entrada de tu casa, un jet privado, y una casa en Beverly Hills del tamaño de un hangar de avión.[8]

Uno de mis héroes es Stanley Tam, el fundador de *United States Plastic Corporation*. Stanley ha donado más de 120 millones de dólares según el último cálculo. Pese a la riqueza que tiene a su disposición, él decide vivir un estilo de vida muy sencillo. En una ocasión dijo algo que era muy simple, muy cierto: "Un hombre solamente puede ponerse un traje a la vez".

Lo tengo por cierto.

En nuestra cultura, una de las preguntas más difíciles es esta: *¿Cuánto es suficiente?* Es necesario tener valentía moral para hacerse la pregunta y responderla. Entiendo que quizá estés batallando con préstamos universitarios o deuda de la tarjeta de crédito, y esta pregunta parece prematura. Pero es mi oración que llegue el día en que tengas que poner un techo a tus ingresos, y comenzar a invertirlos en la eternidad como hace Stanley Tam.

Si simplificáramos nuestras vidas, tengo por cierto que seríamos más felices, estaríamos más sanos, y seríamos más santos. La mayoría de nosotros lo sabemos por intuición, pero vivimos en una cultura que grita: "¡Más!". Suficiente nunca es suficiente. El modelo del año pasado es, bueno, del año pasado. Queremos la última moda, lo más nuevo. No podemos imaginar estar pasados de moda cuando se trata de colores, de ropa, de computadoras o de autos. Escucha: ¡lo único que no está pasada de moda es la eternidad!

Ten eso por cierto.

EL DÍA DEL JUICIO

El 30 de enero de 1956, la revista *Time* dedicó su portada a cinco misioneros estadounidenses asesinados con lanzas en las riberas del río Curaray en Ecuador por miembros del pueblo huaorani. Pese a lo trágico que fue su martirio, no sucedió en vano. Sus muertes inspiraron a una generación de misioneros a dedicar sus vidas a la causa de Cristo. Una anotación en el diario perteneciente a Jim Elliot contenía la que llegó a ser una de las frases más citadas de su generación:

> No es un necio quien da lo que no puede mantener para obtener lo que no puede perder.[9]

Lo tengo por cierto.

El día del Juicio llegará. Todos estaremos delante del Tribunal de Cristo. O más concretamente, todos nos postraremos. ¡Nadie está de pie en la presencia de un Rey!

Cuando morimos, estamos en Cristo o en el pecado. Quienes mueran en sus pecados tendrán que rendir cuentas por ello. Quienes mueran en Cristo permanecen en la justicia de Él. No tendrán que rendir cuentas por su pecado, pues ya se rindió cuentas de él en la cruz. Serán recompensados por las obras hechas mientras estaban en la tierra.

El día del Juicio, nuestro remordimiento singular será por cualquier cosa que no devolvimos a Dios. Eso es. Lo que mantenemos, lo perdemos. Lo que perdemos por causa de Él, lo mantenemos para la eternidad.

Cuando tenía veintitantos años, yo solía negociar con opciones. Antes de que mi agencia de corretaje me permitiera ni siquiera comenzar a negociar, tenía que leer un documento titulado *Características y Riesgos de las Opciones Estandarizadas*. Creo que estaba pensado para asustar a los inversores y que optaran por una estrategia más segura, pero yo no tenía la paciencia para esperar a acciones tradicionales, bonos y fondos de inversión mobiliaria. Quería un plan para hacerme rico rápidamente.

En mi primer mes de negociación, tuve la fortuna y la mala fortuna de convertir 1.500 dólares en 5.000 dólares. ¡Al mes siguiente convertí 5.000 dólares en nada! Aprendí una lección de 5.000 dólares. Contrario a los vehículos tradicionales de inversión, las opciones tienen fechas de expiración. Si una opción no llega al precio fijado en la fecha de rescate, expira sin valer nada.

Tú tienes una fecha de expiración. Todo lo que no inviertas en el reino es una opción que expira sin valer nada. Lo que inviertas en el reino gana un interés compuesto para la eternidad, y los dividendos son fuera de este mundo. Calcular de cualquier otro modo es un error eterno de cálculo.

C. T. Studd fue uno de los mejores jugadores de cricket de su generación. Tenía en sus manos fama y fortuna, pero escogió dedicar su vida a las misiones. Uno de los Siete de Cambridge, Studd pasó toda una década con Misión al Interior de la China. En 1913 comenzó la misión *Heart of Africa*, conocida ahora como *Worldwide Evangelization for Christ International*.

Un siglo después, 1.800 misioneros de WEC en cincuenta países buscan conseguir que Cristo sea conocido, amado y adorado entre personas que aún no han oído el evangelio. Una vida bien vivida añade peso a las famosas palabras de C. T. Studd:

Solo una vida pronto pasará.

Solo lo que se ha hecho por Cristo perdurará.

Lo tengo por cierto.

¿Y si simplificaras tu vida

haciendo recortes en tu estilo de vida?

14

Optimista Eterno

La creación aguarda con ansiedad.
Romanos 8:19

Tengo miles de libros en mi biblioteca, pero pocos son más antiguos que un volumen *vintage* escrito por Helen Keller. Con *copyright* en el 1903, *Optimism* [Optimismo] ha soportado la prueba del tiempo. El título no me impresionaría si no fuera por las singulares circunstancias por las cuales escribió la autora.

Antes de cumplir los dos años de edad, Helen Keller perdió la visión y el oído. En un instante, su mundo se volvió oscuro, se volvió silencioso. Entonces, una persona enviada por Dios y llamada Anne Sullivan entró en el solitario aislamiento de Helen, y tocó su alma. Helen Keller se convirtió en la primera persona sorda y ciega en conseguir una licenciatura. También fue autora de una decena de libros, incluido un manifiesto sobre su filosofía de vida: *Optimismo*.

"Ningún pesimista descubrió nunca los secretos de las estrellas", escribió, "o navegó hasta una tierra no explorada". La última página de su libro se hace eco de la primera página de la Escritura. "Optimismo es la armonía del espíritu del hombre y el Espíritu de Dios declarando buenas sus obras".[1]

Si el Espíritu de Dios está en ti, el optimismo está a la orden del día. Es parte de tu primogenitura espiritual. El optimismo no está reñido con la realidad que nos rodea. Simplemente significa que estamos anclados a otra realidad: la crucifixión y resurrección de Jesucristo, que es más profunda, más fuerte y más duradera que la realidad que podemos percibir con nuestros cinco sentidos.

Mi ejemplar de *Optimismo* ha cambiado de manos unas cuantas veces en los últimos cien años. En la cubierta interior están escritos diferentes nombres y precios, pero uno de esos intercambios debió haber sido un regalo. La inscripción de cien años de antigüedad dice:

> A mis mejores amigos, Mary Belle y Eugene: cuando estén tristes o desalentados en la vida, piensen en Helen Keller, y estén agradecidos por los ojos que tienen.

Muy sencillo. Muy bueno.

La mayoría de nosotros damos por sentado el sentido de la vista, pero incluso el proceso visual más sencillo es divinamente complejo. Solamente la retina realiza cerca de diez mil millones de cálculos cada segundo, y eso sucede antes de que una imagen llegue a viajar por el nervio óptico hasta la corteza visual. Y esa es la punta de la corteza. Cuando leemos, millones de impulsos eléctricos están viajando por miles de millones de caminos sinápticos, y ni siquiera lo pensamos dos veces.

Sin embargo, pese a lo asombroso que es el ojo humano, hay algo aún más asombroso. Es el ojo de la mente que nos permite imaginar lo impensable, creer lo imposible. En palabras de Helen Keller: "Lo único peor que estar ciego es tener vista, pero no visión".[2]

RECIPIENTE PARA MUESTRAS

En 1979 dieron a Norman Cousins, editor en jefe del *Saturday Review* durante más de tres décadas, seis meses de vida. A pesar de 1 posibilidad de recuperación entre 500, él venció las probabilidades al vivir otras dos décadas. Él mismo reveló cómo lo hizo en su libro éxito de ventas *Anatomía de una Enfermedad*. Mientras los médicos le administraban medicinas, Cousins decidió luchar contra su enfermedad con su actitud. Empleó una sencilla estrategia: la risa.

Cousins les dijo a sus amigos que lo llamaran cada vez que oyeran o hicieran algo divertido. Veía comedias, y escuchaba a comediantes de monólogos. También gastaba bromas al personal del hospital.

Había una enfermera que nunca sonreía ni se reía. De hecho, le hacía sentirse culpable cada vez que presionaba el botón para llamarla. Durante una de sus rondas, ella le entregó un recipiente para muestras, y le pidió una muestra de orina. En lugar de orinar en el recipiente, Cousins lo llenó de jugo de manzana. Cuando ella regresó para recoger el recipiente, le dijo: "Hoy estamos un poco turbios, ¿no?".

Cousins dijo: "Sí, será mejor repetirla".

Vació el recipiente, le explicó la broma, y finalmente consiguió que ella se riera.[3]

Después de sobrevivir a su propio sufrimiento, Norman Cousins comenzó a ayudar a pacientes que tenían dolor crónico. Las sesiones comenzaban con cada paciente hablando de algo por lo que estaba agradecido. Durante una de esas rondas, Cousins compartió esta historia:

> Lo que tengo que decir es mejor que bueno. Es maravilloso. Es mejor que maravilloso. Es increíble. Cuando llegué al aeropuerto de Los Ángeles el miércoles pasado, fui al reclamo de equipajes, y mi maleta fue la primera que salió.

El grupo prorrumpió en aplausos. Pero se puso mejor. Cousins dijo que nunca había conocido a nadie con la fortuna de que su maleta saliera primera en el reclamo de equipaje, así que tuvo que llamar a su oficina y contar el mini-milagro. Pero fue entonces cuando perdió su peseta en el teléfono de pago.

Así que Cousins marcó el cero, y explicó su problema a la operadora. Ella le dijo: "Señor, si me da su nombre y dirección, le enviaremos por correo la devolución".

Cousins le dijo a la operadora que eso explicaba por qué AT&T tenía tantos problemas en ese tiempo. Ella, la operadora, tomaría el tiempo para escribir en una tarjeta el nombre y la dirección del cliente, después la pasaría a otro empleado, quien iría a la caja registradora, la abriría, agarraría una moneda, y dejaría constancia de la retirada.

Entonces ese trabajador pondría la peseta en un envase especial, y metería ese envase en un sobre especial hecho precisamente para ese propósito. El sobre sería cuidadosamente cerrado, se escribiría la dirección, y se pondrían los sellos postales correspondientes. ¡Y todos esos movimientos con el propósito de devolver una peseta!

Cousins dijo cortésmente: "Ahora, operadora, ¿por qué no me devuelve la peseta en este momento y quedamos como amigos?".

Ella repitió de modo robótico: "Señor, si me da su nombre y dirección, le haremos la devolución por correo".

Mientras la escuchaba, Cousins presionó el botón de devolución una vez más, ¡y funcionó! No solo funcionó; comenzó a escupir monedas como si fuera un premio gordo en Las Vegas. Cousins juntó sus manos, pero no podía contener la avalancha de plata.

La operadora oyó el ruido y dijo: "Señor, ¿qué está sucediendo, por favor?".

"La máquina acaba de devolver sus ganancias de los últimos meses. Debe haber casi cuarenta dólares en pesetas, y monedas de cinco y de diez centavos".

"Señor", dijo la operadora, "¿quiere, por favor, volver a poner las monedas en el teléfono?".

"Operadora", respondió él, "si me da usted su nombre y dirección, me alegrará enviarle por correo las monedas".

Cuando Cousins terminó esta historia y su audiencia dejó finalmente de reír y aplaudir, él hizo una pregunta. "¿Cuántos de ustedes notaron en los últimos cinco o diez minutos que su dolor crónico disminuyó o desapareció?".

¡Todos las manos se levantaron![4]

Cousins no solo venció las probabilidades. ¡Vivió otros veinte años! ¿Cómo?

La respuesta de una sola palabra: *esperanza*.

Y la esperanza es un potente *como si*.

ESPERANZA CONTRA ESPERANZA

Me encantan las personas que desafían sus circunstancias con su actitud. Contra todas las probabilidades, esperan contra toda esperanza.

Pienso en Jana.

Jana perdió a su esposo, Kevin, por un aneurisma a los cuarenta y dos años de edad. Ella se quedó sola para criar a sus cuatro hijas como madre soltera. Jana caminó por el valle de sombra de muerte, pero llegó al otro lado llena de fe. Jana lleva un colgante alrededor de su cuello que engloba su filosofía de vida: *Muy bendecida*.

Algunos dirían otra cosa, pero Jana ha clavado su tienda en la tierra de la esperanza. Perdió a su esposo, pero no perdió la esperanza.

Pienso en Charles.

Él es una de las primeras personas que conocí cuando nos mudamos a Washington, DC. Charles tenía un fuerte acento nigeriano, al haber inmigrado a los Estados Unidos siendo adulto. Tenía dificultad con el idioma inglés, pero eso no evitó que tomara clases en el ministerio en los barrios pobres que yo dirigía. Yo era el maestro en las clases, pero Charles me enseñó mucho más de lo que yo le enseñé a él.

Aproximadamente una década antes de conocerlo, cuando tenía unos sesenta años, Charles sufrió un derrame cerebral que dejó casi incapacitada la parte derecha de su cuerpo. A veces yo llevaba en auto a Charles hasta la clase, y tenía que levantar su pierna para que subiera al auto porque él no podía moverla. Pese a los retos físicos que afrontaba, él tenía una actitud más optimista que nadie a quien yo haya conocido jamás.

Nunca olvidaré el día en que él salió de su vivienda de bajos ingresos con una sonrisa en la cara y un sombrero en la cabeza que encarnaban su perspectiva de la vida: *Dios es bueno*. Basándose únicamente en sus circunstancias, probablemente él sea la última persona en el planeta que debería haber llevado ese sombrero. Pero Charles desafiaba sus circunstancias con su ¿y si...? actitud.

Muy bendecida.

Dios es bueno.

¿Cuál es tu filosofía de vida?

¿Cuál es tu mínimo denominador común?

Uno de los míos es: *Hasta aquí, todo Dios.*

Si visitas la cafetería Ebenezer, verás "I SAM 7:12" y "SFSG" (siglas de la frase en inglés *So far, so God*, o Hasta aquí, todo Dios) impresos en la fachada del café. ¡Nuestra cafetería *no* tiene ese nombre por Ebenezer Scrooge! Es una referencia al altar que Samuel llamó Ebenezer, y que significa "hasta aquí me ha *ayudado el Señor*". ¿Mi traducción? "Hasta aquí, todo Dios".

Es un giro de la vieja expresión "hasta aquí, todo bien". Simplemente quitamos la palabra *bien* y añadimos *Dios*.

No conozco en qué circunstancias te encuentras, pero no tienen que definirte. Incluso si no puedes cambiarlas, puedes desafiarlas con tu *¿y si...?* actitud. En palabras de George Bernard Shaw:

> Las personas siempre culpan a sus circunstancias de lo que ellos son. Yo no creo en las circunstancias. Las personas que siguen adelante en este mundo son las personas que se levantan, buscan las circunstancias que quieren, y si no pueden encontrarlas, las crean.[5]

EVIDENCIA CIRCUNSTANCIAL

Cuando tenía treinta y tantos años, pasé cinco semanas en la Avenida 500 Indiana NW en el Tribunal Supremo del DC. Intenté ser excusado de la obligación como jurado informando al juez que el policía jefe del condado, el fiscal general de los Estados Unidos, asistía a nuestra iglesia.

Creo que me salió mal la jugada, pues fui escogido como presidente del jurado.

Durante cinco semanas escuchamos la evidencia que se presentaba en un caso de doble homicidio que implicaba a adolescentes. Cuando la acusación concluyó su caso y el jurado se retiró a deliberar, el juez nos recordó la presunción de inocencia y la duda razonable, y también delineó la diferencia entre evidencia directa y evidencia circunstancial. Evidencia directa es un testimonio de un testigo ocular que tiene un peso único en un tribunal. La evidencia circunstancial se apoya en la deducción, como una huella dactilar en la escena de un crimen o un informe de balística de un experto forense. Es la pistola que humea, por así decirlo.

Cuando se trata de la fe, nos apoyamos demasiado en la evidencia circunstancial. Dudar es permitir que nuestras circunstancias dicten cómo nos sentimos, y lo que creemos. Cuando permitimos que nuestras circunstancias se interpongan entre nosotros y Dios, eso crea una cortina de humo de duda. Fe es confiar en la evidencia directa de la Escritura. Fe es poner las promesas de Dios entre tus circunstancias y tú. No significa que niegues la realidad. Simplemente significa que estás en contacto con una realidad mayor, una realidad que es mucho más real que la realidad que puedes tocar, o gustar, o ver, oír u oler.

Jesús era realista. Él dijo: "*En este mundo tendréis aflicción*"; pero también era un optimista eterno: "*Confiad; yo he vencido al mundo*".[6] Nuestro optimismo está anclado en el sepulcro vacío. Si Jesús salió del sepulcro, las apuestas están cerradas. Es el supremo ¿y si...? ¡Tan solo necesitamos vivir *como si* fuera cierto!

Cuando Jesús rompió el sello del sepulcro, selló nuestra victoria.

Hay siete promesas en el libro de Apocalipsis que comienzan con la misma frase: "El que salga vencedor".

No detallaré esas promesas, pero cada una de ellas describe un ¿y si...? que necesitamos agarrar con fuerza. Dibuja un cuadro de nuestra realidad futura, una dimensión que la Biblia llama cielo. Nos recuerda nuestra verdadera identidad como vencedores. No somos solamente vencedores; somos *más que* vencedores.[7]

Y cuando sigues a Cristo, lo mejor está aún por llegar.

¡Siempre y para siempre!

¿Y si gastaras una broma santa para

hacer sonreír a alguien, para hacer reír

a alguien, para alegrarle el día a alguien?

El Tercer Sí:

¿Y Si...?

Los sueños se crean dos veces.
La primera creación es espiritual.
La segunda creación es física.
Pero siempre comienzan con: ¿y si...?
¿Y si supieras que no podías fallar, qué harías?
¿Y si el tiempo o el dinero no fueran un obstáculo,
qué meta del tamaño de Dios perseguirías?
Si estás buscando una excusa, siempre la encontrarás.
Lo mismo es cierto de la oportunidad.
Y si no puedes encontrar una, puedes crear una.
Quizá sea tiempo de dejar de preguntar por qué.
¿Por qué no?

15

Quién Si...

La manifestación de los hijos de Dios.
Romanos 8:19 (RVR1960)

Todo *¿y si...?* se crea dos veces.

La primera creación es una idea que se concibe en la mente, el corazón, el espíritu. La segunda creación es la manifestación física de ese *¿y si...?*, cualquiera que sea. Algunos *¿y si...?* necesitan planos además de ladrillo y cemento. Otros requieren un teclado, una cámara, o la cocina de un chef.

Pero independientemente de lo que sea, todo lo que existe fue una vez una idea en la mente de alguien. Antes de convertirse en una realidad física, no fue otra cosa que una señal electroquímica disparándose entre sinapsis en lo más profundo de la corteza cerebral.

Permíteme utilizar Washington, DC, como prueba A.

El mapa de nuestra capital fue concebido por primera vez en la mente de un arquitecto e ingeniero nacido en Francia llamado Pierre Charles L'Enfant. George Washington le hizo el encargo de hacer un estudio de un terreno de diez millas cuadradas (16 kilómetros) que era principalmente tierra de cultivo y pantanos. Incluso una década después, la población de la capital era solamente de 8.144 en su primer censo oficial. Mientras estudiaba el terreno, L'Enfant sí detectó un rasgo topográfico, Jenkins Hill, que pensó que era prometedor para lo que él denominó Cámara del Congreso.

Esa es la colina donde he vivido y pastoreado durante casi dos décadas: Capitol Hill.

Después de la mensura del terreno, L'Enfant transfirió sus ideas a un documento en papel de medio kilo de peso que fue entregado al presidente George Washington el día 19 de agosto de 1791. Ese mapa original está ahora custodiado en una caja de Plexiglas de 108 libras (49 kilos) de peso, respirando gas argón presurizado en la Biblioteca del Congreso.

Durante más de dos siglos, el Plano L'Enfant ha enmarcado el paisaje urbano de Washington, DC. Ha requerido millones de millones de dólares, toneladas de mármol, ladrillo y cemento, e incontables horas de trabajo manual para que ese ¿y si...? se hiciera realidad. Pero la realidad es que si voy conduciendo por la Avenida Pennsylvania, rodeo Dupont Circle, o si corro por el National Mall, estoy navegando por el mapa que soñó L'Enfant. Mi realidad física fue una vez una idea en la mente de Pierre Charles L'Enfant.

Eso es cierto de todo, incluso de ti. El salmista lo expresó mejor:

Tú creaste mis entrañas;
me formaste en el vientre de mi madre.
¡Te alabo porque soy una creación admirable!
¡Tus obras son maravillosas,
y esto lo sé muy bien! Mis huesos no te fueron desconocidos
cuando en lo más recóndito era yo formado,
cuando en lo más profundo de la tierra
era yo entretejido.
Tus ojos vieron mi cuerpo en gestación:
todo estaba ya escrito en tu libro;
todos mis días se estaban diseñando,
aunque no existía uno solo de ellos.[1]

Tú fuiste una vez una idea en la mente del Dios Todopoderoso. ¡Y Dios solamente tiene buenas ideas! Tú eres la manifestación física de los planes y propósitos eternos de Dios. En palabras sencillas, tú eres el *¿y si...?* de Dios. Y al igual que Dios te creó a ti, estás llamado a crear.

Después de solo cuatro palabras en Génesis, Dios crea los cielos y la tierra. Es la primera revelación del carácter de Dios. Y cuando llegamos al penúltimo capítulo de Apocalipsis, Dios está creando un cielo nuevo y una tierra nueva. De principio a fin, Dios nunca deja de crear. Así es Él, y eso es lo que hace. Y somos más semejantes a Él cuando ejercitamos nuestra capacidad creativa para cumplir sus propósitos en la tierra.

UNA IDEA DE DIOS

Yo prefiero tener una idea de Dios que mil buenas ideas.

Las buenas ideas son buenas, no me malentiendas, pero las ideas de Dios son las que cambian el curso de la historia. Dicho con sencillez, una idea de Dios es una idea que no se origina en ti; es el *¿y si...?* divino. Con frecuencia comienza como un pensamiento fugaz o una idea loca. Pero son esas ideas las que muestran la gloria de Dios.

La cafetería Ebenezer ha tenido más de un millón de clientes, pero una vez fue una idea loca que se cruzó por mis sinapsis: *Esta casa de venta de crack sería una cafetería estupenda.* Yo sabía que era o una idea de Dios o una mala idea. A menudo es difícil discernir la diferencia, pero el único modo de descubrirlo es intentándolo.

Después de ser los anfitriones de una campaña de *Convoy of Hope* (Convoy de Esperanza) en el estadio RFK en el DC para diez mil personas, escuché el susurro del Espíritu Santo: *¡Ahora quiero que hagas esto todos los días!*

Fue necesario un año entero para planear y lanzar esa campaña, ¡de modo que la idea de hacerlo cada día parecía una locura! Pero por definición, un sueño ordenado por Dios está por encima de nuestra capacidad para lanzarlo. Esa fue la génesis de nuestro *Dream Center* en el DC.

Cada libro que he escrito fue una vez un *¿y si...?* incluido *Qué pasaría si.*

El Hacedor de Círculos fue mi primer libro en llegar a la lista de *best sellers* del *New York Times*, mi primer libro en vender más de un millón de ejemplares. La génesis del libro fue una ilustración para uno de mis sermones. Conté una historia sobre Honi el Hacedor de Círculos, y el Espíritu Santo dijo con su suave voz: *Esa ilustración es tu próximo libro.*

Mi primer libro publicado, *Con un León en Medio de un Foso Cuando Está Nevando*, se remonta a un sermón que escuché cuando tenía diecinueve años, la primera vez que oí la historia sobre el guardaespaldas del rey David, Benaías, que persiguió a un león hasta un foso un día que estaba nevando y lo mató.[2]

Y el título para *All In*, lo creas o no, se remonta a un torneo de póker que vi en la ESPN.

Cada libro tiene una genealogía única. Comienza con un momento de génesis: ese momento en que una idea de Dios es concebida en el espíritu. La revelación es tomar cautivas esas ideas con un teclado, y llevarlas a la obediencia a Cristo. Yo no escribo en el teclado; oro con él. Por lo tanto, cuando he terminado no es un libro de doscientas páginas, es una oración de doscientas páginas. Cada libro que escribo es una manifestación única de lo que Dios está haciendo en mi espíritu. Entonces utilizo las veintisiete letras del alfabeto para deletrear ese *¿y si...?*

Permíteme decirlo una vez más.

Todo lo que existe fue una vez una idea, desde el arca de Noé hasta el templo de Salomón. Mucho antes de que un largo alfabeto de animales entrara en el arca o que los peregrinos judíos viajaran miles de kilómetros hasta Jerusalén, el arca y el templo eran *¿y si...?* divinos.

Por lo tanto, ¿cuál es tu *¿y si...?*

Si no lo sabes, está bien. Dios lo revelará en su tiempo, a su manera. Pero para algunos, podría estar más cerca de lo que creen. No tienes que viajar hasta el otro extremo del mundo para descubrir tu *¿y si...?* Podría ser el bebé de dos años que te da tirones del pantalón, el colega que no tiene a Cristo, o alguien a quien Dios ha acercado a tu esfera de influencia, y que necesita un mentor.

Tu *¿y si...?* podría ser un *quién si...*

QUIÉN SI...

¿Qué tienen en común Billy Graham; Bill Bright, fundador de *Campus Crusade for Christ* (Cruzada Estudiantil para Cristo); Jim Rayburn, fundador de *Young Life*; el fundador de *Navigators* (Navegantes), Dawson Trotman; y el excapellán del Senado Richard Halverson?

La respuesta es una maestra de escuela dominical llamada Henrietta Mears.

Si el reino de Dios fuera una pirámide comercial multinivel, cada uno de ellos sería la base de la de Henrietta Mears. Quizá por esa razón la revista *Christianity Today* le puso el apodo de "la abuela de todos nosotros".[3]

Cuando Henrietta tenía treinta y ocho años de edad, se mudó desde Minnesota a una floreciente ciudad llamada Hollywood, en California. Su ¿y si...? era la escuela dominical en la iglesia *First Presbyterian* en Hollywood, que Henrietta condujo hasta una asombrosa asistencia de 6.500 alumnos. Durante cuatro décadas ella se entregó fielmente a su pasión de construir una escuela dominical integral, para todas las edades. Mientras trabajaba en ello, también comenzó una editorial llamada *Gospel Light* y un centro de conferencias llamado *Forest Home*, y escribió un libro, *What the Bible Is All About* [Lo que nos dice la Biblia], que ha vendido más de tres millones de ejemplares.

Es imposible calcular cuántos millones de personas han oído el evangelio a través de los esfuerzos colectivos de sus alumnos, pero su influencia en el reino es mucho mayor que los seis títulos de Kevin Bacon. Su pasión por Cristo fue lo que encendió el fuego de esos alumnos.

Tomemos el ministerio que comenzó Bill Bright, llamado ahora CRU. Según los últimos cálculos, CRU tenía 20.000 obreros a tiempo completo además de 663.000 voluntarios entrenados en 181 países. Entre los ministerios descendientes se incluyen *Athletes in Action* (Atletas en Acción), *Student Venture* y el *Jesus Film Project* (Proyecto Película Jesús). Se calcula que 3,4 miles de millones de personas han oído el evangelio por medio de CRU.[4]

Bill Bright y su grupo de hermanos, conocidos como *The Fellowship of the Burning Heart* [La Comunidad del Corazón Ardiente] dieron forma al siglo XXI de modo que está muy por encima de nuestra capacidad de unir los puntos. Incluso mi salvación está ligada a la influencia que tuvo Henrietta sobre un joven evangelista llamado Billy Graham. Billy Graham dijo de ella que era "una de las mejores cristianas que he conocido jamás". Una consulta a su maestra fue lo que se convirtió en un momento crucial en el ministerio de Billy. Él se alejó de ese encuentro con una confianza santa en las Santas Escrituras, y eso cambió su modo de predicar. Varias décadas después, la Asociación Billy Graham produjo una película titulada *El Refugio Secreto*. Y después de ver esa película fue cuando yo puse mi fe en Cristo.

Hacia el final de su vida, Henrietta Mears pronunció lo que bien podría considerarse su propia elegía:

> Cuando esté vieja y débil, voy a arrastrarme hasta un televisor y voy a oír mi voz hablar a todo el mundo. Es maravilloso pensar que lo que decimos y hacemos se traduce de algún modo, de una manera misteriosa y maravillosa, a otros individuos y ellos, a su vez, la difunden más, y más, y más hasta que el círculo es tan inmenso que no lo conocemos.[5]

Puede que tú influencies a millones de personas o no, pero puedes influenciar a una persona que a su vez influencie a millones. Podrías ser el padre, o el coach, o el maestro o mentor de la siguiente Henrietta Mears, el próximo Billy Graham o el siguiente Bill Bright. ¡Cualquier cosa que ellos logren para el reino de Dios es parte de tu línea espiritual!

Al final de su carta a los Romanos, Pablo comparte su lista de *quién es quién*. Hay veintinueve nombres: la línea ascendente y descendente de Pablo.

¿Quién está en tu lista de Romanos 16?

¿Quién es tu *quién si…*?

Mi mayor legado no es la iglesia que pastoreo o los libros que escribo. Mi mayor legado es nuestros tres hijos. Ellos son mi *quién si…* Aunque ningún padre o madre debería apropiarse todo el mérito o toda la culpa por quiénes llegan a ser sus hijos, los hijos son una manifestación de su familia de origen. Ellos son las cápsulas de tiempo que enviamos a la siguiente generación, y no hay ningún otro *¿y si…?* más importante que los *quién si…* que Dios nos confía a nosotros como padres.

Una última observación: como hijo o hija de Dios, tú no eres solamente una manifestación de tu familia biológica. Eres una manifestación de tu familia espiritual: tu verdadera familia de origen. Si se lo permites, el Espíritu de Dios manifestará al Padre y al Hijo por medio de ti.

ESTACIÓN X

A cincuenta millas (80 kilómetros) al noreste de Londres, una propiedad de cincuenta y ocho acres fue adquirida por el Servicio Secreto de Inteligencia durante la Segunda Guerra Mundial. Operando bajo el nombre encubierto de Estación X, fue allí donde un equipo muy ecléctico de descifradores de códigos interceptaban y descifraban comunicaciones del enemigo. Esos códigos cifrados eran llamados "ultra secretos", superando la clasificación de "alto secreto".

La palabra *manifestación* significa "revelación completa". Más concretamente, es la revelación de secretos. Eso es parte del portafolio del Espíritu Santo: Él es el descifrador de códigos. El Espíritu manifiesta los secretos del corazón: los ultra secretos.[6] Con el tiempo, quién eres tú es revelado por la manifestación del Espíritu de Dios. La revelación final sucederá cuando recibas un nombre nuevo, un nombre conocido únicamente por Dios.[7] Será la revelación suprema, la revelación completa.

Regresemos a *¿y si...?*

No creas que tu *¿y si...?* tiene que ser algo grandioso y glorioso. Puedes convertir tus tareas cotidianas y las rutinas diarias en *¿y si...?* Y si aprendes a encarar cada encuentro, cada persona, con una actitud *¿y si...?*, eso añade un elemento de aventura. Es esa actitud *¿y si...?* la que defiende el escritor de Hebreos.

> *No se olviden de practicar la hospitalidad, pues gracias a ella algunos, sin saberlo, hospedaron ángeles.*[8]

A veces, *¿y si...?* es tan simple como actuar *como si* todo el mundo fuera un ángel. E incluso si no son ángeles, son portadores de la imagen del Dios todopoderoso. En palabras sencillas, no hay personas comunes y corrientes. En palabras de C. S. Lewis:

> Nunca has hablado con un mero mortal. Naciones, culturas, artes, civilizaciones... esas cosas son mortales, y su vida es para la nuestra como la vida de un mosquito. Pero son inmortales aquellos con quienes bromeamos, trabajamos, nos casamos, a quienes desdeñamos y explotamos: horrores inmortales o esplendores eternos.[9]

Solo el tiempo dirá si nos convertimos en los horrores inmortales o los esplendores eternos a los que Lewis hizo referencia. Pero en cualquiera de los casos, nuestro verdadero carácter se manifestará a lo largo del tiempo y la eternidad. Si estás en Cristo, tu tendencia es *esplendor eterno*. Es tu destino manifiesto.

MANIFESTACIÓN

Cuando me mudé a Washington, DC, una de las primeras personas que conocí fue St. Clair Mitchel. Nos hicimos amigos rápidamente. Jugábamos juntos al tenis y al golf. Intentamos una pequeña aventura de negocios que quedó patas para arriba, lo cual es una experiencia que une bastante. Pero el trasfondo de nuestra relación era un deseo genuino de ver un mover de Dios en la capital de nuestra nación.

St. Clair llegó a los Estados Unidos desde la isla de Dominica, de modo que su acento caribeño ¡hace que su predicación y su oración sean mucho más bonitas que las mías! Hay una oración en particular que fue singularmente poderosa. Si él la hizo una vez, la hizo cien veces. Y Dios ha estado respondiendo esa oración durante dos décadas:

¡Permite que Washington, DC vea la manifestación de la gloria de Dios!

Ayuda pensar en manifestación con términos meteorológicos.

Comúnmente se hace referencia a la presión que ejerce la atmósfera de la tierra como presión barométrica. A nivel del mar, la presión promedio del aire es de 14,7 libras por pulgada cuadrada. Si subes a uno de los catorce picos más altos de Colorado, la presión del aire a esa altitud disminuye a menos de 10 libras por pulgada cuadrada.

Cuando entras en la presencia de Dios, es como un cambio ligero y a la vez repentino en la presión barométrica. Se necesita tiempo para aclimatarse, pero con el tiempo, la gloria de Dios se manifestará de diversas maneras. Dos ejemplos obvios son el fruto del Espíritu y los dones del Espíritu. El fruto es carácter y los dones son capacidades, pero ambos son manifestaciones. Es la misma palabra que se utiliza en 1 Corintios 12:7 (RVR1960):

A cada uno le es dada la manifestación del Espíritu.

Cada uno de nosotros es una manifestación única del Espíritu de Dios. Podríamos tener dones idénticos, pero se ejercitan mediante distintas personalidades, en contextos diferentes.

Yo tengo una teoría, muy parecida a mi teoría del todo. Al igual que *más del Espíritu Santo* es la respuesta a cada oración, creo que *la solución a cada problema se encuentra en la presencia de Dios.* Si necesitas consejería, obtén consejería. Estoy a favor de ello. Pero no solo necesitas *un* consejero, necesitas *al* Consejero.

Sin importar lo grande o lo malo que sea el problema, la solución es entrar en la presencia de Dios. ¿Cómo? La manera más rápida para entrar en la presencia de Dios es entrando en la Palabra de Dios.

Es distinto a cualquier otro libro en mi biblioteca. Pese a lo inspiradores que son muchos de esos libros, están hechos de árboles muertos. La Palabra es viva y eficaz.[10] Y cuando el Espíritu Santo aviva la Palabra, se convierte en una fuerza que da vida. Es como una inyección de adrenalina. Es como un soplo de oxígeno.

OXÍGENO PURO

Hace unos años hice el Camino Inca al Machu Pichu. Cuando llegamos al Paso de la Mujer Muerta, con una elevación de más de 13.000 pies (4 kilómetros), tenía dolor de cabeza porque no estaba llegando oxígeno suficiente a mi cerebro. A esa altura, la atmósfera tiene un 43 por ciento menos de oxígeno, pero afortunadamente nuestro guía sacó una lata de oxígeno puro. Sí, yo inhalé.

La presencia de Dios es oxígeno puro.

Nada cambia la presión barométrica como la adoración; cambia y carga la atmósfera. Y cuando te aclimatas, tienes más fe.

Recientemente hicimos una serie de sermones en la iglesia *National Community* basada en mi último libro, *El Ladrón de Tumbas.* Decidimos terminarla con una noche de cinco horas de adoración y oración. ¿Por qué no? No se trataba de darle a Dios un límite de tiempo de cinco horas para hacer un milagro. Yo tenía por cierto que incluso si no experimentábamos ningún milagro aquella noche, ¡estaríamos cinco horas más cerca de Él!

No me corresponde a mí decirle a Dios cómo hacer su trabajo. Yo sencillamente necesito entrar en la presencia de Dios, y ver lo que Dios hace. Es muy difícil predecir cuándo, dónde y cómo manifestará Dios su gloria, pero la adoración crea la atmósfera donde la gloria de Dios puede volverse tangible.

Cuando yo era pequeño teníamos un dicho en la iglesia en la que crecí: "No se trata de cuán alto saltes; se trata de lo derecho que camines". La prueba está en probar; practicar tu fe de lunes a viernes. Pero la adoración es lo que hace arrancar nuestra batería espiritual. Sin ella, el motor no arrancará. Con ella, la eficiencia de nuestro combustible es algo fuera de este mundo.

No estoy seguro de si entendemos totalmente lo que estamos orando cuando decimos el Padre Nuestro: *"Venga tu reino, hágase tu voluntad en la tierra como en el cielo"*.[11]

Estamos orando que la realidad del cielo, un lugar donde no hay dolor, no hay enfermedad ni hay pecado, invada la realidad de nuestra familia, nuestra oficina, nuestra iglesia, nuestra ciudad.

Estamos orando que la tierra se convierta en la imagen del cielo: desde el vestidor y el salón de juntas hasta el salón de clase.

Estamos orando por una manifestación de la presencia de Dios, de la gloria de Dios, en nuestro código postal.

¡Venga su reino!

¡Hágase su voluntad!

En la tierra como en el cielo.

¿Y si fueras llamado a influenciar a una persona que después influenciaría a millones de personas?

16

La Tercera Rueda

Que tenemos las primicias del Espíritu.
Romanos 8:23

"¿Por qué vas conduciendo en D4?".

Íbamos conduciendo hacia el oeste en la Ruta 66, con nuestro equipo de liderazgo ejecutivo apretado en mi Toyota Sienna de 2006 cuando Jim Tanious, nuestro Jefe de Operaciones, me hizo esa pregunta.

Para ser sincero, me dejó totalmente confundido.

Para que conste, no tengo ninguna vena mecánica en mi cuerpo. Tuve mi primer auto durante dos años antes de descubrir que necesitaba cambiar el aceite, no solo añadir aceite. Una vez intenté arrancar mi auto conectando los cables a otra cosa que no era la batería. ¡Volaron chispas! Para mostrar aún más mi falta de conocimientos automovilísticos, una de mis frases favoritas solía ser "correr con los cinco cilindros" hasta que alguien me informó que la mayoría de autos tienen cuatro, seis u ocho cilindros.[1]

No tengo ni idea cuando se trata de autos, pero este caso gana el premio. Durante casi una década conduje nuestra minivan en la marcha equivocada: D4. Quizá eso explica el ruido chirriante que ahora emana de la parte del motor. Recorrimos más de 100.000 millas (160.000 kilómetros), ¡y yo no tenía idea de que había una quinta marcha!

Espiritualmente hablando, la mayoría de nosotros conducimos en D4. Intentamos con fuerza alejarnos del pecado, y cuando eso no funciona, lo intentamos con más fuerza aún. Estamos pisando el acelerador con esfuerzo humano, pero hay una quinta marcha, y su nombre es el Espíritu Santo. Y si se lo permites, Él hará por ti lo que no puedes hacer por ti mismo. Él da sabiduría por encima de las palabras, energía por encima de la fuerza, dones por encima de la capacidad.

Yo creo ciertamente en trabajar como si dependiera de ti, pero sin la ayuda del Espíritu Santo sacas una A por el esfuerzo, y aún así fracasas miserablemente. Sin la ayuda del Espíritu Santo, yo no puedo hacer nada.[2] Con su ayuda, puedo hacerlo todo.

DOS TERCIOS DE CAPACIDAD

Estaba yo hablando en una conferencia para pastores hispanos cuando conocí a Cash Luna, el pastor fundador de la iglesia más grande en Guatemala: Casa de Dios. Cash me regaló un ejemplar de su libro, *En Honor al Espíritu Santo*. El título capta perfectamente el tono del libro: honra al Espíritu Santo. Pero lo que me asombró fue el subtítulo: *No es un algo, es un alguien.*

No conozco a un solo seguidor de Cristo que discutiría con esa declaración, y sin embargo muchos de nosotros tratamos al Espíritu Santo como si fuera la tercera rueda, y no la tercera persona de la Trinidad. Si no honras al Espíritu Santo como un miembro igual de la Deidad Trina, deshonras al Padre y al Hijo. Y estás operando a dos tercios de capacidad espiritual.

Voy a contarte un pequeño secreto: el modo en que tratas a mis hijos dicta cómo me siento hacia ti. ¡Me encantan las personas que aman a mis hijos! Si, por otro lado, me tratas a mí como a un rey mientras te comportas como si mis hijos no existieran, me siento profundamente ofendido. No puedo evitar preguntarme si es así como se sienten el Padre y el Hijo con respecto al Espíritu Santo.

Él es ignorado en demasiadas iglesias, pero vamos a llevarlo al terreno personal. Él es ignorado por demasiadas personas. ¿Cuándo fue la última vez que le dijiste al Espíritu Santo que le amabas? ¿O que le diste gracias por lo que Él hace? ¿Cuándo fue la última vez que oraste al Espíritu Santo? ¿O que lo adoraste? Muchos creyentes genuinos se sienten incómodos en este punto. Podemos relacionarnos con el Padre y el Hijo, pero el Espíritu Santo nos hace sentir mucho más incómodos.

Yo me crié en iglesias que ignoraban al Espíritu Santo, probablemente porque la palabra *espíritu* es un poco espeluznante. Yo sabía más sobre Casper, el fantasma amigable, que sobre el Espíritu Santo. Siempre que el Espíritu Santo aparecía en la Escritura, era casi como si parpadeáramos. Entonces, en mi adolescencia, nuestra familia comenzó a asistir a una iglesia que realmente reconocía la existencia del Espíritu Santo. De hecho, era una iglesia que buscaba ser llena del Espíritu y guiada por el Espíritu.

Para ser sincero, al principio resultaba incómodo. A veces incluso daba la sensación de ser un espectáculo de corintios locos. Pero esto es lo que descubrí: *si ignoramos a una tercera parte de la Deidad, funcionamos a dos terceras partes de capacidad.* No hace que seas menos salvo, y ciertamente tienes las primicias del Espíritu. Pero hay un potencial sin acceder. Hay dimensiones de gozo, de gracia y de poder a las que solamente se puede tener acceso con la ayuda del Espíritu Santo. Por lo tanto, si ignoras al Espíritu Santo, lo haces en perjuicio propio. Tú eres el único que sale perdiendo.

Regresemos al libro de Cash.

Después de que me regaló un ejemplar, le pregunté cuánto tiempo le tomó escribirlo. Como los periodos en que yo escribo son normalmente de tres a cuatro meses, me asombró su respuesta: diez años. Entonces Cash me explicó por qué le había tomado una década. Después de escribir el primer capítulo, sintió una inquietud en su espíritu. Sintió que necesitaba llegar a conocer mejor al Espíritu Santo antes de escribir sobre Él. Entonces, y solamente entonces, comenzó a escribir sobre Aquel al que había pasado diez años conociendo.

Me temo que tratamos al Espíritu Santo como si fuera un conocido casual. Conocemos su nombre, pero muy poco más. Y ni siquiera estoy hablando sobre su portafolio como miembro de la Deidad, sino que hablo de su voz, su personalidad y sus idiosincrasias.

Sentí tanta convicción por lo que me dijo Cash que me embarqué en un experimento. Puede que quieras hacer lo que hice yo. Sentía que necesitaba redescubrir al Espíritu Santo, así que leí, estudié y medité en cada ocasión en que el Espíritu Santo está en la Escritura, desde Génesis 1 hasta Apocalipsis 22. Eso me tomó varios meses, pero me enamoré de nuevo del Espíritu Santo.

PRIMICIAS

El Gran Ocho dice que tenemos las "primicias" del Espíritu.[3] Es una elección de palabras muy interesante. Su etimología es agrícola, haciendo referencia a las dos cosechas de Israel. Después de la primera cosecha, los israelitas llevaban al templo una ofrenda de primicias. Según la ley levítica, si honraban a Dios con las primicias, entonces Dios bendeciría la segunda cosecha.

Ese principio de las primicias es un punto alto de apalancamiento.

Dios no quiere lo que te sobra. Él quiere las primicias. El diezmo no es cualquier 10 por ciento; es el *primer* 10 por ciento. Y cuando honramos a Dios dándole las primicias, eso invoca una bendición sobre la segunda cosecha. Es nuestra garantía de devolución del 100 por ciento, completa con una garantía de por vida.

Hace veintidós años, Lora y yo tomamos la decisión crucial de que nunca *no* diezmaríamos. Hemos tenido nuestros años de escasez, pero Dios ha demostrado ser fiel una y otra vez. El viejo dicho es cierto: no puedes dar más que Dios. ¡Pero sin duda es divertido intentarlo! Estoy absolutamente convencido de que Dios puede hacer más con el 90 por ciento de lo que yo puedo hacer con el 100 por ciento. Y puedes llevar eso al banco.

El apóstol Pablo toma el concepto de las primicias, y lo aplica al Espíritu Santo. Él dice que tenemos las primicias. Me pregunto si algunos de nosotros nos conformamos con eso. No estoy seguro de si ha de interpretarse literalmente, pero algunos de nosotros estamos operando a un 10 por ciento de capacidad.

Sin importar cuán grandemente hayas sido usado por Dios, Él tiene nuevas unciones, nuevos dones para ti. El Espíritu Santo no quiere tan solo llenarte; quiere estirarte. Y cuando Él te estira, nunca regresas a la forma original.

Permíteme regresar a la idea de la garantía. Dice en la letra pequeña:

Él nos ungió, nos selló como propiedad suya y puso su Espíritu en nuestro corazón, como garantía de sus promesas.[4]

¿Captaste la última frase? Está llena de promesa, llena de esperanza. Se equipara a *¿y si...?* Viene con una garantía, pero tenemos que llevarlo a cierre.

¿Puedes imaginar vender algo, y conformarte con un depósito de un 10 por ciento? Sin embargo, eso es lo que hacemos cuando invitamos al Espíritu Santo a residir en nuestro interior, y después nos comportamos como si Él no estuviera ahí. Como un familiar que está físicamente presente, pero a la vez emocionalmente ausente, el Espíritu Santo se convierte en un extraño en la casa. La ironía está en que Él posee la casa porque la pagó.[5] ¡De modo que tú eres el arrendatario!

Lo dejamos a Él en la puerta de entrada cuando ponemos nuestra fe en Cristo, pero Él quiere que abramos todas las puertas: la puerta del sótano, la puerta del cuarto, la puerta del armario.

Efesios 5:18 nos exhorta: *"Sean llenos del Espíritu"*.

Lo primero es lo primero: *no puedes ser lleno del Espíritu Santo si estás lleno de ti mismo*. Es necesario que se produzca un proceso de vaciamiento mediante la confesión y el arrepentimiento. Y al igual que la llenura del Espíritu Santo, no se hace una sola vez, y ya está. "Sean llenos" es un verbo en imperativo presente, lo cual indica una acción continua. Como un tanque de gasolina que hay llenar y volver a llenar, necesitamos ir la "Estación X", y poner Espíritu Santo de alto octanaje en nuestro tanque.

VACÍOS

La última frase en el último versículo de Efesios 1 revela una dimensión única de la personalidad de Dios. Lo describe como el Dios que *"lo llena todo por completo"*.[6] Esa es la naturaleza de Dios: Dios llena vacíos.

Ese es uno de nuestros mantras como iglesia multisede. Cuando pasamos a ser multisede y lanzamos nuestro segundo campus, nos preocupaba perder a la mitad de nuestros líderes al trasladarse a la nueva ubicación. A menudo son nuestros mejores líderes los que se apuntan al equipo de lanzamiento porque tienen vena de emprendedores. Temíamos que el campus original funcionara a un 50 por ciento de capacidad, pero aprendimos con mucha rapidez que lanzar nuestras ubicaciones creaba un vacío, y Dios llena esos vacíos con nuevas personas.

Siete campus después, creamos vacíos intencionadamente para que Dios pueda llenarlos. ¿Es fácil desplegar siete grupos de alabanza cada fin de semana? No. Pero no tendríamos cientos de bateristas, guitarristas y vocalistas ungidos si tuviéramos un solo grupo. Debido a que creamos un vacío, Dios lo ha llenado con músicos increíbles.

Cuando damos o servimos, eso crea un vacío de tiempo, talento y tesoro. Ahora, sé que ninguno de nosotros tiene tiempo o dinero *extra*, ¿cierto? Pero quizá se deba a que estamos ahorrando en vez de dando; conservando en vez de sirviendo. En mi experiencia, Dios llena el vacío con más de lo que dimos, y añade gozo. La próxima vez que tengas una necesidad, prueba a sembrar una semilla en tu punto de necesidad. Entonces observa el modo en que Dios suple todas tus necesidades, según sus riquezas en gloria.[7]

Si le das a Dios las primicias, obtendrás una segunda cosecha.

¿Dónde necesitas crear un vacío para que Dios pueda llenarlo?

Hay un viejo axioma: la naturaleza detesta un vacío. Ese famoso postulado se remonta hasta el físico-filósofo griego Parménides. Yo haría una pequeña modificación: *el Dios de* la naturaleza detesta un vacío. En términos de mecánica cuántica, creo que Dios es la misteriosa quinta fuerza. Dios es el gluón que mantiene unido todo a nivel molecular.

Colosenses 1:17 (NTV) dice: *"Él [...] mantiene unida toda la creación"*.

Es Dios quien mantiene en órbita los planetas. Él hace girar al planeta Tierra sobre su eje, y Él hace que los pensamientos crucen sinapsis.

Lo sé, lo sé. ¿No son las fuerzas de la naturaleza las que hacen eso? Sí y no. Son las fuerzas del Dios de la naturaleza.

Quizá te hayas divorciado recientemente. Tal vez hayas perdido un empleo o a un ser querido este año, o quizá tu hijo mejor se fue a la universidad o tu carrera deportiva terminó. En cada uno de esos escenarios y en otros mil, se creó un vacío. Dios quiere llenar ese vacío con su Espíritu. El mismo Espíritu que se movía sobre el vacío se está moviendo sobre ti. Él puede crear un hermoso orden del más profundo caos.

Una última nota a pie de página.

Hace más de cien años, el general William Booth, fundador del Ejército de Salvación, dijo: "Los principales peligros que confronta el próximo siglo serán la religión sin el Espíritu Santo, el cristianismo sin Cristo, el perdón sin arrepentimiento, la salvación sin regeneración, la política sin Dios, el cielo sin infierno".[8]

Eso es tan cierto del siglo XXI como lo fue del siglo XX. La religión sin el Espíritu Santo es una religión lánguida y letárgica. Es una religión sin poder. Es legalismo sin legalidad. Y francamente, es absolutamente aburrida.

Si vas tras el Espíritu Santo, descubrirás que el Espíritu Santo te persigue. Lo único que tienes que hacer es abrir la puerta de tu corazón, y Él abrirá la puerta de la oportunidad: la puerta al *¿y si..?*.

¿Y si comenzaras a dar a Dios las primicias

de tu tiempo, talento y tesoro?

17

Y Aconteció

Pero si esperamos lo que no vemos,
con paciencia lo aguardamos.
Romanos 8:25 (RVR1960)

Hace un cuarto de siglo, Richard Thaler publicó una carta de siete páginas en una revista de economía relativamente desconocida, planteando una sencilla pregunta:

¿Preferirías una manzana en un año o dos manzanas en un año y un día?

Parece una hipótesis extraña, ¿verdad? Si tienes la paciencia para esperar todo un año por una manzana, ¿por qué no esperar un día extra por dos manzanas? Incluso si es la manzana más famosa y deliciosa: ¡una crujiente *Red Delicious*!

El sondeo descubrió que la mayoría de personas esperarían un día extra. Entonces Thaler cambió la ecuación:

¿Preferirías tener una manzana hoy o dos manzanas mañana?

La mayoría de personas que esperarían un día extra por una segunda manzana en la primera pregunta no esperarían para tener una segunda manzana en la segunda pregunta.[1]

¡Este es el tipo de enigma que consigue becas para los investigadores!

Thaler, el genio que estaba tras este estudio en particular, es profesor de ciencia de la conducta y economía en la Universidad de Chicago. Es también coautor de *Nudge* [Un Pequeño Empujón], una exposición fascinante sobre la arquitectura de la decisión, y el modo en que las pequeñas decisiones tienen implicaciones que se sienten y se extienden.

Exploraremos más ese tema, pero antes, el enigma de la manzana.

Thaler estaba perplejo por nuestras preferencias inconsistentes con el tiempo, de modo que empleó muchas ecuaciones de álgebra para explorar nuestras tendencias naturales y a veces ilógicas. ¿Su conclusión? Nos volvemos más impacientes con periodos de tiempo más breves. Por eso, el que nos mantengan en espera al teléfono durante dos minutos parece un purgatorio telefónico, y esperar dos segundos ante un semáforo en rojo parece el pecado imperdonable.

Por cierto, si vives en una ciudad con una población de más de un millón de personas, como yo, una pausa parecerá dos veces más larga de lo que le parece a alguien que vive en un pequeño pueblo.[2] Se denomina distorsión del tiempo. Todos tenemos un metrónomo interno, y va un poco más rápido en la ciudad que en el campo.

En el gran esquema de las cosas, una espera de dos minutos o una demora de dos segundos no es gran cosa, ¿cierto? Pero en marcos de tiempo breves somos increíblemente impacientes. Ahora, eso es en realidad una buena noticia porque también es cierto lo contrario: *cuanto más esperas, más fácil es esperar un poco más.* ¿Por qué? ¡Estás fortaleciendo tu músculo de la paciencia! Y ese es el punto de Pablo. En una sola palabra: *espéralo.* O para dar efecto, triplícalo como hacen en las películas con una pausa para dar dramatismo y un tono más agudo entre cada uno de los *espéralo.*

Los argumentos no pasan del conflicto al clímax sin aumentar la acción. Te saldrías de ese cine. Desde luego, ¡es mucho más fácil disfrutar del *espéralo* en una película de dos horas sobre la vida de otra persona! Es mucho más difícil si tú eres, digamos, Caleb, uno de los doce espías que tuvo que esperar cuarenta y cinco años el cumplimiento de la promesa: su parte de terreno de la Tierra Prometida.

Pero ¿no es eso lo que hace que su vida sea tan épica? Queremos el éxito sin el interés compuesto llamado paciencia, pero esa no es una película que valga la pena ver, ni una vida que valga la pena vivir. Queremos éxito a la velocidad de la luz en lugar de la velocidad de una semilla plantada en la tierra. Queremos dos manzanas ayer. Pero el éxito en cualquier empresa toma tiempo, y después toma más tiempo aún.

HAZTE RICO RÁPIDO

Cuando yo tenía veintitantos años quería hacerme rico rápido, así que comencé a negociar con opciones. En retrospectiva, no lo llamaría invertir. No cuando sabes tan poco como sabía yo. Francamente, era jugar. El problema es que obtuve el premio gordo el primer mes, triplicando nuestro portafolio. Por supuesto, perdí todas esas ganancias netas al mes siguiente. Estuve montado en esa montaña rusa durante varios años hasta que entendí que no era sano para mi corazón, de modo que lo dejé antes de que se convirtiera en una adicción.

Me gustaría poder decir que mis malas inversiones terminaron ahí, pero acababan de comenzar. En esa misma época recibí información interna sobre una posible fusión, así que compré todas las acciones que pude de esa empresa. Así fue como aprendí una dolorosa lección financiera: si eres uno "de afuera" que supuestamente está obteniendo información "de adentro", podría no ser información interna; de hecho, podría ser *mala* información. Invertí los ahorros de nuestra vida en ese mercado, lo cual afortunadamente no era mucho dinero dieciocho años atrás, porque lo perdimos todo. La gran noticia no era una fusión; ¡era una bancarrota de Capítulo 11!

Ah, y también está la ocasión en que invertí en un fondo que daba asombrosos beneficios mensuales. ¡Tan asombrosos que el gerente del fondo está ahora en la cárcel! Tras años de litigios en los tribunales nos devolvieron una fracción de nuestra inversión original.

El denominador común en cada una de esas ocasiones fue claramente la codicia, y codicia es impaciencia financiera. Lejos esté de mí decirte en qué instrumento financiero invertir, pero sí quiero defender la paciencia. Tiene otro nombre: interés compuesto.

Para que conste, si tus bisabuelos hubieran comprado una acción de Coca-Cola en 1919 por 40 dólares y sencillamente hubieran reinvertido los dividendos, esa sola acción se habría convertido en 4.608 acciones en el año 2000, y tendrían un valor de 7 millones de dólares.

Si tus tatarabuelos hubieran comprado una de las acciones originales de Coca-Cola de Asa Candler en 1892, esa inversión de 100 dólares habría tenido un valor de 7,34 mil millones de dólares cien años después.

Ese es el poder del interés compuesto.

Ese es el poder de la paciencia.

Y es más que solamente un concepto financiero.

Lora y yo llevamos veinte años felizmente casados, y celebraremos nuestro vigésimo tercer aniversario este año. Dejaré que hagas la cuenta. ¡Tuvimos algunos años difíciles incluidos! Pero hay un interés compuesto con cada aniversario. Nuestro amor no solo ha soportado la prueba del tiempo; ha acumulado interés. ¡Eso es lo que sucede cuando reinviertes los dividendos!

Ese interés compuesto, ya sea financiero o relacional, se llama paciencia. Y conduce a algunos milagros asombrosos.

COMPARTIMIENTOS DE UN SOLO DÍA

Sir William Osler fue el médico más famoso de su generación. Organizó la Facultad de Medicina Johns Hopkins y fue Profesor Regius de medicina en la Universidad de Oxford. Considerado el padre de la medicina psicosomática, su libro de texto, *Los Principios y la Práctica de la Medicina*, fue el principal libro de referencia para estudiantes de medicina durante tres décadas.

Pero la carrera médica de Osler casi terminó en cuanto comenzó, debido a un colapso nervioso. Intentaba terminar sus tareas académicas, comenzar una consulta médica y llegar a fin de mes: todo al mismo tiempo. Eso casi le quita la vida. Entonces se encontró con algo que escribió Thomas Carlyle: "Nuestro principal negocio no es ver lo que yace tenuemente a cierta distancia, sino hacer lo que está claramente a la mano".[3] Esas palabras revolucionaron la vida de Osler.

En un discurso de graduación en la Universidad de Yale, Osler les dijo a los alumnos que debía su éxito a un sencillo principio que aprendió de Thomas Carlyle. Lo llamó: *vivir en compartimientos de un día*.[4] Les dijo a los alumnos que tenían que soltar los ayeres muertos y los mañanas no nacidos. "La carga del mañana", dijo, "añadida a la del ayer, llevada en el presente, hace que los más fuertes se tambaleen".[5]

En *Cartas del Diablo a su Sobrino*, C. S. Lewis demuestra que Dios quiere que la humanidad atienda principalmente a dos cosas: "a la eternidad, y a ese punto de tiempo que llaman el presente. Porque el presente es el punto en el cual el tiempo coincide con la eternidad".

A la luz de esa verdad, Escrutopo, el demonio veterano, aconseja a un novicio llamado Orugario con estas palabras: "Nuestra tarea consiste en alejarles de lo eterno y del presente. Con esto en mente, a veces tentamos a un humano... a vivir en el pasado".

Escrutopo aconseja entonces a Orugario sobre otra táctica demoníaca: hacer que las personas vivan en el futuro. "Queremos toda una raza perpetuamente en busca del fin del arco iris, nunca honesta, ni gentil, ni dichosa *ahora*, sino siempre sirviéndose de todo don verdadero que se les ofrezca en el presente como de un mero combustible con el que encender el altar del futuro".[6]

Ya sea que nos estemos sobreponiendo a adicciones de toda la vida o persiguiendo metas en la vida, una clave para lograr cosas es dividirlas en pasos manejables y mensurables. Una meta es un sueño con fecha de cumplimiento, y sin esa fecha límite, ¡el sueño está condenado al fracaso!

Sobreponerse a una adicción normalmente se lleva a cabo dos pasos adelante y un paso atrás. Y cuando tienes la recaída, la tentación es tirar la toalla y abandonar. Pero la realidad es que ganarás un poco y perderás un poco. La clave está en no permitir que una pérdida se convierta en una racha de pérdidas. Después necesitas convertir una victoria en una racha de victorias.

Nunca he conocido a nadie, independientemente de lo adicto que sea, que no crea que puede derrotar a su demonio un día. Y si enfocáramos toda nuestra atención en el día de hoy, ¡probablemente ganaríamos más de lo que perderíamos! Cuando nos enfocamos en el siempre es cuando perdemos la fuerza de voluntad para luchar un día más.

Lo fundamental es lo siguiente: *si quieres romper un hábito, divídelo en partes*. Igual que en el boxeo, ganarás algunos asaltos y perderás algunos asaltos, pero tienes que luchar día a día, un asalto tras otro. Antes de que te des cuenta, tus rachas ganadoras serán cada vez más largas, y tus rachas perdedoras serán más breves.

LA PRUEBA DEL TIEMPO

Cuando tenía veintidós años era tan resuelto y motivado como el que más. Esa sigue siendo mi configuración por defecto, pero la reconozco tal como es: una configuración *con defecto*.

Tenemos una doble visión para 2020 en la iglesia *National Community*. La primera mitad de la visión son veinte expresiones: campus, cafeterías y *dream centers* para el año 2020. La segunda mitad es donar 2 millones de dólares anualmente a las misiones.

Ahora, voy a contarte un pequeño secreto: quiero llegar hasta ahí en 2019, o mejor aún, en 2018. Pero casi veinte años de ministerio me han enseñado a estar agradecido genuinamente por las demoras y los desvíos. Dios no te llevará donde Él quiere que vayas hasta que estés bien y preparado; ¡Él te ama demasiado para hacerte eso!

Independientemente de cuál sea tu ¿y si…? casi puedo garantizarte que tomará más tiempo del que nunca imaginaste. También será más difícil de lo que pensaste que sería. Pero eso es lo que hace que sea mucho más satisfactorio. Cuanto más tienes que esperar, más lo aprecias. Y es parte del proceso de asegurar que el éxito no conduzca al fracaso.

Créeme, no querrás que tus dones te lleven más lejos de lo que tu carácter pueda sostenerlos. Ese es un lugar precario donde estar, y tu éxito será corto. Si la iglesia *National Community* hubiera crecido mucho y rápido, no estoy seguro de que mi orgullo pudiera haberla sostenido. Mirando en retrospectiva, me alegra que el ritmo fuera lento y constante. Solía frustrarme porque no crecíamos con mayor rapidez, pero ahora veo una ventaja en lo que pensaba que era una desventaja.

Nuestra curva de crecimiento como iglesia facilitó mi crecimiento como escritor. Si hubiéramos crecido con mayor rapidez, no habría tenido tiempo para leer, lo cual fue fundamental para mi evolución como escritor. Durante nuestros primeros años, leía como promedio más de doscientos libros al año. Puede que cuestiones mi capacidad de leer tantos libros, pero pastoreaba solamente a veinticinco personas; ¡tenía tiempo en mis manos! Y si no hubiera tenido tiempo para leer, eso habría impedido mi crecimiento como autor.

Al igual que hay músicos formados que saben leer música, y músicos que han aprendido solos y tocan de oído, hay también escritores entrenados y escritores que aprendieron solos. Yo encajo en la segunda categoría. En el seminario, mis calificaciones fueron muy bajas en una evaluación de aptitud para la escritura. El modo en que compensé esa carencia de capacidad natural fue leyendo todo aquello que caía en mis manos.

No me limitaba a leer las palabras, también estudiaba el estilo. En un grado u otro, todo escritor se convierte en una combinación única de sus autores favoritos. Entre los míos se incluyen el místico moderno A. W. Tozer, el maestro de las obviedades Oswald Chambers, y Malcolm Gladwell, cuya capacidad para citar un estudio científico y después ir a la frase clave es una redacción con la táctica de "dejar contra las cuerdas".

Ahora, esto es lo que quiero decir: leí tres mil libros antes de escribir uno.

Técnicamente hablando, el acto de escribir ese primer libro me tomó solamente cuarenta días, pero fue el efecto acumulativo de trece años de leer libros y vivir la vida. Tomó tiempo, y me alegro de que así fuera. Si hubiera escrito un libro a los veintidós años de edad, probablemente habría tenido que escribir una secuela para retractarme de lo que había escrito.

En pocas palabras, escribir un libro es un ejercicio de paciencia. Pero cuanto más tiempo toma lograr algo, mayor es la probabilidad de que soporte la prueba del tiempo. Y esa es mi meta.

Permíteme una observación.

La mayoría de nosotros no sabemos prácticamente nada sobre nuestros tatarabuelos. Podríamos conocer sus nombres y quizá una o dos historias, pero eso es todo. Creo que uno de mis tatarabuelos tenía como apellido Kimmerly. Lo único que sé sobre él es que era conductor de trenes. Tan solo una pequeña parte de folklore familiar ha sobrevivido a la brecha generacional.

El patio trasero de la casa de los Kimmerly bordeaba las vías del tren, y cuando mi tatarabuelo pasaba por allí, tocaba el silbato del tren. Esa era una señal para que mi tatarabuela preparara la mesa para la cena porque él casi estaba ya en casa.

Eso es todo.

Eso es todo lo que tengo.

Quiero que mis tataranietos sepan para qué vivía yo. Quiero que conozcan mis esperanzas y sueños. Quiero que conozcan la historia de mi vida para que puedan descifrar la de ellos. Quiero que conozcan mis *si tan solo...*, mis *como si*, mis *¿y si. .?* y mis *no si, y o pero*. Por eso escribo.

Para mí, un libro es una cápsula de tiempo para la siguiente generación. Quiero que mis libros tengan una larga vida, y eso significa que en ellos tiene que haber mucha vida. Quiero que soporten la prueba del tiempo, y eso toma tiempo. Y eso es cierto de todo *¿y si...?*

CINCUENTA AÑOS

Vivimos en una cultura que celebra quince minutos de fama. En el reino de Dios se trata de toda una vida de fidelidad. ¿Sabes lo que respeto cada vez más? A alguien que sencillamente ha hecho lo correcto, lo mismo, durante mucho tiempo. ¿Sabes quiénes son los verdaderos héroes? Quienes han estado casados por cincuenta años. Eso sí que merece un premio al logro de toda una vida.

Ocasionalmente hablo en eventos de ordenación en los que el manto del ministerio se pone sobre pastores recién ordenados. Me encanta ese momento porque está lleno de promesa, pero hay un momento que me encanta aún más. En la tradición de mi iglesia celebramos a los experimentados veteranos que han servido a Dios fielmente durante cincuenta años. ¡Siempre hace que se me salten las lágrimas! La mayoría de ellos apenas pueden recorrer el pasillo caminando, pero me imagino a la nube de testigos dando una gran ovación en el cielo.

Hace unos años, tuve una idea *¿y si...?*. A pesar de lo mucho que me gusta la innovación, me cansé de ir a conferencias para oír lo más reciente y lo más estupendo. Prefiero sentarme a los pies de alguien que haya estado allí y haya hecho aquello, así que invité a cuatro padres de la ciudad a compartir su historia y lo que había en sus corazones con pastores de la zona del DC. Entre los cuatro, ¡representaban 147 años de ministerio combinados! Y siguen estando fuertes. Ciento cincuenta pastores de la zona del DC asistieron a aquella primera reunión, y Dios los está usando para unir a la iglesia en Washington, DC, cruzando líneas raciales y denominacionales. Es mi oración que la siguiente generación sienta sus efectos.

¿Y si...? toma tiempo.

¡Y después toma incluso más tiempo!

Pero no hay nada más inspirador que una larga obediencia en la misma dirección.

Uno de mis sueños es pastorear una iglesia durante toda la vida. Ya tengo casi dos décadas a mis espaldas, y comencé lo bastante joven como para tener la oportunidad de seguir durante cincuenta años. No creo que todo ese tiempo ocuparé un papel de liderazgo. En algún momento me interpondré en el camino si no me aparto del camino.

También sé que es cierto lo que dijo R. T. Kendall: "La mayor oposición a lo que Dios está haciendo en el presente proviene de quienes estaban en la vanguardia de lo que Dios estaba haciendo en el pasado".[7] ¡Estoy decidido a no ser una de esas personas! Éxito es sucesión, y Dios me dará la sabiduría para saber cuándo entregar el batón. Pero incluso después de haberlo entregado, seguiré corriendo en la misma calle al lado de la persona a la que se lo entregué, animándola mientras mis viejas piernas cansadas puedan mantener el ritmo.

Y ACONTECIÓ

Hay una pequeña frase que se repite 436 veces en la versión Reina-Valera 1960 de la Biblia que he llegado a amar. Podría parecer que es tan solo una transición, pero creo que es una de las afirmaciones más esperanzadoras en toda la Escritura.

Y aconteció.

Si parece que no puedes librarte de un *si tan solo...* remordimiento, recuerda que no está ahí para quedarse. ¡Y aconteció! Y si aún estás reteniendo la esperanza para un *¿y si...?* sueño, aguanta, ¡pues acontecerá!

En su biografía, *God in My Corner* [Dios en mi Esquina], el dos veces campeón del peso pesado George Foreman cuenta una historia sobre una anciana a quien le preguntaron cuál era su versículo favorito de la Escritura. Se puede elegir entre muchos versículos estupendos, incluidos algunos en el Gran Ocho. Pero ella no dijo "Dios dispone todas las cosas para el bien de quienes lo aman" o "Todo lo puedo en Cristo que me fortalece". ¿Su versículo favorito? "Y aconteció". Y ella explicó el motivo: "Sé que siempre que llega una prueba, no llega para quedarse; llega para acontecer".[8]

Ahora bien, ¡eso es una buena teología! Y desde luego, se puede dar la vuelta a la moneda. "Dios, quien comenzó la buena obra en ustedes, la continuará hasta que quede completamente terminada".[9] En otras palabras, ¡Él hará que acontezca! En ambos casos, Dios siempre termina lo que Él comienza.

Un proverbio fue popularizado por el poeta inglés Edward Fitzgerald en una obra de 1852 titulada *Solomon´s Seal* [El Sello de Salomón]. Se dice que un sultán pidió al rey Salomón una frase que fuera cierta independientemente de si las circunstancias eran buenas o malas. El hombre más sabio del mundo dijo: "Esto también pasará". A esa obviedad fue a la que se ancló Abraham Lincoln durante las profundidades de la Guerra Civil. Lincoln dijo: "Cuánto expresa. ¡Qué reprimenda en el momento del orgullo! ¡Qué consolador en las profundidades de la aflicción!".[10]

Si estás viviendo en la tierra de los *si tan solo…* remordimientos, ¡esto también pasará!

Si estás ejercitando una fe *como si*, ¡acontecerá!

Espéralo… espéralo… espéralo.

¡Lo mejor está aún por llegar!

¿Y si comenzaras a vivir en

compartimientos de un solo día?

18

Mentalidad Estrecha

Y Dios, que examina los corazones,
sabe cuál es la intención del Espíritu.
Romanos 8:27

El día 14 de septiembre de 1964, el buque de carga *Al Kuwait* se volcó en el puerto de la ciudad de Kuwait. Se calcula que un millón de barcos se han hundido en las aguas del mundo, pero este creó un problema único porque su carga consistía en seis mil ovejas; y el buque de carga se hundió cerca de la planta desalinizadora de la ciudad.

Toxinas biológicas de las ovejas en descomposición amenazaban la única fuente de agua potable de la ciudad, y el reloj seguía con su tictac. La empresa danesa que aseguró al *Al Kuwait* encargó a un ingeniero danés, Karl Kroyer, la tarea aparentemente imposible de elevar el buque hundido sin que su carga se derramara. *¿Cómo se eleva un buque de carga de veintisiete toneladas que está inclinado a 87 grados en el fondo del Golfo Pérsico?*

La grúa flotante más cercana estaba en Sidney, Australia, de modo que esa opción quedaba descartada. Pero una vez más, el viejo proverbio inglés demostró ser cierto: la necesidad es la madre de la invención.

Cómo se llegó a la solución es tema de debate. Una versión da el mérito a los jóvenes colegas de Kroyer, mientras que otra versión mucho más divertida lo acredita a un libro de cómics del Pato Donald de 1949, en el cual el Pato Donald eleva un yate hundido llenándolo de pelotas de ping-pong. De un modo u otro, eso es precisamente lo que hizo Karl Kroyer el último día de diciembre de 1964. El casco del *Al Kuwait* se llenó de 27 millones de pelotas de plástico que pesaban 65 toneladas, y al igual que el yate de Donald, flotó hasta la superficie.

El costo de salvar el buque fue de 345.000 dólares, un rendimiento nada mal en inversión para la compañía de seguros que habría pagado el total de 2 millones de dólares de la póliza. Y Karl Kroyer se fue con un día de pago de 186.000 dólares.

Algunas de las mejores ideas parecen salir de la nada, pero repito que toda idea tiene una genealogía. Algunas tienen orígenes interesantes, como un cómic del Pato Donald. Otras siguen un camino más predecible, como una educación universitaria. De uno u otro modo, no creo en las ideas accidentales. Al igual que la fortuna favorece a los que están preparados, las mejores ideas normalmente vienen de las mentes que han sido más usadas. Dios no bendice la pereza, incluida la pereza intelectual.

Ya sea la Biblia o cualquier otra materia, deberíamos estudiar para presentarnos aprobados.[1]

Yo tengo una convicción que se remonta a mis tiempos de estudiante en la Universidad de Chicago: *toda —ología es una rama de la teología*. En otras palabras, cada ámbito de creación revela algo del poder, la personalidad y el propósito del Creador. Por eso tengo los estantes llenos de libros de una amplia variedad de disciplinas: de teología a psicología, de negocios a biografías, de neurología a entomología, de física a genética.

En mi experiencia, las ideas innovadoras vienen de la polinización cruzada. Es un término botánico que se refiere a la transferencia de polen desde una flor a otra, pero ciertamente puede aplicarse al aprendizaje. Un poco de polen de la genética, por ejemplo, realza nuestra apreciación del Salmo 139.

Para apreciar plenamente la creación tan maravillosa que somos, ¡un poco de genética es muy útil! Si tu ADN de doble hélice fuera desenredado, tendría una longitud de 744 millones de millas; ¡eso tiene la longitud suficiente para ir y regresar a la luna ciento cincuenta veces![2] Todas las *¿y si...?* posibilidades de tu personalidad única están programadas de antemano dentro de cada célula en tu cuerpo, pero nadie puede desatar esas potencialidades como Aquel que te formó en el vientre de tu madre.

Ahora, permíteme regresar a nuestro lado de la ecuación de la soberanía.

El destino no es un misterio; es una decisión. Y cómo tomemos esas decisiones determina nuestras *¿y si...?* posibilidades. Cuando se trata de toma de decisiones, tenemos que ser diligentes. Pero incluso entonces, necesitamos la ayuda del Espíritu Santo.

EL VILLANO DE LA DECISIÓN

Uno de los archienemigos del *¿y si...?* es una mentalidad estrecha.

En su brillante libro *Decisive* [Decisivo], los autores y hermanos Chip y Dan Heath identifican la mentalidad estrecha como uno de los cuatro villanos de la toma de decisiones.[3] En palabras sencillas, es definir nuestras decisiones con demasiada estrechez. Es considerar solamente dos opciones cuando podría haber una tercera. Es tener en consideración unos pocos hechos a la vez que se ignora la preponderancia de la evidencia.

A veces es hacer oídos sordos a lo que es obvio porque queremos creer lo que queremos creer. En ocasiones se debe a que tenemos puntos ciegos, y no sabemos lo que no sabemos.

En un estudio fascinante y a la vez desconcertante de médicos, los investigadores descubrieron que cuando se consideraban *completamente seguros* de un diagnóstico, estaban equivocados el 40 por ciento de las veces.[4] La implicación obvia es esta: busca una segunda opinión.

Pero este es mi punto: sobrestimamos nuestra capacidad de predecir el futuro. ¿Por qué? Porque pensamos que sabemos más de lo que sabemos, de modo que pensamos que controlamos más de lo que controlamos. El control es una ilusión. La realidad es que apenas controlamos a nadie ni nada, y mucho menos nuestros propios pensamientos, sentimientos y reacciones. ¿Significa eso que dejemos las cosas al azar? Claro que no. El fracaso en planear es planear el fracaso. Pero incluso los planes mejor trazados de ratones y hombres necesitan un plan de contingencia.

¿Por qué? Porque aun las decisiones mejor intencionadas tienen consecuencias no intencionadas.

Y ahora que estás paralizado por el temor, déjame recordarte una vez más que la indecisión *es* una decisión y la inacción *es* una acción.

Los hermanos Heath ofrecen varios métodos de contrarrestar una mentalidad estrecha, incluidos probar tus opciones con la realidad y marcar distancia antes de decidir. Pero hay un tercer método que quiero subrayar: ampliar tus opciones.

Para que conste, la Biblia es el modo en que hacemos las tres cosas. Es el modo en que probamos nuestras suposiciones de la realidad contra la verdad. Es como marcamos distancia antes de decidir obtener una perspectiva de cómo lo ve Dios. Y nada amplía más nuestras opciones como las promesas de Dios. Cuando lees la Escritura, obtienes la perspectiva de cuarenta autores de tres continentes y casi todas las ocupaciones que hay debajo del sol, escrita en un periodo de dos mil años. Y lo más importante, cada uno de ellos fue inspirado por Dios.

Los saduceos y fariseos no pudieron ver los milagros que sucedían delante de ellos porque utilizaban mentalidad estrecha. No podían imaginar que el Mesías naciera en un pesebre, sanara el día de reposo, lavara pies, o comiera con recaudadores de impuestos. Sus suposiciones religiosas crearon una mentalidad estrecha. Así que a pesar de la preponderancia de la profecía y los milagros que ocurrieron ante sus propios ojos, ellos perdieron de vista al Mesías.

Si no tienes cuidado, la experiencia del pasado puede convertirse en una barrera para el ¿y si...? Dejas de vivir con la imaginación del lado derecho del cerebro, y comienzas a vivir con la memoria del lado izquierdo. Es entonces cuando dejas de crear el futuro, y comienzas a repetir el pasado.

Como Pedro en el Monte de la Transfiguración, queremos montar una tienda y acampar allí. Pero Jesús sabía que había otro milagro esperándolos al pie del monte.[5] ¿Mi punto? El modo de administrar un milagro es creyendo a Dios por el siguiente milagro, un milagro incluso mayor y mejor. En otras palabras, cada milagro se convierte en un punto alto de apalancamiento para el ¿*y si*...? Por lo tanto, a medida que envejecemos, nuestra fe gana más y más apalancamiento. Hay un interés compuesto, por así decirlo. De modo que el mundo no se hace más pequeño, sino se hace infinitamente más grande hasta que "*todo es posible*".[6]

Lo que te trajo hasta aquí podría no ser lo que te lleve donde Dios quiere que vayas a continuación. No puedes limitarte a ascender la curva de aprendizaje; a veces tienes que saltar la curva. No importa lo mucho que hayas logrado, necesitas una nueva unción. No importa los años que tengas, Dios tiene nuevos dones que quiere darte. ¿*Y si*...? lo demanda.

SABIDURÍA BIDIMENSIONAL

"La verdadera sabiduría tiene dos lados".[7]

Esa pepita de oro es mi Do central. O si lo prefieres, es mi diapasón teológico. Sencillamente, la verdad se encuentra en la tensión entre los opuestos. Como un instrumento de cuerda, es esa tensión la que hace música. El conocimiento, por sí solo, a menudo conduce a suposiciones unidimensionales. Pero la sabiduría, la verdadera sabiduría, conduce a una comprensión bidimensional.

La idea de la predestinación es un buen ejemplo, y la exploraremos con mayor profundidad en un capítulo posterior. Pero este es un parámetro de posición: yo creo *tanto* en la soberanía de Dios *como* en el libre albedrío del hombre. Si no sientes ninguna tensión entre estas verdades que se contrarrestan, probablemente tengas una comprensión unidimensional de algo que es bidimensional; y probablemente no estés próximo a la verdad.

La mayoría de herejías son el producto de la mentalidad teológica estrecha. Con frecuencia se producen por sacar de contexto un versículo en lugar de contraponer escritura con escritura. A veces es darle demasiado peso a un versículo, una práctica o una verdad. El resultado es un desequilibrio teológico que no es distinto a un desequilibrio químico en el cerebro. Un desequilibrio químico puede causar una amplia variedad de enfermedades mentales, incluido el trastorno bipolar. Un desequilibrio teológico hace lo mismo dentro del cuerpo de Cristo. Y las divisiones resultantes pueden hacernos parecer bipolares ante el mundo que observa.

El pensamiento bidimensional es pensar fuera del molde, y el molde son las cuatro dimensiones del espacio-tiempo que existen en el interior. Pero Dios existe sin ellas. Él no está sujeto a las leyes de la naturaleza que Él creó. Si tú las haces, puedes romperlas. Para el Alfa y la Omega, un día es como mil años y mil años como un día. Para el Omnipresente, no hay aquí ni allá. Él está aquí, allá, y en todo lugar.

Es el Espíritu Santo quien nos ayuda a salir del molde, y a escapar de nuestras limitaciones de cuatro dimensiones. A veces son los dones del Espíritu los que nos llevan más allá de nuestra capacidad. Otras veces es algo que solamente el Espíritu de Dios podría revelar. En cualquiera de los casos, el Espíritu Santo amplía nuestras opciones para incluir cualquier *¿y si...?*

MOTOR DE BÚSQUEDA

Uno de los papeles del Espíritu Santo es buscar, como en un buscador en Internet.

El número total de servidores que emplea Google es un secreto muy bien guardado, pero un cálculo reciente sitúa el total en 2.376.640.[8] Utilizando un algoritmo de búsqueda llamado PageRank, Google recorre 20 mil millones de sitios web cada día, y realiza más de cien mil millones de búsquedas por mes.[9]

Aquellos de nosotros que nos criamos con el sistema de catálogos en tarjetas albergamos algo de resentimiento hacia quienes nunca tuvieron que buscar por tema, autor o título. También nos maravillamos ante la capacidad que tiene la Internet de poner el conocimiento a nuestra disposición. ¡Está a distancia de un clic! Sin embargo, pese a lo notable que es eso, ni se compara con el buscador del Espíritu Santo. Después de todo, no hay nada que Él no sepa.

El Espíritu lo examina todo, hasta las profundidades de Dios.[10]

El número de cabellos que hay en tu cabeza.

Todo recuerdo subconsciente y deseo subliminal.

El valor de pi hasta el decimal de la millonésima, y más aún.

Solo tienes que decirlo, y Dios lo sabe.

No hay nada que el Omnisciente no conozca, y Él examina y busca todas las cosas, todo el tiempo. ¿Por qué? Hay más de una respuesta a esa pregunta, pero el Espíritu Santo examina por una razón principal: para revelar lo que necesitamos saber, cuando necesitamos saberlo.

Eso se realiza de diversas maneras. A veces es un *impulso* a hacer algo, como la cita divina de Felipe con un eunuco etíope.[11] Otras veces es la palabra correcta en el momento correcto.[12] Y otras es una idea de Dios que parece salir de la nada. Y todo está a una oración, a un clic de distancia.

DERRIBAR LAS PUERTAS

Siempre me ha encantado la poética descripción que hace Arthur McKinsey de la resolución de problemas.

> Si piensas en un problema como si fuera una ciudad medieval amurallada, entonces muchas personas lo atacarán de frente, como un ariete. Atacarán las puertas e intentarán destrozar las defensas con mera capacidad y destreza intelectual. Yo me quedo acampando fuera de la ciudad. Espero. Y pienso. Hasta que un día, quizá después de haber cambiado a un problema totalmente diferente, se baja el puente levadizo y los defensores dicen: "Nos rendimos". La respuesta al problema llega en seguida.[13]

Algunos problemas solamente pueden resolverse en la presencia de Dios. Requieren revelación, no educación. Sigue adelante para obtener una educación, pero necesitas la ayuda del Espíritu Santo con o sin ella. Concierta una cita para consejería, pero necesitas la ayuda del Consejero de un modo u otro.

No puedes atacar con la cabeza los problemas del corazón; debes atacarlos con el corazón. Eso es más fácil si eres una persona que siente más que lo que piensa, *flemática* y no *melancólica*, en términos de tipo de personalidad según Myers-Briggs. Pero en cualquier caso, se necesita una intervención del Espíritu Santo.

Él tiene una solución para cada problema.

Él tiene una respuesta para cada pregunta.

Él tiene una victoria para cada atadura.

El modo en que derribamos las puertas del infierno no es con un ariete. La oración es la diferencia entre que nosotros luchemos por Dios, y que Dios luche por nosotros. Cuando oramos, el puente levadizo desciende. Pero una vez más, requiere un enfoque bidimensional.

Planear sin orar es una pérdida de tiempo. Orar sin planear es una pérdida de energía. De modo que repito: debemos orar como si dependiera de Dios, y trabajar como si dependiera de nosotros. Es una proposición de ambos, y no lo uno o lo otro.

Y cuando hacemos ambas cosas, *¿y si…?* está a la vuelta de la esquina.

ÚNETE AL CORO

Durante cuatro décadas Art Fry trabajó como investigador en el departamento de desarrollo de nuevos productos de *Minnesota Mining and Manufacturing*. Uno de los beneficios de trabajar en 3M era no uno, sino dos campos de golf que estaban en su campus de 475 acres. Los jefes en 3M eran lo bastante sabios para reconocer que la *recreación* es parte de la creación.

Art Fry estaba en el noveno hoyo del circuito Rojo cuando un ingeniero químico llamado Spence Silver mencionó un nuevo adhesivo que había desarrollado en el laboratorio: bolas microscópicas de acrílico que formaban un enlace débil, sin dejar residuo después de ser reposicionadas. A ninguno de ellos se le ocurrió ni un solo uso, hasta cinco años después. Art Fry estaba cantando en el coro de su iglesia cuando la hoja de papel que estaba usando como marcador se cayó del himnario. Fue el momento *¿y si…?* de Art Fry. No estoy seguro de qué himno estaban cantando, pero condujo a la invención de las notas Post-it.[14]

Aquí tienes un hecho contrafactual.

¿Y si Art Fry no se hubiera unido al coro de su iglesia? Bueno, ¡quién sabe cuántas cosas habrías olvidado porque la nota Post-it no habría estado ahí para recordártelo!

¿Mi punto? ¡Únete al coro! Vamos, juega una ronda de golf. Y mientras estás en ello, ¡mantén una mente abierta a nuevas ideas!

Esto es algo más que una anécdota inventiva; es un interdicto bíblico.

Las personas inteligentes están siempre abiertas a nuevas ideas. De hecho, las buscan.[15]

Me encanta la naturaleza tan clara de los Proverbios. Salomón lo dice tal como es, sin ahorrar palabras. Mantén una mente abierta; es así como evitas la mentalidad estrecha.

No puedo evitar preguntarme si ese proverbio fue inspirado por el padre compositor de Salomón: David. No menos de seis veces, el salmista nos exhorta a "cantar un canto nuevo". En el espíritu de la sabiduría bidimensional, lánzate y canta los viejos himnos. ¡Son clásicos! Pero da gracias a Dios por compositores ungidos que, al igual que el salmista de antaño, unen letras nuevas con melodías nuevas.

Los compositores en nuestro equipo de la iglesia *National Community* (Kurtis, Chris, Joel, Dan, Lina, y otros) producen un álbum cada año. Comenzó con una asombrosa recopilación de cantos sobre el carácter de Dios titulado *La Antología de Dios*. El último se titula *Solamente Tú*. ¡Son nuevos cantos que evitan que simplemente movamos los labios!

Dios no solo quiere ser adorado con la memoria del lado izquierdo del cerebro. Él quiere ser adorado también con la imaginación del lado derecho. ¡Pocos *¿y si...?* son más poderosos que la adoración!

¿Y si comenzaras a orar como si dependiera

de Dios, y a trabajar como si dependiera de ti?

19

Fuera de tu Liga

El Espíritu intercede por los creyentes
conforme a la voluntad de Dios.
Romanos 8:27

Cuando me desperté la mañana del 16 de agosto de 2014 no tenía ninguna categoría para lo que Dios haría ese día. Sobrepasó todos mis *¿y si...?*

Antes de detallar lo que sucedió, permíteme que rebobine dieciocho años.

Nunca pensé que nuestra iglesia poseería una propiedad. ¡Y me refiero a *nunca jamás*! El terreno está en más de 10 millones de dólares por acre en nuestra zona. ¡No es broma! Por lo tanto, pensábamos que instalaciones alquiladas sería nuestro único camino para crecer; de ahí nuestra estrategia multisede de reunirnos en cines por toda la zona metropolitana del DC.

Entonces Dios comenzó a realizar un milagro tras otro en bienes raíces.

Nuestra primera incursión en los bienes raíces fue una casa adosada en Capitol Hill que fue convertida en la oficina de nuestra iglesia. ¡Esa propiedad ni siquiera estaba a la venta! Una llamada de teléfono dirigida y orquestada por el Espíritu dio como resultado una renta con opción a compra, lo cual hicimos por 225.000 dólares. Ahora está valorada en casi un millón de dólares.

El segundo milagro estaba en la puerta contigua: una casa de venta de crack que convertimos en la cafetería Ebenezer. El precio que pedían originalmente era de un millón de dólares, pero la conseguimos por 325.000 dólares pese a que otras cuatro partes ofrecieron más dinero que nosotros por ella.

En 2010 adquirimos un terreno de 8 millones de dólares al lado de la Interestatal 695. También anexamos el edificio comercial más antiguo en Capitol Hill, en la puerta contigua.

Finalmente, adquirimos un teatro de un siglo de antigüedad de la Iglesia del Pueblo a dos manzanas de distancia, justo en el epicentro del Capitol Hill histórico.

Ahora permíteme añadir una nota muy significativa. La génesis de todos esos milagros de bienes raíces fue un *¿y si...*, una caminata de oración de 4,7 millas (7 kilómetros) el día 16 de agosto de 1996. Sentí que el Señor me impulsaba a orar por un perímetro alrededor de Capitol Hill después de leer la promesa en Josué 1:3: *"Yo les entregaré a ustedes todo lugar que toquen sus pies".*

Fue un momento *¿y si...?*

Ahora, aquí está lo increíble: ¡cada una de esas propiedades está justamente en el perímetro de la oración! ¿Coincidencia? No lo creo. No creo en la coincidencia. Creo en la providencia. Creo que Dios está preparando buenas obras de antemano, y me encanta cuando llegan con la dirección de una calle unidas a ellas.

Ahora, por favor, escucha lo que dice mi corazón. ¡No se trata de edificios! Una iglesia que se queda dentro de las cuatro paredes de un edificio no es una iglesia en absoluto. Pero si esos edificios sirven a los propósitos de Dios, entonces adelante. Y permíteme afirmar lo obvio: la Tierra Prometida era *terreno*. Dios no solo es dueño del ganado en las montañas; ¡Él posee también las montañas! Y eso incluye Capitol Hill.

National Community tiene ahora siete campus en la zona del DC, una cafetería en Capitol Hill, y un café en Berlín, Alemania. Y nos falta un solo permiso para construir nuestro *Dream Center* en el Distrito 7 de Washington.

Repito: nuestra visión 2020 tiene veinte expresiones: una mezcla de campus, cafeterías y *Dream Centers*. Por lo tanto, ¡no vamos a estar aburridos en mucho tiempo! Pero justamente cuando pensábamos que estábamos soñando a lo grande, Dios hizo algo para lo cual ni siquiera teníamos una categoría. Y fue necesario todo el inventario de propiedades que tenemos para posicionarnos para el milagro más grande.

VALENTÍA DE LOCURA

"A veces, lo único necesario son veinte segundos de valentía de locura".

Esa frase de la película de 2011 *Compramos un Zoo* se cataloga como una de las que más cito. Me encanta porque es muy cierta: ¡veinte segundos de valentía de locura puede cambiar la trayectoria de tu vida!

También me encanta porque resume lo que sucedió el 16 de agosto de 2014. Nosotros no compramos un zoo, ¡pero sí compramos un castillo! Y fueron necesarios veinte segundos de valentía de locura, ¡además de mucho dinero!

Construido en 1891 por *Washington and Georgetown Railroad Company*, el Castillo Azul es uno de los edificios más icónicos en Washington, DC. Fue uno de cuatro hangares para vehículos construidos para dar servicio a tranvías a la llegada del siglo XIX. Ese edificio de 100.000 pies (30.000 metros) cuadrados está situado en 1,64 acres, abarcando una manzana entera de la ciudad.

Para ser sincero, mi visión no era así de grande. Sin duda, no tenía una categoría para su precio de 29,3 millones de dólares, así que sabía que sería necesario un milagro, ¡o dos, o tres!

El primer milagro fue conseguir el contrato, porque estábamos frente a una férrea competencia que incluía a una firma de inversiones que ofrecía efectivo. El segundo milagro fue conseguir un préstamo, porque a los bancos no les gusta financiar a iglesias. Nadie quiere presentar un embargo a Dios. El tercer milagro fue tener un depósito en sesenta días, y una ofrenda de 4,5 millones de dólares nos situó en posición de poder hacer precisamente eso.

Ahora voy a compartir una lección, y otra nota más a pie de página.

La lección es esta: a veces la fe puede medirse en dólares.

No nos equivoquemos; se necesita fe por valor de 10.000 dólares para dar un diezmo sobre 100.000 dólares; y se necesita fe por valor de 100.000 dólares para dar un diezmo sobre 1 millón de dólares.

De modo similar, cada uno de los milagros sobre bienes raíces que Dios ha hecho ha requerido una medida de fe. Fue necesaria fe por valor de 2,7 millones de dólares para convertir una casa de venta de crack en la cafetería Ebenezer. Está siendo necesaria una fe por valor de 3,8 millones de dólares para convertir un complejo de apartamentos en ruinas en nuestro *Dream Center*. Y fue necesaria una fe por valor de 29,3 millones de dólares para comprar un castillo, y convertirlo en el campus de una iglesia. Pero es así como Dios estira nuestra fe. Y debido al valor de los derechos aéreos por encima del Castillo, tengo la impresión santa de que este milagro bien podría pagarse por sí solo.

Por favor, que no te distraigan las cifras.

Administrar no se trata de cuántos ceros hay en tu salario o en tus ahorros. Se trata de administrar cada moneda, sin importar lo poco o lo mucho que tengas. Recuerdo muy bien cuando los ingresos totales de nuestra iglesia eran de 2.000 dólares al mes, y costaba 1.600 dólares alquilar la escuela pública en el DC donde nos reuníamos. Eso dejaba 400 dólares para mi salario, además de otros gastos. Sin embargo, mucho antes de que nos sostuviéramos por nosotros mismos como iglesia, comenzamos a invertir en las misiones con un cheque de 50 dólares. Era nuestro modo de poner nuestro dinero donde estaba nuestra fe. Y ese ¿y si..?. de 50 dólares se ha multiplicado hasta los 1,7 millones de dólares que invertimos en misiones el año pasado.

AL DÍA

Cuando hice mi primera caminata de oración alrededor de Capitol Hill en 1996, giré en la esquina de las calles 8 y M SE: la esquina donde se ubica el Castillo Azul. No es ninguna coincidencia geográfica, ni tampoco lo es la cronología. La carta de intención se firmó *el día* en que yo oré en esa circunferencia, pero dieciocho años antes. Sería igual de asombroso si hubiera sido el día anterior o el día posterior, ¡pero a veces Dios pone un signo de admiración en sus respuestas!

Nuestro agente de bienes raíces señalaría el 16 de agosto de 2014 como el día en que hicimos un acuerdo contractual, pero yo señalo al 16 de agosto de 1996. Cuando uno ora en la voluntad de Dios, se convierte en un contrato vinculante. Puede que aún tengas que recorrer el perímetro durante semanas, meses o años, pero el mismo Dios que comenzó la buena obra la cerrará. Fue necesario que pasaran dieciocho años para que nosotros ejecutáramos la opción, pero sé con certeza lo siguiente: el Espíritu Santo estuvo intercediendo por nosotros cada día en ese intervalo de tiempo.

Tu sueño puede parecer que está a distancia de un millón de kilómetros, un millón de años, o un millón de dólares. Pero no desprecies el día de los pequeños comienzos. Si haces pequeñas cosas como si fueran grandes cosas, ¡algún día Dios hará grandes cosas como si fueran pequeñas cosas!

El Castillo estaba totalmente fuera de nuestra Liga, pero también lo estaba la cafetería Ebenezer hace una década. No estábamos en el negocio de meternos en el negocio de una cafetería, pero eso no evitó que preguntáramos ¿y si...?

La unción de Dios no es sustituto de un sólido plan de negocio, pero un sólido plan de negocio tampoco es sustituto de la unción. Antes de abrir la cafetería Ebenezer, ungimos las puertas y oramos que las personas sintieran la presencia de Dios cuando entraran. Nuestro éxito se debe a la unción de Él, y no a *si*, *y* o *pero* al respecto. ¡Creo que eso también hace que el café tenga mejor sabor!

FUERA DE TU LIGA

Cuando no sé cómo orar, tomo aliento en el hecho de que el Espíritu Santo intercede por mí. La oración es un deporte de equipo, un equipo con el Espíritu Santo. El Espíritu de Dios no solo ora *por* nosotros. Ora *por medio de* nosotros. Y normalmente sucede en momentos en que estamos pidiendo algo que está muy por encima de nuestra capacidad económica.

Eso fue lo que sucedió cuando entregamos nuestra oferta por el Castillo Azul. Después de conseguir el contrato, descubrimos que los vendedores en un principio habían decidido conceder el contrato a otro. Yo no lo sabía en aquel momento, pero ese mismo día sentí un impulso increíble de orar. Era tan fuerte que no podía enfocarme en otra cosa, así que pasé las dos horas siguientes en el tejado de Ebenezer, mi lugar favorito de oración, caminando de un lado a otro y orando.

No sabía exactamente qué orar o cómo orar, y entonces sentí esa impresión desde el hemisferio derecho de que necesitaba orar para que el Dios que cambió la mente de Faraón cambiara las mentes de quienes tomarían la decisión. Oré por nombre por quienes tomarían la decisión, y de todas las maneras que se me ocurrieron oré para que Dios les hiciera cambiar de parecer. Esa es mi única manera de dar explicación a cómo conseguimos el contrato. No creo que los vendedores incluso entendieran por qué decidieron darnos el contrato, y sé que el agente de bienes raíces estaba sorprendido. ¿Por qué dar un contrato a una iglesia cuando una firma de inversiones ofrece dinero en efectivo?

Cuando se trató de negociar por el Castillo Azul, estábamos como pez fuera del agua. Pero cuando hacemos equipo con el Espíritu Santo, nunca estamos fuera de nuestra liga, sino que estamos en la liga con el Espíritu Santo. Nadie puede relacionarse o negociar como lo hace el Espíritu Santo; Él conoce a todos, y lo conoce todo. Y Él intercede por nuestros ¿y si...? ordenados por Dios.

A veces es revelación divina. Otras veces es una cita divina.

El Espíritu Santo inspira y conspira.

No hace mucho, un miembro de nuestro personal me dijo que estaba orando concretamente por citas divinas que estaban fuera de su liga. Yo había estado predicando sobre el segundo milagro en el Evangelio de Juan, donde Jesús sana al hijo de un oficial de la realeza. Una de las tramas secundarias en esa historia es el simple hecho de que el oficial estaba en un puesto de poder político por encima de Jesús y, sin embargo, se sometió a la autoridad espiritual de Jesús.

Afirmé lo obvio en mi mensaje: *si tú sigues a Jesús, oficiales de la realeza llegarán llamando a tu puerta.* Y por eso oraba aquella mujer. Tan solo unos días después, alguien llamó a su puerta ya avanzada la noche. Si ella no hubiera estado orando por una cita divina que estaba fuera de su liga, puede que ni siquiera hubiera abierto la puerta.

Aunque no tengo la libertad de identificar a su visitante, es alguien que ocupa un puesto de gran influencia. Se estaba preparando para un discurso, y necesitaba a alguien que orase por él. Resultó que pasaba en su auto al lado de la casa de mi amiga, y observó una luz encendida. Esta amiga terminó compartiendo algunos pensamientos inspirados por el Espíritu que llegaron a incluirse en el discurso de este hombre.

¿Quién está fuera de tu liga?

¿Qué está por encima de ti?

La respuesta es nadie y nada. No cuando tienes al Espíritu Santo de tu lado, en el interior.

Nuestras oraciones están limitadas por nuestra falta de conocimiento: no sabemos lo que no sabemos. Por eso confío en su intercesión, más que en mi intuición. También por eso a menudo digo un preámbulo en mis oraciones: *Señor, quiero lo que tú quieras, más de lo que quiero lo que yo quiera.* Oí por primera vez esa oración a uno de los pastores de nuestro campus, Dave Schmidgall, cuando su esposa y él estaban haciendo una oferta para comprar su primera casa. Esa oración es la manera en que ponemos la pelota en la cancha de Dios.

La oración debe estar en consonancia con la voluntad de Dios, o estará nula y vacía. No es como ponerte de espaldas a la Fuente de Trevi, y lanzar una moneda por encima de tu hombro izquierdo. Si no es la voluntad de Dios, no vas a conseguir aquello que pides. Dios te ama demasiado para consentirte de esa manera.

Pero si es la voluntad de Dios, Dios abrirá un camino.

¡Aun si está fuera de tu liga!

NINGUNA CATEGORÍA

Una de mis disciplinas diarias es escribir un diario, e intento hacerlo cada día, sin fallar. Es en parte un diario de *gratitud*: literalmente cuento mis bendiciones enumerándolas. Es en parte un diario de *sueños*: es donde anoto algunas de las ideas de Dios que aún no estoy preparado para verbalizar. Y es en parte un diario de *escritura*: tomo notas durante sermones, durante reuniones, durante caminatas por los bosques.

Al final de cada año, uno de mis rituales anuales es releer cada anotación en el diario. Pocos ejercicios son más significativos. Ese diario grita: "¡Dios es fiel!". Une los puntos entre oraciones hechas y oraciones respondidas, y vuelven a resurgir algunas de las lecciones que Dios me ha enseñado a lo largo del año.

Uno de esos temas se originó con nuestra pastora de oración: Heidi Scanlon. Durante un devocional para el equipo de personal un día, ella dijo algo que llegó hasta mi diario: "Dios tiene bendiciones para nosotros en categorías que ni siquiera sabemos que existen".

Esa es una paráfrasis de la promesa en Efesios 3:20: Dios "puede hacer muchísimo más que todo lo que podamos imaginarnos o pedir". Yo no tenía una categoría para un castillo, pero Dios sí. Evidentemente, yo soñaba sueños demasiado pequeños. Entonces Dios, Aquel que crea de la nada, salió de la nada, y nos dio algo para lo cual no teníamos ninguna categoría.

Durante nuestro retiro de planificación para nuestro personal, yo estaba repasando nuestros planes estratégicos de la última década. Me reí algunas veces, y me sonrojé otras veces. Esos planes eran nuestro mejor esfuerzo en ese momento, ¡pero Dios tenía una sorpresa a la vuelta de cada esquina!

Yo no soy omnisciente, lo cual significa que no tengo una perspectiva de 360 grados. No puedo ver en todas direcciones en cada situación. Ni siquiera puedo ver a la vuelta de las esquinas, incluida la esquina de las calles 8 y M, ¡donde está el Castillo!

En mi mejor día, veo una parte muy pequeña de realidad. Pero tengo buenas noticias: mucho antes de que despertaras esta mañana y mucho después de que te vayas a dormir esta noche, el Espíritu Santo está intercediendo por ti según la voluntad de Dios.

Si eso no te da una confianza santa, nada lo hará. Aun así tienes que ser diligente porque Dios no bendice la negligencia. Pero también tienes que confiar en Dios. Él tiene sabiduría por encima de tu conocimiento, poder por encima de tus fuerzas, y favor por encima de tu capacidad. Y Él los tiene sin medida. Así que quizá, tan solo quizá, deberías relajarte.

Dios lo tiene todo bajo control. Aún mejor, Él tiene bendiciones para ti en categorías que aún ni siquiera sabes que existen.

Así que reclínate, relájate, ¡y disfruta del viaje!

¿Y si todo lo que hay en tu pasado es el modo que tiene Dios

de prepararte para algo en tu futuro?

20

El Reino de las Consecuencias No Intencionadas

A los que aman a Dios, todas las cosas les ayudan a bien.
Romanos 8:28 (RVR 1960)

En 1936 el profesor de Harvard, Robert K. Merton, publicó un trabajo titulado *Las Consecuencias no Anticipadas de la Acción Social Intencional*. Uno de los padres fundadores de la sociología moderna, Merton acuñó los conceptos de "ejemplo a seguir" y "profecía auto-realizable".

Pero su contribución más famosa y más duradera se detallaba en su tesis vanguardista sobre "la ley de las consecuencias no intencionadas". En palabras sencillas, el resultado de nuestras acciones tiene consecuencias no intencionadas que están por encima de nuestra capacidad de controlar, por encima de nuestra capacidad de predecir.

Esas consecuencias imprevistas encajan en tres categorías. En el lado positivo de la balanza hay extras añadidos llamados *beneficios inesperados*. En el lado negativo hay *reveses inesperados*, como el efecto secundario de un medicamento que cura una enfermedad a la vez que causa complicaciones.

Finalmente, hay *resultados perversos*, cuando tu intención original te da un mordisco en la espalda. También se le apoda "efecto cobra" debido al modo en que un premio por matar cobras salió mal en la India británica creando un perverso incentivo para alimentar a las cobras.[1] La solución que se intentó no resultó, empeorando más aún el problema.

Los padres instintivamente evitan que los bebés coman cosas que están sucias. Después de todo, podrían enfermar. Pero según la hipótesis de la higiene, las bacterias en realidad ayudan a mejorar el desarrollo de un sistema inmunológico sano. Y los gusanos, lo creas o no, autocorrigen el sistema inmunológico, ayudándolo a luchar contra diversos trastornos autoinmunes.[2] Por lo tanto, al proteger a nuestros hijos para que no enfermen, los padres amorosos en realidad inhabilitan su capacidad de luchar contra la enfermedad más adelante en la vida. Sin duda alguna, no estoy sugiriendo que añadamos tierra a su dieta, ¡pero quizá deberíamos emplear de nuevo la regla de los cinco segundos!

Aunque Robert K. Merton popularizó la idea de las consecuencias no intencionadas, no se originó en él. John Locke expresó su preocupación por las consecuencias no intencionadas de elevar los índices de interés en una carta a Sir John Somers, un miembro del Parlamento Británico, en 1691.[3] Y recuerdo leer sobre ello en los escritos del filósofo y economista escocés Adam Smith cuando yo era estudiante de primer año en la Universidad de Chicago. Lo recuerdo porque no lo entendía, y gracias a Smith, la consecuencia no intencionada de sus escritos fue un bajón en mi promedio general.

La realidad es que el concepto de las consecuencias no intencionadas tiene una genealogía mucho más larga que esa. Se remonta hasta uno de los mayores filósofos morales de la historia: José. Él lo explicó de este modo en Génesis 50:20:

> *Es verdad que ustedes pensaron hacerme mal, pero Dios transformó ese mal en bien para lograr lo que hoy estamos viendo: salvar la vida de mucha gente.*

Los hermanos de José lo vendieron como esclavo. ¿Su propósito *intencionado*? ¡Hacer mal a su hermano! ¿El beneficio inesperado? Salvar la vida de mucha gente diecisiete años después, ¡incluidas las de ellos! Me encanta la pequeña frase "pero Dios". ¡Es la conjunción más asombrosa en la Escritura! La soberanía de Dios sobrepasa nuestras intenciones, sean buenas o malas. ¡Él puede tomar la crueldad de los egoístas hermanos de José, y aprovecharla para salvar a dos naciones de la hambruna!

Solamente Dios.

EL CAMINO MÁS TORTUOSO

Uno de los destinos más famosos de San Francisco es una sección de una manzana de la calle Lombard, entre las calles Hyde y Leavenworth. Es la calle más tortuosa del mundo, con ocho curvas cerradas. Marea un poco, pero sin ese zigzag sería peligroso conducir subiendo o bajando ese porcentaje de 27 grados. Incluso con los zigzags, ¡varias veces tuve que pisar el freno!

Este pequeño tramo de la carretera de Romanos 8, el versículo 28, se parece un poco a la calle Lombard. Es el camino más tortuoso en la Biblia, lleno de giros y curvas. Hay puntos ciegos, cruces peligrosos, y múltiples glorietas con varios carriles. No es fácil de transitar, pero la buena noticia es que *Dios quiere que lleguemos a donde Él quiere que vayamos, más de lo que nosotros queremos llegar a donde Dios quiere que vayamos.* ¡Y Él es terriblemente bueno para hacernos llegar hasta ahí! Incluso cuando giramos por una curva equivocada, Él nos redirige.

Cada decisión que tomamos tiene un millón de consecuencias, muy pocas de las cuales podemos predecir. Cada acción que emprendemos tiene un millón de ramificaciones, muy pocas de las cuales podemos controlar. Pero es ahí donde entra en juego la soberanía de Dios. No hay contingencia que el Omnisciente no haya tomado en consideración.

Cuando las cosas van de mal en peor, como le sucedió a José, sé que es difícil confiar en Dios. Lo único que vemos es el resultado perverso, lo cual en este caso fue un encarcelamiento injusto. Tuvieron que pasar diecisiete años para que el beneficio inesperado entrara en juego, pero el Señor de las Consecuencias no Intencionadas demostró su fidelidad una vez más. Créeme, cada momento fue indexado y calculado *ad infinitum* antes de la creación del mundo.

El proverbio lo expresa poéticamente:

La mente del hombre planea su camino,
Pero el Señor dirige sus pasos.[4]

Haz planes. Repito: fracasar en planear es planear fracasar. Pero Dios tiene motivos ocultos, y son mucho mejores que cualquier cosa que podamos pedir o imaginar. Originalmente nos mudamos a Washington, DC, para liderar un ministerio en los barrios pobres de la ciudad, y no para pastorear la iglesia National Community, la cual no existía. Pero Dios nos estaba situando, como un gran maestro de ajedrez que prevé el movimiento después del movimiento, después del movimiento.

Incluso si tu *StrengthsFinder* (Test de Fortalezas) dice que eres futurista, tu mente finita solo puede tener en cuenta algunas contingencias. ¿El Gran Maestro? Él obra marcha atrás desde el jaque mate.

En el ajedrez, a veces hay que dar un paso atrás a fin de dar un paso adelante, perder una pieza a fin de ganar una pieza. Si nuestra plantación de una iglesia en Chicago no hubiera fallado, nuestra plantación de una iglesia en Washington, DC, nunca habría sido exitosa. ¿A qué me refiero? ¡No querrás que tu plan tenga éxito si Dios tiene uno mejor!

¿Qué tiene que ver eso con el Gran Ocho?

Promete beneficios inesperados, incluso en las peores circunstancias. Romanos 8:28 es la versión en el Nuevo Testamento de Génesis 50:20. Es Génesis 50:20, versión 2.0. No es una tarjeta de inmunidad, pues siguen sucediendo cosas malas a personas buenas. Pero sí promete un beneficio inesperado: Dios dispone todas las cosas para bien, con énfasis en *todas*.

Esa es nuestra mejor carta. Podrían ser necesarios meses, años o décadas para que esas cosas sean para bien. Y en algunas ocasiones el tiempo no lo dirá. Solamente la eternidad revelará que no hay excepciones a esta promesa. Cuando nuestra mente lógica diga lo contrario, se debe a que hay consecuencias no intencionadas que no hemos tomado en consideración.

Mi abuela tenía un dicho único. Sinceramente no tengo ni idea de dónde lo sacó, y nunca he oído a nadie fuera de nuestra familia decirlo hasta que yo lo publiqué. No sé si ella lo inventó o lo oyó a otra persona, pero aquí está: "Nunca puedes saberlo siempre a veces". Era su singular manera de decir: "Nunca se sabe". Y esa es la belleza de la soberanía de Dios. Tú haz tu tarea, que es la obediencia. Y Dios hará su tarea, ¡que es todo lo demás!

Él preparará buenas obras de antemano. Él ordenará tus pasos. ¡Y Él hará que todas las consecuencias no intencionadas obren para tu bien y para su gloria!

MATCH.COM

Cuando se publicó mi primer libro hace casi una década, recluté a un equipo de intercesores para orar para que mis libros llegaran a las manos correctas en el momento correcto. Millones de libros y miles de cartas después, la soberanía de Dios nunca deja de sorprenderme. No importa si es un miembro del Congreso que recorre el Capitolio en oración, el entrenador de un programa de fútbol de alto rango retando a sus jugadores a darlo todo, o un reo condenado que persigue a un león.

Cada uno es una respuesta a la oración.

Cada uno es un beneficio inesperado.

Una de mis historias favoritas implica a una joven actriz de Hollywood, Megan Fox. Poco después de que se publicara *El Hacedor de Círculos*, alguien me envió un enlace a la revista *People* en línea. Me dijeron que bajara en la página y mirara de cerca la fotografía de Megan saliendo de un elevador en el aeropuerto en Río de Janeiro. En la foto, hay paparazzi que la esperan abajo, y Megan se está protegiendo con un libro: mi libro. Ahora bien, ¿es ese el motivo por el cual lo escribí? ¿Para que una actriz de Hollywood se proteja de los paparazzi? No, no lo es. Y sin duda espero que ella lo leyera de camino a Río. Pero vaya, si también sirve como un manto invisible para una celebridad de Hollywood, está bien.

Una de las alegrías de escribir son las consecuencias inesperadas.

Cuando doy al botón Guardar y Enviar a la edición final, el libro no solo se va de mis manos y llega a manos de mi editor. Está en las manos de Dios; y tengo la confianza de que Él lo pondrá en las manos correctas en el momento correcto.

En una de sus parábolas, Jesús comparó el reino de Dios con un grano de mostaza:

> *Aunque es la más pequeña de todas las semillas, cuando crece es la más grande de las hortalizas y se convierte en árbol, de modo que vienen las aves y anidan en sus ramas.*[5]

¿Por qué plantó el labrador el grano de mostaza en la tierra?

Mi mejor suposición es que le gustaba la mostaza en su perrito caliente. Fue una decisión motivada por su gusto culinario. De esto estoy seguro: no tenía nada que ver en absoluto con que las aves encontraran un lugar donde anidar. Esa idea no se cruzó nunca por el pensamiento del labrador. Pero cuando tú plantas tu semilla de fe, nunca sabes dónde tendrá ramas o a quién bendecirá. Está más allá de tu capacidad consecuencial incluso aventurarte a adivinar. Pero te prometo lo siguiente: habrá beneficios inesperados por encima de tu capacidad de pedir o imaginar.

Esa es la naturaleza exponencial de la fe. Dios utiliza nuestras semillas de fe para lograr cosas que ni siquiera nos propusimos hacer.

Así es nuestro Dios soberano.

Eso hace nuestro Dios soberano.

Si me preguntaras por qué comenzó la iglesia *National Community*, podría darte la respuesta de libro de texto. Existimos para ayudar a las personas a llegar a ser seguidores de Cristo completamente entregados. Pero lo que más me sorprende de NC son las cosas que Dios ha hecho, y que nosotros ni siquiera nos propusimos hacer. Nunca tuvimos intención de ser un servicio de citas amorosas, de eso estoy seguro. Pero con una población soltera mayor del 50 por ciento en la iglesia, ¡hemos propiciado cientos de matrimonios!

La iglesia no comenzó para que mi cuñado, Joel Schmidgall, pudiera conocer y casarse con una mujer del personal de Capitol Hill llamada Nina Krig. Ese fue un beneficio inesperado que se convirtió en otros tres beneficios inesperados: dos de las sobrinas más bonitas del planeta, Ella y Renzi, y un sobrino llamado Zeke.

No comenzamos NC para que John Hasler pudiera pedir matrimonio a Steph Modder después de grabar uno de nuestros álbumes en vivo en el Teatro Lincoln, y entonces mudarse a Alemania después de casarse y abrir nuestro café en Berlín.

No comenzamos NC para que Bethany Dukes pudiera conocer a un baterista llamado Ryan y cambiar su apellido al de Strumpell. No comenzamos NC para que Heather Sawyer pudiera conocer a otro Ryan, y cambiar su apellido al de Zempel. Y esta es solo una pequeña muestra entre miembros del personal.

Olvida Match.com.

¡Prueba Theaterchurch.com!

Pocas cosas me producen más alegría que dedicar a un bebé cuyo papá y mamá se conocieron y se casaron en NC. ¡Ese bebé es un beneficio inesperado de segunda generación! ¿Es ese el motivo por el cual comenzó la iglesia? ¡Claro que no! Pero eso es lo hermoso sobre el reino de las Consecuencias no Intencionadas: nunca puedes saber siempre a veces.

OH, LOS LUGARES DONDE IRÁS

Durante el primer semestre de Parker en la Universidad Southeastern, Lora envió un paquete lleno de mucha comida. Ese es el lenguaje del amor de Parker. También incluyó un ejemplar del clásico del Dr. Seuss, *¡Oh, los Lugares Donde Irás!* No es exactamente material de lectura universitario, pero es muy bueno. Fue una manera caprichosa de recordar a Parker lo mucho que creemos en él.

Perdóname por esta extraña contraposición, pero siempre pienso en la Gran Comisión cuando oigo *¡Oh, los Lugares Donde Irás!* En una época en que la persona promedio no viajaba fuera de un radio de treinta millas (50 kilómetros) de su lugar de nacimiento, Jesús envió a sus discípulos hasta los confines del mundo antiguo. "Vayan y hagan discípulos de todas las naciones".[6] Y oh, los lugares donde fueron. Según Eusebio, el historiador de la iglesia en el segundo siglo, Pedro navegó a Italia, Juan fue a Asia, Jacobo el hijo de Zebedeo viajó a España, e incluso el dudoso Tomás llegó hasta India.

Quédate con esa idea.

Permite que introduzca aquí a nuestra iglesia. Pero antes de hacerlo, Dios no hace acepción de personas, y nosotros tampoco. Dios nos ha llamado a alcanzar a los de arriba y los de abajo, y a todos los demás entre medio. Eso nos permitió alcanzar las esferas políticas y las esferas raciales en *National Community*.

Un fin de semana reciente, yo estaba saludando a personas después de uno de nuestros servicios, y no pude evitar sonreír al ver toda esa diversa muestra. Felicité a un senador de los Estados Unidos recién elegido y a su familia. Di un apretón de manos a un amigo sin hogar que es uno de nuestros asistentes más fieles. Di otro apretón de manos a un presentador de las noticias locales, conocí a un profesor de Georgetown, y saludé al director general de una red de empresarios. Conocí a una muchacha de Kenia que asistió a NC cuando era estudiante seis años atrás, y acababa de mudarse de nuevo a la ciudad. Conocí a un rapero, a un maestro de una escuela pública en el DC, y a un cineasta de documentales. Dije hola al director de la FCA en el noreste de Atlanta, que estaba de visita en NC en sus vacaciones. Conocí a un pastor que necesitaba un lugar donde sanar y recuperarse antes de regresar al partido. Y por último, pero no menos importante, había una mujer que había sufrido tráfico de personas durante casi dos décadas, tuvo varios hijos durante esos años, y uno de ellos la invitó a ir a la iglesia.

Ese es un fin de semana normal en NC, y no es nada menos que milagroso.

Sinceramente, no comenzamos NC para ninguna de esas aves. Simplemente plantamos un grano de mostaza de fe en la tierra. Entonces Dios hizo crecer nuestras ramas de modo que las aves del aire pudieran anidar en ellas.

Iba yo saliendo de la iglesia unos meses después de que Boko Haram secuestrara a trescientas niñas escolares en Chibok, Nigeria. Emmanuel, un abogado nigeriano y defensor de la libertad religiosa, me detuvo y me presentó a una de las muchachas que había escapado. Allí estaba ella, a medio mundo de distancia, en NC.

También está el equipo de debate de Ruanda que recientemente hizo un tour por los Estados Unidos, quedándose con una familia que asiste a nuestra iglesia. ¿Escribí *El Hacedor de Círculos* para que un miembro de ese equipo de debate ruandés llamado Yvan pudiera agarrarlo después de uno de nuestros servicios, leerlo en el camino de regreso a Ruanda, traducirlo al idioma kinyarwanda, y retar a cada miembro de su iglesia a orar cada día de sus vidas? Eso nunca se me pasó por la mente. ¡No estoy seguro de que pudiera señalar Ruanda en un mapa de África!

Pero Dios puede, y Dios lo hace. Él se ocupa de todas las aves del cielo. ¿Cómo? Él convierte el grano más pequeño de mostaza en la planta más grande que llega hasta Ruanda.

Al final de un correo electrónico para mí, este polemista ruandés converti-do en profeta dijo:

> Lo más importante que quiero decir a NC es que ustedes no pueden conocer a cada persona que entra a su iglesia ni de dónde viene, pero una cosa es cierta: ustedes están al borde de cambiar completamente a la humanidad incluso cuando no saben quién entró a la reunión.

¡No me digas que Dios no ordena pasos! Él lo está haciendo todo el cami-no desde una remota aldea en Ruanda hasta una iglesia en Washington, DC.

¡No me digas que Dios no prepara obras con antelación! Él está orquestan-do citas divinas en el otro extremo del mundo, y lo hace de maneras que nunca podríamos haber soñado diecinueve años atrás. Nuestro podcast obtuvo cien-tos de miles de reproducciones en 144 países este año pasado, algunos de los cuales están cerrados al evangelio. Es una rama digital que llega hasta lugares donde nosotros no podemos ir.

En NC, los miembros de nuestra familia *inmediata* son los que asisten fí-sicamente a nuestros campus, pero quienes escuchan los podcast son parte de nuestros *parientes lejanos*, ¡ellos anidan en nuestras ramas!

Y todo comenzó con un *¿y si...?*

Dónde termina, ¡solamente el Señor de las Consecuencias No Intencio-nadas lo sabe!

EL PODER DE UNA SEMILLA

Si te enseñara un grano de mostaza sin decirte lo que es, no tendrías ni idea de en qué podría convertirse; a menos que seas horticultor, pero eso sería hacer trampa. Es una semilla redonda de menos de dos milímetros de diámetro que tiene tres variedades principales: amarilla, negra y blanca.

Parece muy sencilla, y a la vez es increíblemente compleja. Dentro de esa sola semilla hay un perfil nutricional notable, que incluye vitaminas A, B6, B12, C, E y K. También es una fuente de calcio, hierro, magnesio, fósforo, potasio, sodio y zinc, por mencionar algunas. Tiene propiedades antiinflamatorias y an-ticancerígenas, ¡y sabe estupendamente sobre galletas saladas!

En mi opinión, las semillas se clasifican como una de las creaciones más increíbles de Dios. Sabemos que los robles vienen de las bellotas, pero ¿cómo se convierte una pequeña bellota en un roble de cien pies (30 metros) que puede vivir hasta cien años? Mientras hablamos del tema, ¿cómo es que una pequeña semilla negra se convierte en una hermosa sandía verde?

William Jennings Bryan, famoso por su papel en *Scopes Monkey Trial* (El Juicio a Scopes), utilizó una vez la sandía como una metáfora para el misterio de Dios:

> He observado la semilla de la sandía. Tiene la capacidad de extraer de la tierra y de sí misma 200.000 veces su propio peso. Cuando puedas decirme cómo toma este material y de él colorea una superficie exterior que está por encima de la imitación del arte, y después forma en ella una cáscara blanca y dentro de ella un corazón rojo, plagado de semillas negras, cada una de las cuales es a su vez capaz de multiplicar 200.000 veces su propio peso; cuando puedas explicarme el misterio de la sandía, podrás pedirme que te explique el misterio de Dios.[7]

Ya que estamos hablando del tema, cualquiera puede contar el número de semillas que hay en una sandía. Solo Dios puede contar el número de sandías que hay en una semilla.

Malgastamos demasiado tiempo preocupándonos por consecuencias que no podemos controlar. Deja de enfocarte en el resultado, pues el aumento es responsabilidad de Dios. Nuestra tarea es plantar y regar las semillas de fe. Y si sembramos semillas de mostaza de fe, Dios convertirá esos ¿y si... ¿en un millar de beneficios inesperados.

¿Y si sembraras una semilla

en tu momento de necesidad?

21

La Piedra Roseta

Los que han sido llamados de acuerdo con su propósito.
Romanos 8:28

Mucho tiempo antes de Batman y Robin, estaban Pierre-Francois Bouchard y Jean-Francois Champollion.

Bouchard era un ingeniero en la Gran Armada de Napoleón que ocupó Egipto en 1799. Mientras supervisaba la demolición de un muro en la antigua ciudad de Roseta, descubrió un bloque de piedra de granito negro de 1.676 libras (760 kilos) con una antigua escritura en ella. Si Bouchard hubiera demolido esa piedra, la Piedra Roseta, gran parte de la historia egipcia seguiría siendo un misterio.

Pero el ingeniero del ejército la reconoció como algo especial, y salvó el antiguo objeto. Ahí es donde entra en juego Champollion, ¡se activa el poder maravilla de gemelos![1] El académico francés era un cerrajero de la lingüística que hablaba una decena de idiomas. Se necesitaron dos años para concordar letras con letras, descifrando así los tres idiomas antiguos: jeroglíficos, escritura popular, y griego. Pero cuando Champollion descifró el código, reveló la antigua civilización de Egipto.

El versículo 28 del capítulo 8 de Romanos es la Piedra Roseta de la Escritura. Sin él, gran parte de la vida no tiene ningún sentido. Con él, somos capaces de descifrar nuestras experiencias.

Para muchos, es el mejor versículo en el mejor capítulo. Pocas cosas hay más consoladoras o más vivificantes que saber que Dios es quien arma el rompecabezas de tu vida.

Fue un cartógrafo de Londres, John Spilsbury, a quien se le acredita el comercializar los rompecabezas alrededor del año 1760. Durante la Gran Depresión, fueron popularizados en los Estados Unidos como una forma barata de entretenimiento. Hay rompecabezas de todas las formas y tamaños, incluido el último y más estupendo: rompecabezas esféricos en 3D. Pero el método de armar no ha cambiado en cientos de años. Requiere encajar entre sí piezas de mosaico con formas extrañas.

La clave, desde luego, es la imagen que está en la tapa de la caja. Sin ella, te deseo buena suerte. Y por eso muchos de nosotros nos sentimos indefensos y sin esperanza a veces, porque las piezas de nuestra vida no parecen encajar y no podemos ver la visión de Dios para el todo. Pero la Piedra Roseta, Romanos 8:28, ¡promete que Dios hará que cada pieza encaje de la manera más eficaz, efectiva y hermosa posible!

Al igual que la Piedra Roseta reveló tres idiomas antiguos, 8:28 revela los misterios de la vida. Aun así habrá experiencias que no tendrán sentido hasta que lleguemos al cielo, de eso no hay duda. Y voy a ser lo más explícito posible: no hay nada *bueno* en las cosas malas que hacen las personas. Llamemos pecado al pecado. La maldad es maldad. Si has sido víctima de injusticia, o traición o abuso, esto no niega eso. Sin embargo, sí promete reciclarlo, redimirlo, y usarlo para tu bien y para la gloria de Dios.

Suceden cosas malas a personas buenas, pero la lucha está decidida. Al final, nosotros ganamos. Así que dejemos de jugar para no perder. No permitas que tus errores, o los de otra persona, te pongan a la defensiva. Juega a la ofensiva con tu vida. Está bien lamentar las cosas malas que han sucedido, pero no organicemos una fiesta de autocompasión. Independientemente de lo que hayas experimentado, tú no eres una víctima. Eres más que vencedor.

PUNTO DE CRUZ

Cuando yo tenía cinco años, nuestra familia fue a ver una película titulada *El Refugio Secreto*. Demostró ser uno de los momentos cruciales de mi vida. Después de ver esa película, le pedí a Jesús que entrara en mi corazón.

La película documenta la historia de Corrie ten Boom, cuya familia escondió a judíos durante la invasión nazi de Holanda. Cuando un espía nazi descubrió su cuarto secreto, la familia entera fue arrestada. Al padre de Corrie, de ochenta y cuatro años de edad, Casper, le ofrecieron ir a un asilo debido a su edad, mientras prometiera no causar ningún otro problema. Él se negó valientemente, fue enviado a la cárcel en un tren nazi del Holocausto, y murió diez días después.

Corrie terminó en Ravensbrück, un campo de concentración para mujeres. Pese a un maltrato brutal y condiciones inhumanas, ella hizo algo más que sobrevivir. Tras su liberación milagrosa, Corrie compartió sus horribles experiencias con audiencias en todo el mundo, y lo hizo con una misericordia asombrosa.

Corrie a menudo bajaba la vista mientras hablaba, pero no porque estuviera leyendo notas. A veces hacía punto de cruz mientras hablaba y lo usaba como una ilustración cuando terminaba. Mostrando en alto la parte de atrás de la labor, que era un revoltijo de hilos sin ningún patrón discernible, Corrie decía: "Así es como nosotros vemos nuestra vida". Entonces le daba la vuelta para revelar el diseño, diciendo: "Así es como Dios ve tu vida, y algún día tendremos el privilegio de verla desde su punto de vista".

Mientras tanto, necesitamos confiar en 8:28.

Corrie podría haber cuestionado por qué tuvo que sufrir en un campo de concentración nazi o cómo pudo Dios permitir que su padre y su hermana murieran en esos campos. Era injustificable. Pero Dios utilizó el sufrimiento de una mujer llamada Corrie ten Boom para tocar el corazón de un Mark Batterson de cinco años de edad *ex post facto*. Me siento mal por lo que Corrie ten Boom tuvo que soportar, pero soy el beneficiario de sus preguntas incontestables y sus experiencias inexplicables. Su sufrimiento condujo a mi salvación.

Algunas de nuestras experiencias terrenales no tendrán sentido a este lado de la eternidad. Y no puedo prometerte una existencia indolora. Pero en la economía de Dios, tu dolor temporal puede dar como resultado el beneficio eterno de otra persona.

¿Acaso hay algo más noble que eso?

Aunque no estoy seguro de cuál es el camino por el que has transitado, siempre comienza en la cruz. Toda historia de salvación comienza con la agonía que Cristo soportó en el Calvario. La cruz es la mayor injusticia de la historia: el Creador clavado a un madero por su creación. Pero incluso eso, Dios lo usó para bien. Él cambió el antiguo símbolo de una muerte tortuosa por el símbolo de esperanza eterna para la humanidad.

Y si Dios puede hacer eso con la cruz, Él puede redimir tu dolor, tus fracasos, tus temores y tus dudas. La cruz es la pieza que falta en medio de todo rompecabezas. Sin ella, estamos indefensos y sin esperanza. Con ella, el rompecabezas queda resuelto.

EL MEJOR CONSEJO QUE HE RECIBIDO JAMÁS

Nantucket Nectar cambió mi vida. Bueno, en cierto modo. No fue la bebida en sí. De hecho, ni siquiera puedo recordar qué sabor estaba bebiendo. Fue la frase que había en el interior de las tapas de la botella:

Si cada día fuera un buen día, no habría días buenos.

Hace unos años me invitaron a participar en un proyecto literario llamado *El Mejor Consejo que he Recibido Jamás*.[2] Los editores pidieron a un amplio abanico de personas que compartieran las lecciones más importantes de la vida. Fue increíblemente difícil enfocarlo en un solo consejo, pero yo escogí la tapa de la botella. Al principio suena como un truco mental de *Jedi*. Pero si realmente lo piensas, son los días malos los que nos ayudan a apreciar los días buenos. Sin ellos, no tendríamos ningún punto de comparación.

Trata esto a ver si te sirve.

Si te despertaste esta mañana con más salud que enfermedad, eres más bienaventurado que el millón de personas que no sobrevivirá esta semana.

Si nunca has experimentado el peligro de la batalla, la soledad del encarcelamiento, la agonía de la tortura o los dolores de estómago por el hambre, estás mejor que quinientos millones de personas en el mundo.

Si puedes asistir a una reunión en la iglesia, o no asistir a una, sin temor a persecución, arresto, tortura o muerte, eres más bienaventurado que tres mil millones de personas en el mundo.

Si tienes comida en el refrigerador, ropa en tu armario, un techo sobre tu cabeza y un lugar donde dormir, eres más rico que el 75 por ciento de este mundo.

Si tienes dinero en el banco o en tu cartera, o monedas de cambio en un bote en algún lugar, te sitúas entre el principal 8 por ciento de la riqueza del mundo.

Si puedes leer este libro, eres más bienaventurado que más de dos mil millones de personas en el mundo que no saben leer.

¡Así que cuenta tus bendiciones, y recuerda a todos los demás lo bienaventurados que somos todos!

En caso de que no lo notaras, cada uno de esos escenarios comienza con la palabra *si*.

Te prometo que siempre habrá alguien que esté peor. Eso no significa que juegues a cierto tipo de juego sádico en el que te alegras por la desgracia de otras personas. Debería aumentar la compasión cristiana.

Mi punto es el siguiente: *siempre puede ser mejor, pero siempre puede ser peor*. Y nuestro punto de referencia es crucial. Cuando estoy pasando por una circunstancia difícil, a veces me recuerdo a mí mismo que al menos no es un campo de concentración. Eso pone todo en perspectiva.

"Lo único que tienes que hacer es ir al hospital", observó el afamado psicólogo Abraham Maslow, "y oír todas las sencillas bendiciones que personas nunca antes consideraron como bendiciones: poder orinar, poder dormir de lado, poder tragar, poder rascarse cuando pica".[3]

EL EFECTO CONTRASTE

Hace unos años se realizó un fascinante estudio en la Universidad de Wisconsin-Milwaukee.[4] El enfoque del estudio era la relación entre perspectiva y satisfacción.

Se mostró a un grupo de control fotografías de unas condiciones de vida muy difíciles en Milwaukee a principios del siglo XIX. El ejercicio imaginativo de privación resultó en un aumento mensurable en los niveles de satisfacción. ¿Por qué? Porque comparado con cómo solían ser las cosas, ¡no son tan malas ahora!

Ahora vamos a contraponer eso con esto.

En un experimento similar en la Universidad Estatal de Nueva York en Buffalo, se pidió a los sujetos que completaran la frase siguiente:

Me alegro de no ser un _____.

Tras cinco repeticiones de ese ejercicio, hubo un aumento mensurable en los niveles de satisfacción. Se pidió a otro grupo de sujetos que completaran la siguiente:

Me gustaría ser un _____.

El resultado fue una disminución mensurable en los niveles de satisfacción.[5]

Los psicólogos denominan este fenómeno el efecto contraste. Sencillamente significa que el modo en que vemos cualquier cosa depende de nuestro punto de referencia. De un modo u otro, nuestro enfoque determinará nuestra realidad.

Si te metes en una bañera con agua caliente después de nadar en agua fría, parecerá incluso más caliente. Igualmente, si te metes en agua fría después de relajarte en una bañera caliente, parecerá aún más fría. Es el efecto contraste. Si levantas un peso muy pesado, y después levantas un peso más ligero, parecerá incluso más ligero.

¿Y qué tiene que ver eso con Romanos 8:28?

Cuando crees que todas las cosas obran para bien, eso redefine las cosas malas que suceden en tu vida. El peor día de tu vida puede convertirse en el mejor día. Hay un aspecto positivo en toda nube de tormenta, y todo revés tiene un beneficio potencial. Cuando interpretas la vida bajo el prisma de 8:28, te da una tranquila confianza en que todo va a salir bien. De hecho, te reasegura que lo mejor está aún por llegar.

Súgen uan inóincagaitsev en la Udadisrevin de Cegdirbma, no itaropm en qéu rnedr enéts lsa lsatre en uan parbala, lo úcoin itenatropm es qeu la prameir y la úmaitl ltrae eténs en el largu cotocrreo. El rdotaluse pdeua sre un loí tolat y anu aís pdeseu lloeer sni pmaelbro. Eos se debe a qeu la mtene hnamau no lee cdaa larte pro sí slao, snoi la parbala cmoo un tdoo.

Existe un elemento de interpretación en cada experiencia. Nuestra Piedra Roseta es 8:28. Es el ojo de la cerradura, es el agujero de gusano. Incluso cuando tu vida parezca un caos, confías en que el mismo Dios que creó el orden del caos hará que tu vida tenga sentido.

ESTO ES BUENO

Hay una vieja leyenda africana sobre un rey y su amigo que crecieron juntos, y hacían todo juntos. El amigo del rey tenía un dicho. En toda circunstancia, él decía: "Esto es bueno".

Un día, el rey y su amigo salieron de caza. El amigo cargó el arma de fuego para el rey, quien la disparó, pero explotó, y le voló el pulgar al rey. Como tenía por hábito, el amigo dijo: "Esto es bueno".

A lo cual el rey respondió: "Esto *no* es bueno", e hizo que metieran en la cárcel a su amigo.

Un año después, el rey estaba de caza, sin su amigo, cuando fue capturado por caníbales. Llevaron al rey a su poblado, y lo ataron a la estaca. Él pensó para sí: "Esto no es bueno".

Pero justo antes de encender el fuego, uno de los caníbales observó que al rey le faltaba el dedo pulgar. Según la tradición tribal, ellos nunca se comerían a alguien que no estuviera completo, así que desataron al rey, y lo dejaron ir.

Cuando el rey se dio cuenta de que el pulgar que le faltaba fue lo que le había salvado la vida, de inmediato pensó en su mejor amigo a quien había metido en la cárcel. Le dijo a su amigo: "Tenías razón. Es bueno que se me volara el pulgar. Lamento haberte metido en la cárcel. Esto no es bueno".

A lo cual su amigo dijo: "No. Esto *es* bueno".

El rey seguía sin entender. "¿A qué te refieres con 'esto es bueno'?" ¡Metí a mi mejor amigo en la cárcel durante un año!".

El amigo insistió: "Esto es bueno. Si yo no hubiera estado en la cárcel, habría estado contigo, ¡y a mí no me falta el pulgar!".

Yo no soy lo bastante inteligente para saber lo que es bueno para mí, y lo que es malo para mí. A veces lo comprendo. Pero con mayor frecuencia me equivoco. Lo que creemos que es bueno es a veces algo malo. Y lo que creemos que es malo es con frecuencia bueno.

La clave está en hacer una distinción entre bien *inmediato* y bien *último*. No creo que 8:28 prometa bien inmediato todo el tiempo. Jesús dijo: "En el mundo tendrán aflicción".[6] La garantía de 8:28 es la siguiente: Dios usará incluso las peores cosas que sucedan para nuestro bien último, y para su gloria eterna.

Hay una vieja expresión que se repite en muchas tradiciones cristianas:

> Dios es bueno, todo el tiempo.
> Todo el tiempo, Dios es bueno.

Nos gusta decirlo cuando las cosas van bien, pero si no es cierto también cuando las cosas van mal, entonces no es cierto nunca.

No significa que las cosas malas sean buenas. Eso es sádico. Lo que significa es que independientemente de cuán malas sean las cosas, Dios puede *usarlas* para bien.

Cuando Candy Lightner perdió a su hija de trece años por un conductor borracho que se dio a la fuga, no había nada *bueno* al respecto. Candy se enfureció. Entonces fundó *Mothers Against Drunk Driving* (Madres contra la Conducción Bajo los Efectos del Alcohol, MADD, por sus siglas en inglés). Desde su fundación en 1980, MADD ha ayudado a salvar incontables vidas. Pero la génesis de sus esfuerzos por salvar vidas fue una muerte trágica.

¿Dónde has sido herido? A menudo ese es el lugar donde Dios nos usa para ayudar a otros. De hecho, es parte del proceso de sanidad. Nuestro dolor es compensado por el beneficio de otra persona. Y de algún modo, de alguna manera, Dios convierte *si tan solo* en ¿*y si...?*

¿Y si permites que Dios aproveche tus mayores

fracasos y tus más profundas decepciones?

22

Predicciones Valientes

Porque a los que Dios conoció de antemano,
también los predestinó
Romanos 8:29

La Serie Mundial de 1932 entre los Cubs de Chicago y los Yankees de Nueva York estaba empatada, con una victoria de cada uno. El tercer partido iba empatado a cuatro carreras. Fue entonces cuando, en lo alto de la cuarta entrada, Babe Ruth pasó a la caja de bateo.

Fue un clásico careo entre íconos del béisbol. Charlie Root era, y sigue siendo, el lanzador con más victorias en la historia de los Cubs de Chicago. Babe Ruth era, bueno, Babe. Ruth tomó el strike uno de derechas. Cuando tomó el strike dos, los seguidores en el estadio Wrigley Field comenzaron a molestarlo. Fue entonces cuando Babe Ruth salió de la caja de bateo, y señaló con su bate al campo central. Entonces golpeó el siguiente lanzamiento a 440 pies hasta el lugar que había señalado. Babe tuvo la última palabra.

Ese jonrón ganó el tercer partido, y los Yankees pasaron a ganar la Serie Mundial de 1932. Como muchas leyendas, esta ha adoptado vida propia a lo largo de los años. Pero las leyendas nacen de las predicciones valientes, y son esas predicciones valientes las que cambian el curso de la historia.

El 25 de mayo de 1961, John F. Kennedy estaba ante una sesión conjunta del Congreso en una circunstancia crítica en la carrera espacial. La Unión Soviética había lanzado el Sputnik a la órbita de la Tierra unos años antes. Ellos tenían una importante ventaja, pero el presidente Kennedy declaró con confianza que habíamos ganado la carrera espacial. Con su inimitable acento de Boston dijo: "Creo que esta nación debería comprometerse a alcanzar la meta, antes de que termine esta década, de poner un hombre en la luna, y hacerlo regresar sano y salvo a la Tierra".[1]

El "*y si...*" de JFK se hizo realidad el 20 de julio de 1969, el día en que Neil Armstrong dio un pequeño paso para el hombre, un gigantesco salto para la humanidad.

Si la historia cambia en un instante, ese instante es las predicciones valientes. Tienen que ser respaldadas con acciones valientes. Y si es la carrera espacial, también con dinero contante y sonante. Pero todo comienza señalando con un bate hacia el campo central. Comienza dando un discurso, estableciendo una fecha límite, y después respaldándolo con un presupuesto de 531 millones de dólares.

¿Y si...? comienza con predicciones valientes.

Es Martín Lutero que clava noventa y cinco tesis en las puertas de la Iglesia de Wittenberg, Alemania, el 31 de octubre de 1517.

Es el Dr. Martin Luther King Jr. dando su discurso "Tengo un sueño" en los escalones del Lincoln Memorial el 28 de agosto de 1963.

En mi caso, fue prometer escribir mi primer libro antes de mi treinta y cinco cumpleaños. Eso no es tan épico como los momentos a los que he hecho referencia y que cambiaron la historia, pero fue transformador para mí. Fue uno de mis momentos *¿y si...?*

PEQUEÑOS COMIENZOS

Me sentí llamado a escribir cuando tenía veintidós años y estudiaba en el seminario, pero no publiqué yo mismo mi primer libro hasta trece años después. Los sueños sin fechas límite se convierten normalmente en *si tan solo...*

remordimientos. Yo tenía media docena de manuscritos a medio terminar en mi computadora, pero no podía cortar el cordón umbilical. A medida que pasaron los años dejé de celebrar mi cumpleaños y comencé a menospreciarlo, pues mi cumpleaños se convirtió en un recordatorio anual de un sueño demorado. Escribir libros era mi ¿y si...?, pero lo único que tenía como muestra era un si tan solo.

No sé con certeza de dónde salió la idea, pero decidí lanzar el guante. Hice una valiente predicción cuarenta días antes de mi treinta y cinco cumpleaños prometiendo que no cumpliría los treinta y cinco sin tener un libro que pudiera mostrar. Sería mi regalo para mí mismo, y de algún modo lo conseguí. No hay duda de que no es mi libro mejor escrito, y tuve que poner dinero para publicarlo yo mismo. Pero me demostré a mí mismo que podía hacerlo.

Hice otra predicción valiente cuando tenía veintidós años, que había olvidado totalmente hasta que Lora me lo recordó recientemente. Cuando me sentí llamado a escribir, no solo le dije a Lora que iba a escribir un libro. Le dije que iba a escribir un libro que vendiera un millón de ejemplares.

Sabiendo lo que sé ahora, eso suena un poco ingenuo. Después de todo, el 97 por ciento de los libros no consiguen vender cinco mil ejemplares en total. Lo que hace que sea una locura aún mayor es que acababa de hacer aquella evaluación que reveló mi baja aptitud para la escritura. Pero yo avivé el don de Dios leyendo miles de libros antes de escribir uno. Pulí mis habilidades escribiendo sermones, y escribiendo en un blog. Finalmente, yo mismo publiqué *ID: The True You*. [ID: Tu verdadero Yo]. Vendió tan solo 3.641 ejemplares, muy lejos de un millón. ¿Mis primeras regalías? 110,43 dólares. Pero aquella predicción valiente se cumplió cuando mi sexto libro, *El Hacedor de Círculos*, se convirtió en mi primer libro en cruzar la marca del millón.

¿Qué predicción valiente necesitas hacer?

Quizá sea tiempo de lanzar el guante. ¡Haz una oración valiente! Sueña un sueño del tamaño de Dios. Después de todo, si tú eres lo bastante grande para tu sueño, tu sueño no es lo bastante grande para Dios.

Pero unas palabras de precaución. No puedes limitarte a hacer una predicción valiente, y después quedarte sentado y esperar que suceda mientras jugueteas con los pulgares. A pesar de lo grande que sea tu sueño, tienes que mostrarte fiel con algunas cosas. Pero repito: si haces cosas pequeñas como si fueran cosas grandes, ¡entonces Dios hará cosas grandes como si fueran cosas pequeñas!

Creo que estás destinado, predestinado. Pero no lo conviertas en una muleta teológica o una excusa para un menor esfuerzo. Yo quiero oír decir a Dios: *"Bien, buen siervo y fiel"*.[2] Quiero una A por el esfuerzo. Dios está preparando citas divinas, pero tú tienes que cumplirlas. Dios es el dador de dones, pero tú tienes que avivarlos para que ardan. Dios llama, pero tú tienes que responder. Dios está ordenando tus pasos, pero tú tienes que mantenerte al paso con el Espíritu. Y Dios está preparando buenas obras de antemano, pero tú necesitas *carpe diem*.

No importa si es historia del deporte, historia de la carrera espacial o tu historia; las predicciones valientes que son respaldadas por acciones valientes son las que cambian la historia. Y nadie hace predicciones más valientes que el Anciano de Días. Él no solo predijo quién lo iba a traicionar, cómo sería torturado, su método de ejecución o su resurrección, hasta el detalle; ¡Él hizo algunas predicciones valientes sobre tu vida!

FAMOSO MUNDIAL

Todo el mundo necesita a alguien que crea en él más de lo que él cree en sí mismo. Una de esas personas en mi vida ha sido Bob Rhoden.

Aunque comenzamos con un grupo de solo diecinueve personas en la iglesia *National Community*, yo seguía sin estar calificado porque mi experiencia era cero. Lo único que había en mi currículum era unas prácticas de verano en mi iglesia, y lo único que hice fue ocuparme de la liga masculina de fútbol.

Bueno, supongo que también hubo un fracaso en plantar una iglesia. Pero eso no era un activo, sino un pasivo. Aun así, Bob Rhoden vio algo en mí que yo no veía en mí mismo. Una década después, me invitó a unirme a él como síndico de una fundación sin fines de lucro. Sigo sin entenderlo, pero estoy agradecido. ¡Qué gozo y qué privilegio dar donaciones a causas del reino!

Uno de los conjuntos de habilidades más importante y más subestimado de un seguidor de Cristo es la capacidad de detectar potencial. No importa si eres un director de un equipo el día de elegir jugadores, concretando una cita política, o si entrenas en las Ligas Menores. Pocas cosas moldearán más tu futuro que la capacidad de ver posibilidades donde otros ven imposibilidades; eso se llama fe.

Nadie era mejor en eso que Jesús. Él no tenía miedo a poner en su lugar a las personas farisaicas con una buena represión. En una ocasión le dijo a Pedro: *"¡Aléjate de mí, Satanás!".*[3] Pero mucho antes de eso, Él también vio a *Pedro* en Simón. Entonces convirtió a un pescador común en un pescador de hombres.

La predicción que nadie vio venir implicaba a una prostituta. Incluso los discípulos se lo hicieron pasar mal cuando ella ungió a Jesús. Pero Jesús aun así hizo su valiente predicción:

> *Les aseguro que en cualquier parte del mundo donde se predique este evangelio, se contará también, en memoria de esta mujer, lo que ella hizo.*[4]

Si lo interpretas literalmente, y yo lo hago, ¡esta se lleva el premio! Vamos, ¿cuáles son las probabilidades? Hubo setenta y siete césares romanos, y tú no podrás nombrar a cinco de ellos a menos que hayas tenido Historia Romana como asignatura principal, ¡o veas en televisión demasiados concursos de conocimiento! Hubo 332 faraones, y el único que puedes nombrar es King Tut, el que aparece en la película *Una noche en el museo.*

El quién es quién de la historia quedó olvidado hace mucho tiempo. Pese a lo famosas que puedan haber sido esas figuras, solamente unas pocas selectas son recordadas cien años después. De modo que ¿cuáles son las probabilidades de que una prostituta judía sea recordada dos mil años después? Yo diría que casi ninguna.

Incluso quince minutos de fama parecen improbables, pero aquí estamos mil años después, y estás leyendo sobre ella en este momento. Si este libro sigue el mismo camino que otros, estás leyendo sobre ella en decenas de idiomas, en todo el mundo. Y cada vez que se lee la historia, ¡aquella valiente predicción se cumple una vez más!

NUNCA ES DEMASIADO TARDE

Nunca es demasiado tarde para llegar a ser quien podrías haber sido.

Eso fue cierto para esta prostituta.

Y es cierto para ti.

Tengo un amigo que pastoreó una de las iglesias más grandes en los Estados Unidos, y después cometió un error y lo perdió prácticamente todo. Perdió su iglesia, perdió su plan de salud, y perdió su jubilación. ¿Lo más difícil? Contar a su esposa y a sus hijos lo que había hecho. No tuvo una aventura amorosa, pero fue demasiado lejos en Facebook.

Lo que él hizo estuvo mal, y él es el primero en admitirlo. ¿Pero sabes lo que me entristece? Incluso cuando alguien se arrepiente genuinamente, a veces nosotros disparamos a nuestros heridos. Después de un proceso de restauración de dos años, le pregunté si compartiría su historia en NC. Fue uno de los mensajes más desgarradores que he oído jamás. Y su valentía para confesar abiertamente abrió la puerta para que otros confesaran sus pecados secretos.

Salimos a cenar después de la reunión, y sentí que Dios me dio una palabra para él de la Escritura:

> *En vez de su vergüenza,*
> *mi pueblo recibirá doble porción.*[5]

Cuando salieron esas palabras de mi boca, caían lágrimas por mis mejillas. Fue ese mismo versículo el que le había dado su cuñada unos días antes. ¡Cuán apropiado que una promesa sobre una doble porción fuera confirmada dos veces!

No tengo idea del tamaño del error que tú has cometido o lo mucho que has metido la pata, pero Dios no te ha dado la espalda. ¿Cómo lo sé? Sigues respirando. Poner nuestra fe en Dios es maravilloso, poderoso. Pero Dios garantiza nuestra fe. ¿No es mucho más asombroso que Dios ponga su fe en personas falibles como tú y yo?

Mi amigo vivirá con las cicatrices emocionales, relacionales y espirituales de su error durante el resto de su vida. Pero Dios está usando su quebrantamiento para sanar las heridas de otros. Y al igual que nuestras cicatrices físicas, cuentan una historia de sanidad.

Yo tengo algunas cicatrices, pero la más prominente es un corte que va desde mi esternón hasta el ombligo. Antes me resultaba embarazosa. Tenía la sensación de dar un espectáculo cuando iba a la playa. ¿Ahora? Estoy orgulloso de ella. ¡Ese corte me salvó la vida! Marca uno de los peores días de mi vida, pero ahora lo considero una de las mejores cosas que me ha sucedido jamás.

Dios ha hecho algunas predicciones valientes sobre ti, y se llaman *promesas*. Y puedes llevarlas al banco. ¿Por qué? Porque Aquel que hizo esas promesas siempre cumple. La resurrección es el anticipo de cada promesa. Si Dios dio por buena esa predicción, ¿qué te preocupa?

Dios no promete de más ni cumple de menos.

Si cumplimos las condiciones, Él siempre excede las expectativas.

¿Y si dejas de poner excusas,

dejas de jugar a lo seguro,

y dejas de limitar tus apuestas?

23

El Efecto Pavlov

Los predestinó a ser transformados
según la imagen de su Hijo.
Romanos 8:29

Tengo un amigo que trabaja para el Departamento de Policía Metropolitano. Un día me hizo detener mi auto, y no era para saludarme.

Antes de confesar, aquí está la evidencia circunstancial. Yo iba conduciendo nuestro Honda Accord de 1997 que tenía recorridas 250.000 millas (400.000 kilómetros). Casi todo se había estropeado en el auto, pero seguía adelante. Hacía varios años que la radio dejó de funcionar misteriosamente, así que mi teléfono se convirtió en mi radio.

Justo después de uno de nuestros servicios el sábado en la noche, a unas pocas manzanas de nuestro campus en Capitol Hill llegué a un semáforo en la esquina de la 6 y la Avenida Pennsylvania, y precisamente cuando toqué mi aplicación de radio de la ESPN, mi amigo policía tocó la ventanilla del auto. Ese día iba patrullando en bicicleta, y me vio tocando mi teléfono. Bueno, es evidente que los amigos no permiten que los amigos conduzcan distraídos.

La multa de cien dólares fue una cosa, pero la vergüenza fue otra. Sinceramente, no sabía qué decir. "Hola, Leo. Me alegro de verte". ¡No, en realidad no! ¡No bajo esas circunstancias!

Para empeorar más aún las cosas, estaba a un par de manzanas de la iglesia, un par de minutos después del servicio. ¡Debió haber una decena de asistentes a la iglesia que pasaron por mi lado! Yo no sabía qué hacer, y ellos tampoco. ¿Les sonríes? ¿Les saludas? No es divertido. Nada divertido. Recibí algunos mensajes de texto e incluso algunas fotografías de mis "amigos".

Ahora, a esto me refiero.

Cada vez que llego a la esquina de la 6 y la Avenida Pennsylvania, cosa que ocurre casi todos los días, siento una punzada de culpabilidad residual. Tengo la sensación de que me están poniendo una multa de cien dólares otra vez. Es el semáforo que menos me gusta en el DC. E instintivamente estoy atento por si hay cerca algún oficial de policía. Ese reflejo psicológico se conoce como respuesta Pavloviana o condicionada.

A comienzos del siglo XIX, un médico ruso llamado Ivan Pavlov ganó el premio Nobel por sus experimentos con perros. Tenía más de cuarenta. Para los amantes de los perros que haya, mencionaré que Mirta, Norka, Jurka, Rosa y Visgun eran algunos de sus nombres.

Todos ellos tenían una cosa en común: como cualquier perro normal, salivaban cuando estaban cerca de comida. Pero Pavlov quería descubrir si la salivación podía ser causada por otros estímulos. Como quizá recuerdes de una clase de psicología, Pavlov condicionó a los perros haciendo sonar una campana antes de darles de comer. Finalmente, la campana de la comida causaba la salivación, incluso si no les daban comida. Pavlov se refirió a esta relación aprendida como reflejo condicionado.

En cierto grado u otro, a todos nos ocurre eso. Hemos sido condicionados de modo consciente o inconsciente durante toda nuestra vida. Y gran parte de nuestra conducta está dictada por esos reflejos condicionados. Con el transcurso del tiempo, adquirimos un repertorio elaborado.

Algunos de esos reflejos son pequeñas idiosincrasias, como una risa forzada, una sonrisa fingida, o morder el labio inferior cuando nos sentimos un poco avergonzados. Otros se convierten en rasgos marcados de la personalidad, como un espíritu crítico o un gozo contagioso.

Algunos reflejos condicionados son tan normales y naturales como ruborizarnos. Otros son tan destructivos como beber para ahogar las tristezas. Pero ya sea de modo consciente o inconsciente, inofensivo o dañino, una cosa es segura: estamos mucho más condicionados de lo que creemos. Y una dimensión del crecimiento espiritual es ser condicionados otra vez por la gracia de Dios.

"Han oído que se dijo [...], pero yo les digo".

Jesús utiliza esa expresión una y otra vez.[1] ¿Qué estaba haciendo? Estaba desinstalando aplicaciones del Antiguo Testamento, y reinstalando verdades del Nuevo Testamento. Ya no era "ojo por ojo". Jesús lo actualizó a "pon la otra mejilla",[2] y eso requería reflejos reacondicionados.

Lo he dicho muchas veces, pero vale la pena repetirlo: es mucho más fácil *actuar* como cristiano que *reaccionar* como cristiano. Las reacciones son reflejos condicionados, y deben ser reacondicionados por la gracia de Dios. En mi experiencia, con frecuencia son lo más difícil, y lo último en ser santificado.

PREDISPOSICIÓN

¿Natural o alimentado?

Es el antiguo debate. Entonces, ¿cuál es? Bueno, es una combinación de ambas cosas, similar a la interacción del libre albedrío del hombre y la soberanía de Dios. Y ambas fuerzas están en juego en Romanos 8:29. La parte de "predestinados" apunta a lo natural, y yo sin duda creo en la predisposición y la predestinación; ¡pero nosotros también tenemos voz en el asunto!

La parte de "conformados" apunta a la nutrición, lo cual requiere trabajo. La tensión entre estas dos ideas se resuelve por ambos y el pensamiento. Un buen ejemplo es la máxima tan repetida: ora como si dependiera de Dios y trabaja como si dependiera de ti. Si haces solamente una cosa o la otra, dará como resultado una espiritualidad horneada a medias.

Filipenses 2:12 dice: *"Lleven a cabo su salvación con temor y temblor".* La salvación es un regalo de Dios, de modo que no puedes trabajar *para* ella; pero puedes trabajar *en* ella. Entonces, ¿cómo se lleva a cabo? Bueno, del mismo modo que ejercitas tus músculos. Si quieres estar en buena forma, ¡tienes que hacer ejercicio! Y cuanto más ejercicio hagas, más fuerte estarás. Tienes que llevar tu fe al gimnasio y hacer press de banca con ella. Implicará algo de temblor,

224 *qué pasaría sí...*

pues eso hacen los músculos cuando son empujados hasta su límite. ¡Pero así es como te haces más fuerte!

Recientemente hice un pequeño experimento con una frase de los Salmos: *"De fortaleza en fortaleza"*.[3] Es embarazoso admitirlo, pero hubo un tiempo en que apenas podía hacer veinticinco flexiones.

Pero me pregunté cuántas podría hacer si sencillamente añadía una flexión cada día. Tenemos un miembro de nuestro personal que en sus ratos libres trabaja como entrenador, y él me dijo que el concepto se llama progresión lineal. Llegué hasta cien flexiones, y después lo dejé durante varios meses.

Cuando lo retomé, ni siquiera llegaba a las veinticinco, sino que mi nueva marca era cincuenta. El crecimiento espiritual se parece mucho a eso. El techo de fe de hoy se convertirá en el suelo de fe de mañana. No sucederá en un día, pero se producirá algún día si sigues ocupándote en tu salvación.

JINETE ÁSPERO

Teddy Roosevelt es mi presidente favorito por una amplia variedad de razones. Una de ellas es que era un hombre entre hombres. Él es el Jinete Áspero que atacó Kettle Hill y ayudó a ganar la Batalla de San Juan. Roosevelt fue a safaris en África durante meses. Montó un ring de boxeo en la Casa Blanca, para disgusto del Servicio Secreto, entrenándose con cualquiera que tuviera la suficiente valentía para subirse al cuadrilátero con él. Llegó a perder la visión de su ojo izquierdo debido a una de esas peleas, pero nunca se molestó en hablarle de ello a nadie.

Mi leyenda favorita de Roosevelt implica su parada de campaña en Milwaukee el 14 de octubre de 1912. Un asesino potencial disparó a Roosevelt a quemarropa. La bala de calibre 32 se alojó a dos pulgadas en su pecho, pero eso no evitó que él diera su discurso. Informó a la audiencia que le habían disparado, y entonces, con tono de disculpa, dijo: "La bala está ahora en mí, de modo que no podré dar un discurso muy largo". Evidentemente, ¡eso significó cincuenta y tres minutos! Cuando terminó, estaba de pie en medio de un charco de su propia sangre.[4]

Eso es un hombre entre hombres, pero aquí está el resto de la historia. Según se dice, Teddy Roosevelt era antes un niño de mamá. También era enfermizo, pues sufría un caso grave de asma. Pero Roosevelt tomó una decisión crucial de que su disposición física no pondría freno a sus sueños.

Se propuso rehacer su cuerpo mediante el ejercicio regular. Fueron necesarios ejercicio físico y el ejerció de la fuerza de voluntad. Pero ese cuerpo debilucho de cien libras (45 kilos) de peso se convirtió en un hombre de pecho ancho y fuerte con quien nadie querría tener problemas.

No uses tu predisposición como excusa.

No uses tu discapacidad como coartada.

Tú no eres una víctima. Eres más que vencedor. Y con la ayuda de Cristo, no hay nada que no puedas hacer, nada que no puedas llegar a ser. ¿Requerirá trabajo duro? ¡Más duro de lo que puedes imaginar! Pero si sigues ocupándote en tu salvación, cumplirás tu destino: ser conformado a la imagen de Cristo.

Una nota a pie de página.

Otra razón por la que me encanta Roosevelt es la insaciable curiosidad que tenía acerca de todo. Leía quinientos libros al año mientras desempeñaba sus obligaciones como presidente, estudiando cada tema que existe bajo el sol. También enseñaba una clase de escuela dominical. Ah, y aún le quedaba tiempo para jugar a las escondidas con sus hijos en la Casa Blanca mientras le esperaban jefes de estado.

Pocas personas han destilado o encarnado *¿y si…?* como Teddy Roosevelt. Fue ese espíritu *¿y si…?* lo que dio como resultado el Canal de Panamá, muchos parques nacionales, y Union Station.

Estoy seguro de que Roosevelt pensaba que estaba construyendo una estación de tren cuando firmó esa ley del Congreso el 28 de febrero de 1903. Pero hubo una consecuencia no intencionada: Roosevelt también estaba construyendo nuestra iglesia. Durante trece maravillosos años, NC se reunió en los cines de Union Station.

¿Y si…? tiene su manera de rebotar así.

ALBEDO

Nuestro destino tiene mucho menos que ver con lo que hacemos que con *quién llegamos a ser*. En palabras sencillas, nuestro destino es ser conformados a la imagen de Cristo. Y Dios puede usar cualquier circunstancia, buena o mala, para lograr ese objetivo.

> *Háganlo todo sin quejas ni contiendas, para que sean intachables y puros, hijos de Dios sin culpa en medio de una generación torcida y depravada. En ella ustedes brillan como estrellas en el firmamento.*[5]

Pablo nos compara con estrellas brillantes, y la palabra *brillar* significa reflejar. El término científico es *albedo*. Es la medida de radiación solar que refleja un cuerpo celestial. El planeta Venus, por ejemplo, tiene el albedo más elevado en 0,65. En otras palabras, el 65 por ciento de la luz que llega a Venus es reflejada. Dependiendo de donde esté en su órbita, el casi planeta Plutón tiene un albedo que varía entre el 0,49 y el 0,66. Nuestra luz de la noche, la luna, tiene un albedo de 0,7. Solo el 7 por ciento de radiación solar es reflejada, y sin embargo ilumina nuestro camino en las noches sin nubes.

En un sentido similar, cada uno de nosotros tiene un albedo espiritual.

¿La meta? Un reflejo del cien por ciento.

> *Todos nosotros, que con el rostro descubierto reflejamos como en un espejo la gloria del Señor, somos transformados a su semejanza con más y más gloria por la acción del Señor.*[6]

No podemos producir luz.

Solo podemos reflejarla.

Y eso es lo que significa ser conformados a la imagen de Cristo. Nos convertimos en la imagen de espejo del Invisible. Pensamos, hablamos, sentimos y actuamos como Él. Nuestros reflejos se vuelven condicionados por la gracia de Él.

El destino no es un logro; es un reflejo. No es competencia tanto como es carácter: el carácter de Cristo siendo formado en ti a medida que reflejas su amor, su poder, su paciencia, su gozo.

REVELACIÓN PROGRESIVA

Mi suegra sacó recientemente un álbum de fotos que tenía casi cuarenta años de antigüedad. Vi fotografías de mi esposa cuando era bebé que no había visto nunca. Pero lo notable fue ver a la mamá de Lora en Lora: era como un reflejo en el tiempo. También pudimos ver parecidos familiares en parientes más lejanos. Mis sobrinas son la imagen misma de Lora cuando era pequeña, lo cual significa que están abocadas a la belleza.

Ahora permíteme alejar el plano.

Una relación con Dios implica revelación progresiva. Como un matrimonio atemperado por el tiempo, llegamos a conocer los matices del carácter de Dios. Algunas dimensiones del carácter de Dios solo pueden descubrirse en décadas, no en días.

Su fidelidad, por ejemplo, toma tiempo. Cuanto más tiempo sigo a Cristo, más significativo se vuelve el himno "Oh, tu fidelidad". Lo canto de modo diferente a como lo cantaba hace veinte años. Puede que no lo cante mejor en términos de afinación, pero lo canto con mucha más convicción.

En mi experiencia, como pastor de una iglesia cuya mayoría está compuesta por personas de veintitantos años, la mayor parte de nuestro estrés está causado por cuestiones circunstanciales. ¿Debería ir aquí o allá? ¿Especializarme en esto o en aquello? ¿Debería hacerlo ahora o más adelante? Y la gran pregunta: ¿Es esta la persona?

Oramos como si la voluntad de Dios fuera principalmente geográfica, ocupacional o relacional. No lo es. La voluntad de Dios ya ha sido revelada: que seas conformado a la imagen de Cristo. ¡Ese es tu destino y predestino! ¡Y puedes hacer eso aquí, o allá, o en cualquier lugar! Puedes hacer eso sin importar el empleo que tengas o con quién te cases. Con demasiada frecuencia nuestras oraciones giran en torno a cambiar nuestras circunstancias, cuando a veces esas circunstancias son precisamente lo que Dios está usando para cambiarnos.

El ¿y si...? definitivo es quién.

¿Quién puedes llegar a ser en Cristo?

¿Y si las circunstancias que estás pidiendo

a Dios que cambie son precisamente las circunstancias

que Dios está usando para cambiarte?

24

Agentes de Cambio

A los que predestinó, también los llamó.
Romanos 8:30

El 26 de agosto de 1910, Anjezë Gonxhe Bojaxhiu nació en Skopje, Albania. ¡Y creías que era difícil aprender a deletrear tu nombre! A los diecisiete años de edad, Anjezë dedicó su vida al servicio de Dios mientras oraba en el altar a la Madonna Negra.

Tras unirse a las Hermanas de Loreta, Anjezë fue ubicada primeramente en la Abadía de Loreto en Rathfarnham, Irlanda. Después de tomar sus votos religiosos como monja, decidió llamarse como Thérése de Lisieux, la patrona de los misioneros. La conocemos como Madre Teresa.

Poco después de tomar sus votos, compartió su *¿y si...?* con sus madres superioras. "Tengo tres monedas, y un sueño de Dios de construir un orfanato".

Sus superioras le dijeron: "No puedes construir un orfanato con tres monedas. Con tres monedas no puedes hacer nada".

La Madre Teresa sonrió y dijo: "Lo sé. Pero con Dios y tres monedas todo lo puedo".[1]

Durante cincuenta años, Anjezë trabajó entre los más pobres de los pobres en los arrabales de Calcuta, India. En 1979 ganó el premio Nobel de la Paz. Y casi dos décadas después de su muerte, el ministerio que ella comenzó, Misioneras de la Caridad, está formado por 4.500 hermanas que sirven en 133 países.

¿Cómo una "pequeña flor", el significado de su nombre de nacimiento, llega a ser una de las mujeres más reconocidas y reverenciadas en todo el mundo? ¿Cómo inspira una mujer con tres monedas miles de millones de dólares donados para la caridad?

La respuesta es *¿y si...?*

Nunca subestimes a alguien en una misión de parte de Dios.

AGENTES DE CAMBIO

Hace unos años, un puñado de granjeros colombianos cortaron sus campos de cocaína en una zona de conflicto de la guerrilla después de escuchar el evangelio. Arriesgaron sus vidas y su modo de vida para cultivar granos de café en lugar de plantas de coca.

Santiago Moncada, nativo de Colombia, vio una oportunidad de ponerse al lado de la buena obra que Dios ya había empezado. Santi trajo cinco libras (dos kilos) de granos de café y un sueño llamado *Redeeming Grounds*. Como con cualquier sueño, fue necesaria cierta participación económica y cierta participación de sudor.

Pero ese sueño es ahora una realidad porque Santi tuvo la valentía de preguntarse *¿y si...?* La cafetería Ebenezer ha colaborado con *Redeeming Grounds*, y ha vendido en el último año 285 sacos. Este año comprarán 16.000 libras (7.200 kilos) de granos de café. No creo que Starbucks tenga que preocuparse todavía. Pero incluso el más grande de los sueños tuvo pequeños comienzos.

Y si no menosprecias el día de los pequeños comienzos, el Dios que empezó una buena obra la terminará. ¿Por qué? Porque no es tu visión; es de Él. No es tu negocio; es de Él. No es tu trabajo; es de Él. No es tu causa; es de Él.

Puede que alguien te haya contratado para hacer tu trabajo, pero no te equivoques al respecto, pues ellos no te llamaron. Solo Dios puede llamarnos. Puede que hayas sido elegido para el puesto que ocupas, pero no te equivoques al respecto, pues tus votantes no te llamaron; Dios lo hizo. Independientemente de dónde trabajes o lo que hagas, eres llamado por Dios.

Tu trabajo es tu sermón.

Tus colegas son tu congregación.

Ese sentimiento de llamado convierte la mañana del lunes en *¿y si...?*

El brazo misionero de la iglesia *National Community* se llama A18, por Hechos 1:8. Durante nuestra serie misionera anual este año, usamos coordenadas de latitud y longitud como el tema de la serie porque queríamos recordar a nuestra congregación que sin importar dónde te encuentres, estás *en una misión*. Este año haremos treinta y cuatro viajes misioneros, pero no tienes que irte al otro extremo del mundo para estar en una misión.

Por eso tuvimos a siete miembros de NC de siete campos de la sociedad hablando en charlas estilo TED sobre cómo aprovechan sus empleos para convertirlos en llamados.[2]

Erica Symonette es una autoproclamada seguidora de la moda. Ella ha aprovechado su pasión por la moda, y la ha convertido en una tienda en línea llamada *Pulchritude* (Pulcritud). "El mundo no necesita otra boutique", admitía Erica, "pero sí necesita más negocios del reino". Su tienda es una manifestación de Isaías 61:10: "él me vistió con ropas de salvación". Erica utiliza sus beneficios netos para ayudar a víctimas del tráfico sexual de personas.[3]

Joshua DuBois se siente llamado a la escena política. Él es el exdirector de la Oficina de la Casa Blanca para Asociaciones Religiosas y Vecinales, pero incluso si tienes que dar cuentas al presidente, ¡aun así respondes ante una autoridad más alta! "Yo fui a la facultad de política, no al seminario", decía Joshua. Sin embargo, durante siete años sirvió como un profeta para el presidente, compartiendo una palabra de ánimo diaria con el presidente de los Estados Unidos.

Kate Schmidgall fue votada como Joven Empresaria del Año por la cámara de comercio del DC en 2013. Su firma de diseño, *Bittersweet*, convierte estadísticas en historias, conciencia en acción. Kate dice sin disculparse: "Las organizaciones sin fines de lucro, son *para* lucro". Si no obtienes un beneficio, el modelo de negocio no es sostenible. ¿La diferencia? *Bittersweet* utiliza esos beneficios netos para lanzar una red para propósitos del reino.[4]

Finalmente, Shajena Erazo enseña en una de las escuelas públicas más complicadas del DC, que tiene el historial de llegar a las noticias por todas las razones equivocadas. Independientemente de cuántos guardas de seguridad o detectores de metales pongan en sus lugares, parece que no pudieron mantener alejado el crimen. Esa escuela es el campo misionero de Sha. "Me veo a mí misma como una pastora de jóvenes", dice. "Solo que no rindo cuentas a la iglesia; rindo cuentas a mi director". Sha está llamada en todos los sentidos a enseñar inglés en la escuela lo mismo que yo a predicar el evangelio. Después de leer *El Hacedor de Círculos*, ella comenzó a hacer círculos en su escuela. Sha unge con aceite los pupitres de los alumnos; ora con otros compañeros maestros; y al final de cada año escolar, su diario está lleno de páginas de oraciones por cada uno de sus alumnos.

A su propia manera única y singular, cada uno de estos agentes de cambio está preguntando *¿y si...?* Se niegan a ser paralizados por las estadísticas. Están marcando una diferencia una persona, un proyecto, una clase a la vez. Saben que Dios les ha llamado, y les ha ungido.

No importa en qué esfera de la sociedad trabajes o dónde estés en la gráfica organizativa. Eres llamado y comisionado por Dios, y estás donde Dios quiere que estés, incluso si no estás donde *tú* quieres estar. A veces, el sermón más grande es hacer un buen trabajo en un empleo malo, o hacer una tarea ingrata con un corazón agradecido.

EN UNA MISIÓN

Yo tengo algunas convicciones cuando se trata de llamado. Son clave para desatar el *¿y si...?*

1. Dios no llama a los calificados; Él califica a los llamados.

Existe una elevada probabilidad de que Dios te llame a hacer algo para lo cual no eres lo bastante inteligente, lo bastante bueno o lo bastante fuerte. Por definición, un sueño ordenado por Dios siempre estará por encima de tu capacidad, y por encima de tus recursos. ¿Por qué? ¡Para que tengas que confiar en Dios cada día!

Soy muy consciente del hecho de que en mi actual estado de madurez espiritual, no seré capaz de liderar la iglesia *National Community* dentro de dos años. Necesito seguir creciendo, seguir aprendiendo. Y así es como debe ser. Nada te mantiene de rodillas en pura dependencia de Dios como un sueño del tamaño de Dios.

2. Critica creando.

En mi opinión, la crítica es una excusa para quienes son demasiado perezosos para resolver el problema del que se quejan. En lugar de criticar películas o música, produce tú una película o un álbum que sea mejor que el que no te gusta. La crítica más constructiva se llama creatividad.

Al final, deberíamos ser más conocidos por lo que *favorecemos* que por las cosas de las que estamos *en contra*. Cualquiera puede señalar problemas. Pero somos llamados a resolverlos escribiendo libros mejores, comenzando escuelas mejores, y haciendo leyes mejores.

3. La unción es para todos.

No importa si eres maestro, médico, abogado o camarero. Desde lo más alto de la gráfica organizativa hasta lo más bajo, Dios quiere ungirte para hacer aquello que eres llamado a hacer.

Si necesito ayuda legal, ciertamente quiero un abogado que haya estudiado en la facultad de Derecho. Pero también quiero un abogado que esté ungido por Dios.

Si necesito cirugía, ciertamente quiero un médico que haya ido a la facultad de Medicina. Pero quiero más que eso: quiero un médico cuyas manos estén ungidas por Dios.

Si necesito un té chai con doble de café espresso... bueno, ya lo entiendes. La unción de Dios no conoce límite cuando se trata de posición o de portafolio.

4. Vive para el aplauso de manos con cicatrices de clavos.

Sea lo que fuere que te sientas llamado a hacer, hazlo como si tu vida dependiera de ello. Eso es 1 Corintios 10:31 en resumen: "Ya sea que coman o beban o hagan cualquier otra cosa, háganlo todo para la gloria de Dios".

La palabra clave es *cualquiera*. No importa lo que estés haciendo; hazlo para la gloria de Dios. "Es innato en nosotros que tenemos que hacer cosas excepcionales para Dios", dijo Oswald Chambers, "pero no lo hemos hecho. Tenemos que ser excepcionales en las cosas comunes".[5] Y cuando lo somos, ponemos una sonrisa en el rostro de Dios.

TAREAS CORRIENTES

Richard Bolles, autor del clásico *best seller, What Color Is Your Parachute?* [¿De qué color es tu paracaídas?], hace una profunda observación: "La historia en los Evangelios de Jesús cuando sube al monte y se transfigura delante de los discípulos es para mí una imagen de lo que se trata el llamamiento. Tomemos lo corriente, ofrezcámoslo a Dios, y pidámosle que lo transfigure".[6]

Tomar tareas corrientes y pensar en cómo transfigurarlas.

De eso se trata el llamamiento.

Hace más de una década, oficié la elegía en un funeral en la Sala de Caucus del edificio Russell del Senado de los Estados Unidos. Algunas de las audiencias más importantes de la historia de nuestro país han tenido lugar en esa sala. ¡Si esas paredes hablaran!

Sin embargo, fuimos allí para honrar la vida de una mujer que no tenía ningún rango. Jayonna Beal fue la asistente administrativo a cargo de la correspondencia de los votantes durante catorce años. Ese no es el puesto por el que luchan las personas, pero Jayonna lo hizo con gracia. Ella no tenía posición o poder, pero esa sala estaba abarrotada con los quién es quién de Washington.

Yo hablé seguidamente después de su jefe, quien sería candidato a presidente unos años después. Él, juntamente con otros muchos, compartió historias sobre cómo los pequeños actos de bondad de Jayonna marcaron una gran diferencia en sus vidas. Jayonna horneaba galletas, cosía botones, y ponía al corriente a los becarios. Y todo ello lo hacía en el nombre de Jesús. Jayonna practicaba ese viejo adagio: "Comparte el evangelio cada día; y si es necesario, utiliza palabras".

Son los pequeños *síes* los que cambian el mundo.

En palabras del Dr. Martin Luther King Jr.:

> Si un hombre es llamado a ser barrendero, debería barrer las calles como pintaba Miguel Ángel, o como componía música Beethoven, o como Shakespeare escribía poesía. Debería barrer las calles tan bien, que todas las huestes del cielo se detuvieran para decir: "Aquí vivió un gran barrendero que hizo bien su trabajo".[7]

Yo conozco a una gran barrendera. Su nombre es Val, y ella es una conserje que limpia como si el negocio no fuera de nadie sino de Dios. Inscribió las letras *SDG* en el palo de su escoba, como hacía Johann Sebastian Bach en sus sinfonías. Significa *Soli Deo Gloria*, y es un recordatorio de que ella limpia para la gloria de Dios.

Lo creas o no, Val condujo todo el camino desde Canadá para limpiar nuestras oficinas de la iglesia *National Community*. Sé que eso suena extraño, pero creo que encaja en la categoría de *extraño y misterioso*. Ella quedó impactada profundamente por nuestro podcast, y quiso devolver su deuda de gratitud del mejor modo que sabía, así que condujo hasta el DC para limpiar nuestras oficinas.

¿Quién hace algo así?

Te diré quién lo hace. Alguien que sabe que Dios le ha llamado. En su ciudad, Val es custodio para el distrito escolar. Con frecuencia es un trabajo ingrato, el trabajo que nadie quiere hacer. Y no siempre es fácil. "Mi oración el año pasado fue que Dios me sacara del tercer turno", me dijo Val. "Pero ahora he cambiado mis oraciones. Quiero que Dios me enseñe lo que necesite aprender".

Podría haber educadores en su distrito más inteligentes que ella, pero me atrevo a decir que nadie es más enseñable que la custodio. Y eso es lo que en realidad cuenta en el reino de Dios.

Ser un custodio en el tercer turno no es el trabajo soñado por la mayoría de las personas. Pero *lo que* haces no es tan importante como el *cómo* lo haces y para quién lo haces. Por lo tanto, hagas lo que hagas, hazlo como pintaba Miguel Ángel, como componía Beethoven, como escribía poesía Shakespeare, y como limpia los baños Val.

Cualquier cosa que hagas, no te conformes con el *qué*.

Imagina ¿*y si...?*

¿Y si el dinero no fuera una objeción

y supieras que no podías fallar,

qué pasión perseguirías?

25

Vivo en la Posibilidad

Si Dios es por nosotros, ¿quién contra nosotros?
Romanos 8:34 (RVR1960)

En cualquier día dado, 23.000 vuelos programados despegan y aterrizan en los aeropuertos estadounidenses.[1] En cualquier momento dado, 5.000 de esos aviones están simultáneamente en el aire. Eso significa que aproximadamente un millón de personas están volando a 300 millas por hora (480 kilómetros) a 30.000 pies en cualquier momento dado. Es una locura pensarlo, ¿no es cierto? Hace cien años, esto era tema de la ciencia ficción. Entonces dos hermanos, Wilbur y Orville, convirtieron la ciencia ficción en un hecho de la ciencia.

Como probablemente ya habrás supuesto, todo comenzó con ¿y si...?

El sueño de volar de los hermanos Wright se remonta a un día de otoño en 1878 cuando su padre, el obispo Milton Wright, llevó a casa un juguete bastante singular. Utilizando una goma para girar su rotor, un helicóptero de bambú en miniatura voló por el aire. Muy parecido a nuestros helicópteros de juguete mecanizados, se rompió después de algunos vuelos. Pero en lugar de dejarlo a un lado y pasar a otro juguete distinto, los hermanos Wright siguieron con él. Y fue concebido el sueño de volar.

Un cuarto de siglo después, el 17 de diciembre de 1903, Orville mismo estuvo en el aire durante doce segundos desafiando la gravedad en el primer vuelo a motor pilotado de la historia.

Es casi imposible imaginar la vida tal como la conocemos sin los aviones. Pero como toda innovación, toda revolución, todo avance, primero alguien tuvo que imaginar lo imposible.

Todo sueño tiene un momento de génesis, un momento en que la *posibilidad* da un golpe de estado y derroca a la imposibilidad. Normalmente comienza pequeño, tan pequeño como un helicóptero de juguete. Se necesitan tiempo y paciencia para que la génesis se convierta en revelación, pero la reacción en cadena de la fe desafía la gravedad, desafía la imaginación. Sin saberlo, los hermanos Wright estaban creando la industria aérea, la FAA (Administración Federal de Aviación) y la TSA (Administración de Seguridad en el Transporte). Estoy seguro de que nunca se les cruzó por la mente, pero su fe voladora es la razón de que un millón de personas estén viajando a toda velocidad por la troposfera en este mismo momento.

La próxima vez que despegues en un Boeing 747, recuerda que *¿y si...?* es lo que permite que nuestros sueños despeguen. Fueron dos hijos de pastor, Wilbur y Orville, quienes perforaron tu ticket con su pensamiento de posibilidad.

POSIBILIDAD

Una década después de que los hermanos Wright levantaran el vuelo en Kitty Hawk, una joven auxiliar de enfermera en Toronto se ocupaba de soldados moribundos que regresaban del frente de guerra. Durante los recesos, Amelia apartaba su mente de las graves circunstancias observando despegar aviones en un campo cercano.

Un día nevado en 1918, la estela de los propulsores de un avión lanzó nieve helada a su cara, y eso la despertó a *¿y si...?* "Fue el mejor baño de nieve que nunca imaginé", reflexionaba ella más adelante. "Decidí allí mismo que algún día conduciría una de esas máquinas del diablo, y haría soplar nieve como yo quisiera".[2]

Amelia Earhart hizo precisamente eso, convirtiéndose en la primera mujer en volar en solitario y cruzar el océano Atlántico. Murió cuando le quedaban unas pocas zonas horarias para lograr su sueño de volar alrededor del mundo, pero no antes de inspirar a una generación de mujeres a perseguir sus ¿y si...?

Un siglo antes del viaje de Earhart alrededor del mundo, una introvertida poetisa llamada Emily Dickinson levantó el vuelo con palabras. Durante su vida se publicaron menos de una decena de sus 1.800 poemas, pero uno de ellos se sitúa como mi favorito de todos los tiempos: "Vivo en la Posibilidad".

Ese título encapsula mi personalidad.

Según la evaluación de fortalezas *StrengthsFinder*, mis cinco principales fortalezas son: estratégico, aprendiz, futurista, creador y confianza en sí mismo. Esos talentos se combinan en una etiqueta: pionero. Dicho sencillamente, yo veo posibilidades detrás de cada zarza; ¡cada arbusto es una zarza ardiente donde Dios podría aparecer y mostrar su gloria!

Esa combinación de características queda captada perfectamente por la frase de Dickinson: vivo en la posibilidad. Me gusta tanto que tengo una representación hecha por un artista de esas cuatro palabras: *Vivo en la Posibilidad*, que se ve de manera destacada en mi oficina. Incluso he puesto ese nombre a mi oficina, por el poema de Dickinson. Bueno, la gente pone nombres a barcos; ¿por qué no a oficinas? Así que cuando entras a mi oficina, entras a *Posibilidad*.

No es solamente el lugar donde voy a trabajar; es donde sueño con maneras de cambiar el mundo. Soy un pensador de posibilidad. ¿Hay algún aspecto negativo en ese tipo de personalidad? ¡Sin duda! Para comenzar, me aburro con facilidad. Si algo no es desafiante, lo dejo.

Otro aspecto negativo, como atestiguará nuestro equipo, es la indecisión. Francamente, me gusta mantener las opciones abiertas hasta el último segundo. El lado positivo es que tengo ojo para la oportunidad. De hecho, veo oportunidad dondequiera que miro. Soy como Dug, el perro parlante en el clásico de Pixar: *Up*. Cada vez que él ve una ardilla, bueno, dice: "¡Ardilla!", y su atención se desvía por completo de cualquier cosa donde estuviera antes. En mi caso, la ardilla se llama *oportunidad*.

Creo que por eso *sí* es mi primer instinto y el ¿y si...? es una segunda naturaleza. *Sí* es el modo en que estoy formado, pero sin importar cuál sea tu tipo de personalidad, creo que es un imperativo bíblico. *Si Dios es por nosotros,* entonces ¿y si...? no es opcional. Mi oración es el ruego de Soren Kierkegaard:

> Si fuera a desear algo, no desearía riqueza y poder, sino el apasionado sentimiento de lo que puede ser, el ojo que, siempre joven y ardiente, ve lo posible. El placer defrauda, pero la posibilidad nunca. ¿Y qué vino es tan centelleante, tan fragante y tan embriagador como la posibilidad?[3]

PUSIMOS A UN HOMBRE EN LA LUNA

Uno de los eventos importantes de este año pasado fue hacer una capilla para el equipo de los *Green Bay Packers*. He hecho algunas capillas para la NFL, pero es un poco distinto hacerlo para el equipo que uno respaldaba, y sí, por el que incluso oraba, cuando era niño. De hecho, yo solía llorar cuando perdían, ¡lo cual sucedía con bastante frecuencia en mis años de formación!

No estoy seguro de que mi mensaje tuviera nada que ver con ello, ¡pero los *Packers* iban 42 puntos arriba en la primera mitad de ese partido! ¡Y teníamos asientos en primera fila para los saltos Lambeau! Un amigo me envió un mensaje de texto durante el partido: "Estás viviendo el sueño ahora mismo, ¿no?". Fue entonces cuando me di cuenta: ¡*Sí, sí, así es!* Fue uno de esos momentos en que decimos: "Dame un pellizco".

El día del partido pasé algún tiempo con el capellán del equipo y pastor de la iglesia *Green Bay Community*, Troy Murphy. Él me llevó a un recorrido rápido de su edificio, y me quedé con una idea muy buena. Fuera de la oficina de cada miembro del equipo había un cartel que revelaba su perfil de personalidad y sus fortalezas.

La hoja también enumeraba noes y síes, seguidos por una frase. Me encantó el "no" del cartel de Troy: "No digas que no puedo". Debemos estar cortados por el mismo patrón. Cuando alguien me dice por qué no puede hacerse algo, ¡eso me vuelve loco! Normalmente le recuerdo a esa persona ¡que pusimos a un hombre en la luna! ¡Así que no me digas que no puede hacerse!

Todo es posible.

Nada es imposible.

Eso cubre todas las bases, ¿no? Pero para tener una buena medida: ¡todo lo podemos en Cristo que nos fortalece![4] Para un Dios infinito, todos los finitos son iguales. Esa es la esencia de *¿y si..?*.

Donde otros ven problemas, *¿y si...?* ve soluciones.

Donde otros ven imposibilidad, *¿y si...?* ve oportunidad.

TODO COMIENZA CON SI

Durante el primer partido del Campeonato Nacional universitario con el formato de playoff, los Buckeyes de Ohio se enfrentaron a los *Ducks* de Oregón. Los *Buckeyes* ganaron el partido, pero los *Ducks* ganaron el anuncio publicitario. Sin ánimo de ofender, pero el anuncio de los *Buckeyes* no fue nada memorable.

El anuncio de los *Ducks* fue tan singular como sus uniformes. Aquí tenemos un remix de ese anuncio: "Explora el poder del 'Si'". El anuncio comenzaba preguntando: "¿Y si no hubiera *si*?".[5]

> En lo profundo del bosque, *si* enciende una revolución...
> *Si* busca y rebusca...
> *Si* abre puertas...
> Va por ello con cuatro abajo.
> A *si* no le importa el ayer...
> Dos simples letras, ¿correcto?
> Equivocado.
> *Si* nunca duerme. Y va por el mérito extra...
> Todo comienza con *si*.
> Porque *si* se convierte en *cuando*, y cuando se convierte en *ahora*.
> Y ahora se convierte en *cómo*, y cómo se convierte en... ¡vaya!
> *Si* cambiará tu postura.
> *Si* cambiará el partido.
> *Si* cambiará el mundo.[6]

Su entrada podría haber sido mejor, pero no su eslogan: "Nosotros *si* en la Universidad de Oregón". ¡Bravo, Oregón, bravo! Quizá sea porque yo soy un fanático del *si*, pero ese anuncio es pura brillantez.

Cuando se trata de *si*, mi punto de referencia es Romanos 8:31. Es donde se concibe la posibilidad. Es donde se percibe la oportunidad. Y siempre comienza con Dios. Si Dios está contigo, es por ti, comienza el partido, termina el partido.

En el principio, Dios nos creó a su imagen; ¡y nosotros hemos estado creando a Dios a nuestra imagen desde entonces! El término técnico es *antropomorfismo*. Y se termina con un ídolo que es un reflejo de nosotros mismos. En palabras de A. W. Tozer, "un Dios que nunca puede sorprendernos, que nunca nos abruma, ni nos asombra, ni trasciende a nosotros".[7]

Ese no es el Dios en el que creo.

Ese no es el Dios de la Biblia.

Yo creo en un Dios que es omnipotente, omnisciente y omnipresente. Creo en un Dios que es alto y exaltado. Creo en un Dios que puede hacer mucho más de lo que yo puedo pedir o imaginar.[8] Creo en un Dios cuyos pensamientos son más altos que mis pensamientos, cuyos caminos son más altos que mis caminos.[9] Creo en un Dios cuyo amor no es posible que yo comprenda, cuyo poder no es posible que yo controle, cuya misericordia no es posible que yo merezca. Creo en el Dios que existe fuera de las cuatro dimensiones del espacio-tiempo que Él creó. Creo en el Dios que puede establecer, y quebrantar las leyes de la naturaleza.

Su nombre es Consejero Maravilloso, el Dios Poderoso, el Padre Eterno y el Príncipe de Paz. ¡Y Él reinará para siempre jamás![10]

"Seríamos mucho más felices, habría mucho más de nosotros", dijo G. K. Chesterton, "si el martillo de un Dios más alto pudiera hacer pedazos nuestro pequeño cosmos".[11]

Dios puede.

Esa es la primera y última doctrina de mi teología; mi suposición a priori, mi posición de último recurso, mi configuración por defecto.

EL NÚCLEO

Recientemente actualicé mi iPhone descargando la última y mejor versión del sistema operativo de Apple. Vuelvo a decir que no soy un genio de Apple, pero el sistema operativo (SO) es la interfaz entre tu *hardware* y tus aplicaciones de *software*. Las aplicaciones, desde Angry Birds hasta Instagram, funcionan obedeciendo leyes preprogramadas en su SO. Y el código clave se llama el núcleo.

El núcleo proporciona el nivel más básico de control de todos los aparatos de *hardware*. Maneja las peticiones de *input* y *output* (entrada y salida); es responsable de la ubicación de memoria, y establece prioridades.

Ocasionalmente, las computadoras experimentan lo que se denomina una inversión de prioridad. ¡Los seres humanos también! En palabras sencillas, una tarea de baja prioridad se adelanta a una tarea de alta prioridad, invirtiendo así la prioridad relativa de las dos tareas. Es el núcleo el que evita que eso suceda. Establece lo que se denomina prioridades preferentes. Cuando hay varias tareas a la vez, el núcleo determina qué aplicación tiene prioridad.

Si piensas en tu cerebro como un SO, todos tenemos un núcleo. El código clave es tu configuración por defecto: tus creencias centrales, tus convicciones centrales. Son los valores más fuertes que siempre salen a la superficie cuando tienes decisiones difíciles que tomar. Quizá nunca hayas pensado en ellas como prioridades preferentes, pero eso es lo que son. Es lo más cierto acerca de ti.

Una de nuestras convicciones centrales en la iglesia *National Community* es que la iglesia debiera ser el lugar más creativo del planeta. Hay maneras de hacer iglesia en las que nadie ha pensado aún. Para nosotros, todo es un experimento. Tenemos más temor a perder oportunidades que a cometer errores.

Todo eso para decir esto: nosotros *si* en NC.

Es nuestro código central.

QUIZÁ

"Quizá el Señor actúe por nosotros".[12]

Puede que esa sea mi frase favorita en la Biblia, aparte del Gran Ocho.

Me dice todo lo que necesito saber sobre Jonatán. Es su declaración de misión de una frase; su configuración por defecto; su SO; su MO.

Quizá es el *por qué no* de Jonatán, el *¿y si...?* de Jonatán.

Y *quizá* le impulsa a hacer una locura: escalar por un precipicio y luchar contra los filisteos que le sobrepasaban en diez a uno. No sé tú, pero yo quiero tener mejores probabilidades que esas. Pero su acto de valentía salvó a una nación: "*En ese día el Señor salvó a Israel*".[13]

¿Cómo? ¿Cómo salvó el Señor a Israel? El *¿y si...?* de un hombre, además de un escudero que estaba lo bastante loco para *si* con él.

Este versículo, este núcleo, es también nuestra filosofía de ministerio en NC. Ya conoces el viejo adagio: *Preparados, listos, ¿ya?* Nosotros lo revertimos. ¡Nunca estarás preparado! Si esperas hasta estar preparado, estarás esperando hasta el día que mueras. Y nunca estarás preparado. A veces tan solo necesitas ir adelante.

Ahora escucha: por cierto necesitas contar el costo. ¡Cuenta dos veces! Pero no solo cuentes el costo actual, cuenta el *costo de oportunidad*.

Sinceramente, creo que muchas personas operan con la mentalidad contraria, pensando: "Quizá el Señor *no* actuará por nosotros". Permiten que el temor dicte sus decisiones. Se quedan atascados manteniendo el status quo. Viven como si el propósito de la vida fuera llegar con seguridad a la muerte.

¡Cambia tu secuencia! *¡Ya! Listos. Preparados.* ¿Por qué? Porque si Dios es por nosotros, ¿quién contra nosotros?

Recientemente di una conferencia en un retiro para el senador James Lankford y su equipo. Nos conocimos cuando él servía en la Cámara, y compartió conmigo su notable historia mientras tomábamos una taza de café. Yo perfilé su improbable ascenso al poder político en el día uno de *Dibuja el Círculo: 40 Días para un Reto Devocional.*[14] Él era director de un campamento cristiano cuando sintió que Dios lo llamaba a ser candidato al Congreso.

Después de servir dos términos en la Cámara, tuvo otro momento *¿y si...?* cuando quedó vacante un escaño en el Senado. Pero cuando lanzó su gorra al cuadrilátero, un amigo común me dijo que algunos de los poderes políticos pusieron su peso y sus recursos tras su contrincante.

Entonces mi amigo dijo de manera muy natural: "Pero nada puede salir en contra de él si Dios está por él". Ganó las primarias de modo claro, y después ganó las elecciones de manera abrumadora. Y no estoy seguro de si ya ha llegado al último peldaño de su escalera política.

Fue Frederick Douglass quien dijo: "Uno y Dios hacen mayoría".[15] Yo añadiría una pequeña enmienda, ya que hablamos de política: ¡uno y Dios hacen una súper mayoría! Si Dios es por nosotros, ¡nada puede detenernos!

No hay pronósticos que Él no pueda vencer.

No hay obstáculos que Él no pueda superar.

Como dijo Abraham Lincoln famosamente y de modo tan adecuado: "Mi preocupación no es si Dios está de nuestro lado, sino si nosotros estamos de *su* lado".[16]

El asunto no es si Dios está de nuestro lado. ¡Esa pregunta fue respondida en la cruz! Dios es *por* nosotros. La única pregunta que permanece es esta: ¿estamos nosotros de su lado? Dios ha emitido su voto por nosotros, Satanás ha emitido su voto contra nosotros, y nosotros debemos emitir el voto decisivo.

Dios está por ti; no hay *si*, *y*, ni *pero* al respecto.

La única pregunta es: ¿Estás tú por Dios?

¿Y si tuvieras más temor a perder

oportunidades que a cometer errores?

26

Bendiciones Monogramadas

*El que no escatimó ni a su propio Hijo, sino que
lo entregó por todos nosotros, ¿cómo no habrá de
darnos generosamente, junto con él, todas las cosas?*
Romanos 8:32

Nuestra familia descubrió recientemente uno de los lugares más hermosos del planeta: Cabo San Lucas. Situado en la punta sudeste de la península de Baja California, Cabo está ubicado entre el mar de Cortés y el océano Pacífico.

La última formación de roca que sobresale del océano se llama Fin de la Tierra, y de hecho sí se tiene la sensación de que es el fin de la tierra. Unos amigos nos invitaron a ir de vacaciones con ellos en una villa frente al océano para Año Nuevo. Bueno, ¡para eso están los amigos!

Y solo una observación: tiempo soleado y a 80 grados (26 C) sienta aún mejor ¡cuando uno sabe que las temperaturas están bajo cero en casa!

Comimos nuestra cuota diaria de guacamole y observamos atardeceres espectaculares, pero sin lugar a dudas el momento culminante fue un paseo en bote con el fondo de cristal. Vimos leones marinos tomando el sol en las rocas y exóticos lenguados de cola amarilla nadando por debajo de nuestro barco, lo cual fue asombroso.

Pero entonces vimos algo situado en una sola categoría por sí solo. Nuestro tour se suponía que se quedaría en la costa, pero el capitán Carlos vio unos barcos más grandes que se congregaban a unos cientos de metros alejados de la costa, de modo que Carlos salió directamente hacia el mar, saltando las olas como el pez volador que sale del agua por el lado de estribor del barco. Entonces lo vimos: una ballena jorobada salió por el lado de nuestra proa.

¿Has estado alguna vez a cien pies (30 metros) de una ballena de cuarenta toneladas en mar abierto? Es aterrador y emocionante al mismo tiempo. El animal terrestre más grande es el elefante africano, que pesa 14.000 libras (6.300 kilos). Eso es lo que pesa la lengua de una ballena. Su corazón tiene el tamaño de un auto compacto, y su joroba es tan larga como la altura de un edificio de cinco pisos.

Su prima, la ballena azul, tiene el doble de longitud. Las ballenas jorobadas son más famosas por sus cantos, que atraviesan océanos.[1] Según el Dr. Christopher Clark, director del Centro de Investigación Bioacústica en la Universidad de Cornell, sus cantos pueden viajar 1.800 millas (2.900 kilómetros) bajo el agua.[2]

¿Te has preguntado alguna vez por qué creó Dios las ballenas? Yo no lo había pensado mucho hasta que estuvimos a treinta metros de una. El salmista revela la respuesta:

> *Allí andan las naves;*
> *Allí este leviatán que hiciste para que jugase en él.*[3]

Dios hizo las ballenas para *jugar*. Ahí está; pero un momento, ¿no deberían tener un propósito más alto que *jugar*? ¡No! Cuando juegan, están cumpliendo su propósito eterno. Las ballenas ciertamente también desempeñan un papel vital en el ecosistema del océano, pero su propósito principal es jugar. Quizá por eso es tan maravilloso ver a una ondear su aleta o soplar por el agujero que tienen.

¿Es posible que hayamos devaluado la santidad del juego?

Este salmo es una mirilla al lado juguetón de la personalidad de Dios. Padres y madres, ¿hay algo que les cause más gozo que ver a sus hijos jugar deportes o hacer música? ¿O representar un papel en la obra de teatro de la escuela? ¿O incluso jugar con Lego?

El juego es una expresión innata de *¿y si...?* También es una de las formas más sencillas y puras de disfrute. Y si nos causa tanta alegría a nosotros, ¿por qué nos sorprende que cause alegría a nuestro Padre celestial? Cuando elogiamos los logros de nuestros hijos en los juegos con un "buen trabajo", nos estamos haciendo eco del "es bueno" de Dios.

Ese momento en que la ballena saltó del agua delante de nuestro barco no fue nada menos que un regalo sagrado de Dios. Puedo decir eso de modo definitivo y autoritativo porque el Gran Ocho así lo dice. Dios nos ha dado misericordiosamente *todas las cosas.*

De seguro eso me suena *todo-incluido,* así que también debe de incluir a las ballenas que saltan del agua.

CIEN BENDICIONES

La gratitud es uno de los valores de la familia Batterson, y es una forma de arte. Yo siempre intento encontrar maneras nuevas, maneras mejores de expresar gratitud, pero no se me ha ocurrido ninguna idea que sea mejor que un buen diario de gratitud. Durante una década he estado escribiendo uno a intervalos, pero lo convertí en una práctica deliberada este año pasado. Comencé a contar mis bendiciones enumerándolas, y eso marcó una diferencia cualitativa y cuantitativa.[4]

Llegué hasta 567 "gratitudes" el pasado año, y mi objetivo es llegar a mil este año. Eso podría parecer mucho, ¡pero un judío cumplidor dice un mínimo de cien oraciones de bendición cada día! Toda bendición comienza con la fórmula hebrea: *Baruch Atah Adonai.* Entonces se matiza y se pronuncia la bendición.

Los judíos practicantes bendicen a Dios cuando ven un cometa, cuando se ponen ropa nueva, o experimentan algo por primera vez. Bendicen a Dios por los olores y los gustos; y si algo es agradable, bendicen a Dios. Parejas casadas, ¿cuándo fue la última vez que bendijeron a Dios después del sexo? Después de todo, fue idea de Él.

Si disfrutas de algo sin pronunciar una bendición, según el Talmud, es como si lo hubieras robado. ¿Cuántas bendiciones hemos hurtado?

Recientemente recibí un regalo singular en el correo: medio cerdo. No estoy bromeando. Fue entregado en hielo seco desde una granja en Illinois cuyo ministerio es sacrificar y preparar cerdos, y enviarlos a pastores. Bueno, ¡aleluya! Eso sí es un llamado y una bendición.

Pero yo no estaba agradecido solamente por cuarenta libras (18 kilos) de carne de cerdo. Lo maticé. Estoy agradecido por cada uno de los cortes de la carne: costillas, lomo, salchichas, y por último pero no menos importante, gruesas lonchas de tocineta. Administré ese regalo el mismo día poniendo parte en una sartén ¡y desactivando nuestro detector de humos!

Cuanto más sutil te vuelvas a la hora de ofrecer gratitud, más se multiplica el gozo, y se convierte en un juego de gratitud. ¿Cómo puedo dar gracias a Dios de una manera nueva por algo que he gustado, tocado, olido, visto u oído miles de veces?

Yo hice eso hace poco con una de mis galletas favoritas, una clásica alemana que se llama *springerle*. Es más común en la época de Navidad, pero es buena todo el año. Lo que hace que la *springerle* sea única es una especia con sabor a licor que se llama anís. ¡Es muy buena! ¿Qué quiero decir? No te conformes con la gratitud genérica. Matízala de maneras nuevas.

¿QUÉ EL QUÉ?

"Y vendrán sobre ti todas estas bendiciones, y te alcanzarán".[5]

Si tuviera que describir mi vida en un solo versículo, podría ser ese. Tengo días malos, como cualquiera. Pero si miras mi vida a intervalos de tiempo, se parece a Deuteronomio 28:2. Las bendiciones de Dios me están alcanzando, y lo están haciendo con mayor frecuencia y magnitud.

Eso no significa que no tenga problemas; los tengo. ¡Y lo cierto es que las bendiciones de Dios te complicarán la vida! Al igual que el pecado complica nuestras vidas de maneras negativas, las bendiciones de Dios complican nuestras vidas de maneras positivas.

Como toda promesa, esta viene con la cláusula condicional: *si*. Tienes que cumplir la condición, que en este caso es obedecer la voz del Señor.[6] Pero *si* cumples la condición, viene con una garantía de *¿y si...?* ¡y no hay fecha de caducidad!

Las bendiciones eran pronunciadas por los ancianos de Israel desde lo alto del monte Gerizim, uno de los picos más altos en la Franja Occidental. Fueron pronunciadas por primera vez en el año 1406 a. C., pero siguen estando en garantía 3.421 años después. Según mis cálculos, hay 5.879 millas (9.450 kilómetros) desde el monte Gerizim hasta Washington, DC. Pero incluso si tú estás aún más alejado del monte Gerizim, sigues estando dentro de su área de cobertura.

Este año pasado, a nuestra familia le regalaron un auto y un bote. Y como si fuera para darle un efecto especial, ¡nos los regalaron los dos el mismo día! Lo asombroso es que nosotros no pedimos ni esperábamos ninguno de ellos. Fue un momento *¿qué el qué?* Ahora bien, el barco es un barco batea de cuarenta años de antigüedad con un valor de unos cientos de dólares, pero aun así, flota. Y el auto tenía más de cien mil millas (160.000 kilómetros) recorridos, ¡pero tenía unos cuantos miles menos del que yo conducía!

Cuando cumples la cláusula condicional de las promesas de Dios, es mejor que te abroches el cinturón. Locuras suceden. Nunca sabes cómo o cuándo te alcanzarán sus bendiciones. Pero como su misericordia y su bondad, que nos siguen todos los días de nuestra vida, las bendiciones de Dios te rastrean como si fueran un misil sensible al calor. Están en tu camino. Y algún día, un día, te alcanzarán.

Ahora, por favor escucha mi corazón.

Dios no nos bendice para que podamos aumentar nuestro estándar de vida. Dios nos bendice para que podamos aumentar nuestro estándar de *dar*. La mayor bendición de una bendición es la capacidad de bendecir a otros debido a ella.

DEVOLVER LA BENDICIÓN

¿Dónde has sido bendecido?

Ahí es donde necesitas *devolver la bendición*.

¿Dónde te ha mostrado Dios favor?

252 qué pasaría sí…

Ahí es donde necesitas *devolver el favor*.

Esto se ha convertido en un modo de vida para Lora y para mí. Nos encanta bendecir a personas en la manera en que Dios nos ha bendecido a nosotros. Este podría parecer un ejemplo trivial, pero durante nuestros primeros años de matrimonio no podíamos permitirnos tener vacaciones. Ya sé que hay dificultades mucho mayores.

Cuando Lora pagaba mis estudios en el seminario, y no teníamos ni una sola moneda que ahorrar, nos enteramos de que había una cabaña en Galena, Illinois, que era gratis para los alumnos del seminario.

¡Qué bendición!

A lo largo de los años, personas misericordiosas y generosas nos han permitido utilizar gratuitamente sus casas frente al lago, sus cabañas de madera, e incluso un castillo. Y todo ello encaja en nuestro presupuesto: ¡gratis noventa y nueve!

Algunos de nuestros recuerdos familiares más atesorados son producto de la generosidad y la hospitalidad de la gente. Y debido a que hemos sido bendecidos de ese modo, nos encanta devolver a esa bendición en particular. A veces es ofrecer una noche en un hotel a una pareja con niños que necesita alejarse y disfrutar de la bendición, con juego de palabras a propósito. A veces es alguien en la situación que nosotros estábamos, que sabemos que no puede permitirse tener vacaciones.

Si está dentro de nuestros medios, intentamos ayudarles a que construyan algunos recuerdos. Y aquí está la locura de todo ello: cuanto más devolvemos la bendición, más bendiciones parecen llegar a nuestro camino. Al igual que no puedes dar más que Dios, tampoco puedes bendecir más que Él. ¡Pero de seguro es divertido intentarlo!

Hemos descubierto que no hay mayor gozo que estar en el extremo dador de un regalo. ¿Acaso no es eso lo que dijo Jesús? Es más bienaventurado dar que recibir.[7] Me encanta hacer regalos como al que más, pero nunca he recibido un regalo que se acercara al gozo de darlo.

Y quizá por eso Dios disfruta, más que nada, darnos graciosamente todas las cosas.

$100.000 BENDICIONES

Hace unos años estaba predicando en la iglesia *Covenant* en Dallas, Texas. Justamente después de decir amén, el pastor Mike Hayes se levantó y dijo: "Vamos a reunir $100.000 en cinco minutos para bendecir a la iglesia *National Community*". Yo no lo esperaba, y francamente, nunca había oído a nadie decir nada parecido a eso.

Lo notable es que nosotros habíamos comprado un viejo edificio de apartamentos ese día, que llegaría a ser nuestro *Dream Center* en DC. Pero Mike ni siquiera sabía eso. Mike y Kathy Hayes donaron $5.000, y pidieron a cinco personas que hicieran lo mismo levantando sus manos. Se levantaron cinco manos en cinco segundos. Después pidió a veinticinco personas que donaran $1.000. Y así fue. Hecho. Y finalmente, pidió a cien personas que donaran $500. Nunca olvidaré ver todas esas manos levantándose por todo el lugar, como si fuera una clase de kínder. ¡Hacía quince minutos que había conocido a Mike! Nos encontramos por primera vez antes de que comenzara el servicio, y sin embargo ellos recogieron $100.000 en solo cinco minutos.

Unos meses después, nosotros recogimos 3,3 millones de dólares en solo tres meses para construir nuestro *Dream Center* en DC. Creo que fue ese donativo de 100.000 dólares lo que plantó la semilla, y preparó la escena. Pero ni siquiera ese es el motivo por el que lo menciono. Déjame decirte cuál fue el pensamiento que cruzó mi sinapsis cuando Mike hizo ese anuncio.

Yo ciertamente le di gracias a Dios por el regalo, pero marqué el momento con una oración: *Señor, danos el privilegio de hacer por otra persona lo que acaban de hacer por nosotros.* En otras palabras, ¡ayúdanos a devolver el favor! Estar en el lado receptor me enseñó humildad, pero también quiero estar en el lado dador. Hacemos todo lo posible por devolver la bendición. Y eso está en el corazón de ¿*y si...?*

Una de nuestras series de sermones este año pasado fue "Me gusta dar". El título de la serie es el título de un libro de lectura obligada de mi amigo Brad Formsma. Durante esa serie nos sentimos impulsados a bendecir a una decena de iglesias en la zona del DC. Era nuestro modo de decir que no se trata del nombre que está sobre la puerta de la iglesia; ¡se trata del Nombre que es sobre todo nombre! Si una iglesia está predicando y practicando el evangelio, estamos en el mismo equipo.

Por lo tanto, recogimos una ofrenda para esas iglesias, y reunimos más de $50.000 en una sola ofrenda. Parte de la inspiración para esa ofrenda fue el sencillo hecho de que otras iglesias ayudaron a *NC* a sobrevivir durante sus primeros años, así que devolvimos la bendición.

No hemos llegado aún a los $100.000 en una sola ofrenda, pero lo haremos. Si seguimos dando para las misiones y ocupándonos de los pobres en la ciudad, estoy totalmente confiado en que Dios se ocupará de nosotros. ¿Por qué? Porque cuando Dios da una visión, ¡Él hace provisión!

Dios lo hizo una vez más el último día del año: nuestra ofrenda el día 31 de diciembre de 2014 fue más que todos los ingresos que tuvimos en nuestro primer año en 1996. En realidad, ¡fue el doble!

Traducción: ahora, Dios está proveyendo más en *un día* ahora de lo que lo hizo en *un año* hace dieciocho años. Sus bendiciones acumuladas nos están alcanzando, ¡y tienen interés compuesto por la eternidad!

BENDICIÓN MONOGRAMADA

Hay cientos de bendiciones en la Escritura, y cada una lleva tu nombre en ella. Si estás *en Cristo*, las bendiciones te pertenecen. De hecho, te pertenecen dos veces: una por nacimiento, y dos por herencia.

Este año pasado estuve en el extremo receptor de algunos regalos bastante interesantes. Sin duda, ninguno supo mejor que aquellos kilos de carne de cerdo. ¡Y el auto lo superó! Pero la bendición más personalizada fue gracias a Dave Ramsey.

Dave convocó una reunión de pastores para conversar sobre el tema de la mayordomía en Nashville, Tennessee. La noche de apertura alquiló el *Country Music Hall of Fame* (Salón de la Fama de la Música Country) para un concierto privado. Como dice la canción: ¡Vaso Rojo Solo, te levanto! Y entonces le puso la guinda de modo inolvidable al regalarnos a cada uno una mochila de cuero hecha a mano muy bonita, fabricada en los Estados Unidos por Colonel Littleton. Y estaba monogramada.

Cada promesa tiene tu monograma en ella.

Te pertenece por nacimiento; por herencia.

Y tu ticket para reclamarla es la cruz.

"Todas las promesas que ha hecho Dios son «sí» en Cristo".[8]

Si eso no es un catalizador para *¿y si...?*, entonces no sé qué lo es.

¿Dónde te ha bendecido Dios? Necesitas identificar las bendiciones, incluidas las bendiciones disfrazadas. Esa es la manera en que las administras. Si no las compartes, en realidad las bendiciones pueden convertirse en maldiciones. Entonces, cuando identifiques cuándo, dónde y cómo te ha mostrado Dios su favor, ¡devuelve el favor!

Cuenta la bendición.

Devuelve la bendición.

Repite.

¿Y si aumentaras tu nivel de dar

en lugar de tu nivel de vida?

El Cuarto Si:

Ningún Si, Y, o Pero al respecto

Si estás buscando una excusa, siempre la encontrarás.
Lo mismo es cierto de la oportunidad.
Las oportunidades ordenadas por Dios están
a tu alrededor, todo el tiempo.
Desde luego, muchas de ellas vienen disfrazadas de problemas.
Pese a lo que dice el viejo adagio,
la oportunidad no llama.
A veces tienes que pedirla, buscarla y llamarla.
Pero no busques la oportunidad primero y sobre todo.
Busca a Dios.
Si lo haces, la oportunidad te buscará.

27

El Asistente de Esquina

Cristo Jesús es el que murió, e incluso resucitó,
y está a la derecha de Dios e intercede por nosotros.
Romanos 8:34

Debido a que tengo miles de libros en mi biblioteca, y yo mismo he escrito unos cuantos, con frecuencia me preguntan: "¿Cuál es su autor favorito?".

Es imposible responder a esa pregunta, pero cito a A. W. Tozer más que a otro. Leí sus clásicos *La Búsqueda de Dios* y *El Conocimiento del Dios Santo* en una etapa formativa de mi vida, y siguen estando entre algunos de mis favoritos de todos los tiempos. Casi todas las frases en esos libros las tengo subrayadas, pero una de ellas ha enfatizado mi teología más que ninguna otra:

Lo que viene a nuestra mente cuando pensamos en Dios es lo más importante sobre nosotros.[1]

Esa es una afirmación profunda, pero es la lotería espiritual. El modo en que veas a Dios dictará cómo te ves a ti mismo, cómo ves tu futuro, cómo ves tu vida. Es tu marca de fábrica, tu marca de diseño. Y cualquier astigmatismo en cómo ves a Dios distorsionará tu visión de todo lo demás.

Cuando cierras los ojos, ¿qué fotos de Dios se revelan en el cuarto oscuro de tu mente? ¿Está Dios sonriendo? ¿O tiene el ceño fruncido? ¿O está riendo? ¿Está distante? ¿O es cálido y acogedor, con los brazos abiertos?

Cuando pienso en Jesús, vienen a mi mente dos imágenes. Una es Jesús como el Buen Pastor. Es el Jesús amable, que lleva un cordero alrededor del cuello. La otra es Jesús de pie ante una vieja puerta de madera, a punto de llamar: la representación que hace un artista de Apocalipsis 3:20. Esas son las dos imágenes que vienen primero a mi mente, porque esas son las primeras imágenes de Jesús que vi cuando era niño. Las dos estaban colgadas en las paredes de la casa de mis abuelos. Ahora cuelgan en mi mente.

Aunque no puedo respaldar esto con ningún tipo de estudio, creo que es seguro decir que el retrato predominante de Cristo en nuestra cultura es el de Cristo en la cruz. Y esa es la foto eterna de la gracia de Dios, así que por favor, no malinterpretes lo que estoy a punto de decir. Necesitamos desesperadamente una visión del Cristo crucificado, pero no es ahí donde Jesús está.

Jesús está sentado a la diestra del Padre, en poder y gloria. Y de eso necesitamos tener una visión: del Cristo resucitado, el Cristo ascendiente. También necesitamos una comprensión de alta definición de lo que Él está haciendo.

¿Estás preparado para esto? El Abogado está intercediendo por ti. Ahora considera las implicaciones de eso: no tienes solamente a un miembro de la Deidad intercediendo por ti. ¡Tienes a dos!

Es un doble equipo divino.

ASISTENTE DE ESQUINA

Puede que no conozcas el nombre de Angelo Dundee, pero sin duda alguna habrás oído de Muhammad Alí. Durante más de dos décadas, Angelo Dundee estuvo en la esquina de Muhammad Alí, literalmente. ¡Él era el asistente en la esquina de Alí! Él es quien hacía que Alí flotara como una mariposa, y picara como una abeja. También entrenó a otros quince campeones mundiales de boxeo.

Angelo Dundee describió su trabajo como un asistente de esquina, este modo: "Cuando estás trabajando con un luchador, eres cirujano, ingeniero y psicólogo".[2]

No se me ocurre una mejor descripción de nuestro Asistente de Esquina: Jesucristo.

En 1 Timoteo 6:12 Pablo nos exhorta a pelear *"la buena batalla de la fe"*. Escucha: te van a noquear una o dos veces, pero tienes a un Asistente de Esquina que una vez peleó tres asaltos con la muerte misma. Él fue noqueado en la cruz, y el diablo pensó que era un nocaut. ¡Pero Jesús volvió a levantarse tres días después! Él salió del sepulcro, ganando la pelea contra el pecado y la muerte. ¿Dónde está Él ahora? Está sentado a la diestra del Padre, intercediendo por ti. En otras palabras: ¡Cristo está en tu esquina! Y Él no es el único.

Jesús llamó *Paracletos* al Espíritu Santo, que se traduce como *consolador* o *consejero*. Pero a mí me gusta más Asistente de Esquina. Paracletos es un término militar, que se refiere a los soldados romanos que peleaban espalda contra espalda cuando se enfrentaban en combates mano a mano. Se protegían el uno al otro la espalda, el lado ciego. Y eso es lo que hace el Espíritu Santo.

El Espíritu Santo te protege las espaldas. Y Cristo está en tu esquina. El profeta Isaías le llama nuestro retaguardia.

El Señor marchará a la cabeza;
¡el Dios de Israel les cubrirá la espalda![3]

Él es el Dios que va delante y el Dios que viene detrás.

Él es el Dios que está con nosotros en las buenas y en las malas.

EN TU ESQUINA

"En tu esquina".

Ese es uno de mis eslóganes favoritos cuando envío mensajes de texto a mis hijos. Es mi manera de recordarles a mis hijos: "Estoy contigo. Estoy por ti, y a pesar de todo, ¡estoy en tu esquina!". En cierto sentido, yo soy su asistente de esquina, cuando tienen un asalto ganador y cuando tienen un asalto perdedor.

La cruz fue la manera en que Dios dijo: "Estoy en tu esquina". No hay si, y, o pero al respecto. No significa al 99 por ciento. Si solo estás seguro al 99 por ciento de las buenas intenciones de Dios, ese margen de error del 1 por ciento minará tu confianza total. Así que deja que yo haga la cuenta. Dios no está por ti al 100 por ciento; Él está por ti al *200 por ciento*. Y no es solo que tengamos dos abogados.

Sigue mi lógica.

No le perteneces a Dios una vez; le perteneces dos veces. Una, en virtud de la creación; dos, en virtud de la redención. Eso significa que no le debes a Dios una vida; le debes dos. Por eso el 110 por ciento no es suficiente. Le debes a Dios el 200 por ciento. Después de todo, ¿no es eso lo que Dios nos da? Jesús o el Espíritu Santo podrían lograr ellos solos que la tarea se hiciera, pero ambos están intercediendo por ti día y noche, noche y día.

Ese equipo doble es una bendición doble.

Dios no está *por* ti una vez, ¡Él está *por* ti dos veces!

Añadamos a la ecuación al Padre celestial, ¡y son tres veces!

Si no crees que Dios está por ti al 100 por ciento, podría ser porque tú no estás por Dios al 100 por ciento. ¿Mi consejo? ¡Deja de proyectar! ¿Es posible que debido a que te estás resistiendo a Dios, crees que Dios se está resistiendo a ti? Entrégate *totalmente* a Dios. Entonces aférrate a esta promesa en forma de paráfrasis: si tú no te resistes a Dios, Dios no se resistirá a ti.[4]

Esto es importante, así que permíteme enfocarlo desde otro ángulo.

Durante uno de los partidos en la temporada de 1990 de la NBA, Michael Jordan encestó 69 puntos ante los *Cavaliers* de Cleveland. Después del partido, un reportero preguntó a Stacy King cómo recordaría él ese épico rendimiento.

Stacy King había visto la mayor parte desde el banquillo. Él era un jugador clave, pero un jugador clave con sentido del humor. Stacy solo anotó un punto en ese partido, y eso fue lo que hizo que su respuesta fuera un clásico al instante. Stacy King dijo: "¡Siempre recordaré esta como la noche en que Michael Jordan y yo anotamos en conjunto 70 puntos!".

Para que quede constancia, Stacy King aprovechó el esfuerzo de Michael Jordan en todo el recorrido hasta el campeonato de la NBA, no solo una vez, ni dos, ¡sino tres veces! ¡Todo gracias a MJ!

Cuando se trata de la salvación, queremos ser parte de las estadísticas, aunque sea en un solo punto. Pero tú no apareces en el marcador, ¡excepto por pérdidas de balón! El Hijo de Dios sin pecado fue a la cruz solo, y fue tu pecado lo que le clavó allí.

Pero no te reprendas a ti mismo debido al marcador.

Celebra el hecho de que Jesús saldó cuentas una vez para siempre.

¿El marcador final? Jesús 1, Muerte 0.

DE TU LADO

Cuando nuestra familia extendida se reúne en fiestas o en vacaciones, nos gusta un buen juego de mafia. Tres personas son elegidas como mafia, y comienzan a matar a los vecinos. No voy a explicar las reglas del juego, pero es difícil saber quién está diciendo la verdad. En mi experiencia, los que mejor mienten son quienes normalmente ganan. Yo gano en raras ocasiones, y supongo que eso es bueno.

No estoy seguro de cómo decir esto, porque mis familiares leen mis libros, pero yo necesito un día o dos para volver a confiar plenamente en ellos. Sé que solo es un juego, pero es difícil no albergar sentimientos residuales de desconfianza.

Creo que batallamos con los mismos sentimientos subliminales hacia Dios. Sabemos cognitivamente que todas las cosas obran para bien, pero cuando se desatan los problemas, es difícil librarnos de nuestros sentimientos de desconfianza.

Esto se remonta hasta el jardín del Edén. El enemigo plantó semillas de duda en el espíritu de Adán y Eva: *Quizá Dios les está reteniendo algo.* Si el enemigo puede lograr que desconfíes de la bondad de Dios, es juego, set y partido. Él es mafia, ¡y se sienta en un trono de mentiras![5]

Cuando yo era pequeño, muchos de nosotros no teníamos ni idea de lo que nuestros padres hacían cuarenta horas por semana. Puede que supiéramos dónde trabajaban, pero no estábamos nada seguros de lo que hacían. Claro que yo vivo en una ciudad donde algunas personas no pueden decirte lo que hacen, o tendrían que dispararte.

De modo muy similar, la mayoría de nosotros no sabemos realmente lo que Jesús hace todo el día. Y nuestra falta de confianza santa surge precisamente de ese hecho. Por lo tanto, déjame decirte lo que Jesús hace todo el día, cada día: Él está suplicando por tu caso, suplicando tu causa. Lo único que tú tienes que hacer es *suplicar por la sangre*.

Ese término ha quedado fuera de circulación en algunos círculos, en parte debido a su mala aplicación. A ver si puedo revivirla. Suplicar la sangre no es una superstición, como no pisar una grieta para guardar la espalda a tu madre. Y no es un abracadabra. Es ser consciente de tu autoridad en Cristo. Es comprender que tu perdón ya ha sido pagado con dinero de sangre. Es aceptar el hecho de que vencemos al enemigo por la sangre del Cordero.[6]

Cristo está en tu esquina, lo cual significa que tienes todo el respaldo del Rey y de su reino. ¡Su total bendición, su plena autoridad! Y todo ello debido a nuestra identidad. Si eres un hijo o una hija del Rey, eso te convierte en un príncipe o una princesa. Y la realidad bíblica es que algún día el Rey de reyes coronará tu cabeza. Nosotros pondremos inmediatamente esa corona a los pies de Jesús, *sin ningún si, y, o pero al respecto*. ¡Pero qué gran momento será ese!

Quizá deberíamos dejar de rogar como un pobre que no tiene poder ni derecho.

¡Cristo mismo está defendiendo tu caso!

Cristo está en tu esquina, de tu lado.

Eso hace posible cada *¿y si...?*

¿Y si abordaras a cada persona,

cada situación, cada desafío, como si

Cristo estuviera en tu esquina?

28

El Horizonte de Sucesos

¿Quién nos separará del amor de Cristo?
¿Tribulación, o angustia, o persecución,
o hambre, o desnudez, o peligro, o espada?
Romanos 8:35

Kay Kostopoulos enseña una clase llamada "Actuar con Poder" en la Escuela Graduada de Administración de la Universidad de Stanford.

Al principio de cada semestre, su primera tarea prepara el escenario para la clase. Ella une al azar a los alumnos en parejas, y después les indica que se miren fijamente el uno al otro durante tres minutos sin decir ni una palabra.

Como puedes imaginar, los primeros segundos son bastante incómodos. Una cosa es mirar fijamente a los ojos a alguien que conoces, o a alguien que quieres. Otra distinta es mirar a un completo desconocido durante tres minutos.

Pero Kostopoulos ha descubierto que sucede algo casi misterioso durante el ejercicio. Después de unos segundos, los alumnos pierden la vergüenza a medida que enfocan toda su atención en la cara de la otra persona. Descubren que la cara de ese desconocido cuenta una historia. Expone si la persona ha utilizado regularmente o no un bronceador. Es fácil saber si alguien ha tenido acné o varicela. Después están las cicatrices, que plantean preguntas. Y desde luego, las líneas de expresión: de sonrisas, de desagrado y de preocupación, que revelan una fina capa de historia y de personalidad.

Si hiciéramos ese ejercicio con Jesús, ¿qué revelaría?

Llegará un día en que veremos cara a cara a nuestro Salvador. Lo primero que notaremos, creo yo, serán las cicatrices en su frente. Como un tatuaje en forma de alambre de espinos, la corona de espinos dejó su marca. Eso también borró cualquier signo de interrogación sobre su amor por nosotros. Jesús llevó esa corona de injusticia para que nosotros pudiéramos ser coronados con justicia.

Cuando miremos sus ojos eternos por primera vez, veremos que las cicatrices de nuestro Salvador son lo más hermoso de Él porque revelan el dolor físico que estuvo dispuesto a soportar por nuestro beneficio eterno. También veremos líneas que marcan la sonrisa y la risa. Él llevó sobre sus hombros el peso del mundo, llevando la cruz hasta el Calvario, pero eso no le robó el gozo ni disminuyó el brillo en sus ojos.

También veremos fuego en esos ojos, el mismo fuego que expulsó del templo a los cambistas con su látigo casero.

Hay una cosa más que veremos: la misma mirada que Él lanzó a Pedro después del gran fracaso de Pedro. Esa mirada es un segundo en la trama de la crucifixión, pero es un incidente incitador para Pedro. Justo después de que cantara el gallo, Jesús se giró y miró directamente a Pedro.1

Cuando quieres que tus hijos digan la verdad, toda la verdad, y nada más que la verdad, ¿qué les dices? *Mírame a los ojos*, ¿no es cierto? ¿Por qué? ¡Porque es mucho más difícil mentir de esa manera! El contacto visual es poderoso, y no solo como un suero de verdad. Cuando estás enamorado, no se necesitan palabras. Ambos se pierden en la mirada del otro.

Jesús, que es la Verdad, toda la Verdad y nada más que la Verdad, aprovechó el poder del contacto visual con Pedro en un momento crítico.

Si tú acabaras de negar tres veces a Jesús, ¿no pensarías que tu carrera como discípulo había terminado? Pedro habría perdido la confianza en sí mismo si no hubiera sido por una mirada. Fue *la mirada* lo que cambió su vida. Sé que estoy leyendo entre líneas, pero no hubo ni un solo gesto de condenación.

Después de todo, Jesús podría simplemente haberle gritado. Si Él hubiera usado palabras, podría haber expulsado a Pedro, ¡y Pedro probablemente habría terminado en una cruz cerca de Él! Así que Jesús lo miró, con una mirada de profundo amor, una mirada de perdón absoluto. Con una sola mirada, Jesús dijo: "Te perdono, te amo; sigo estando en tu esquina". Sin decir ni una sola palabra, Jesús lo dijo todo. Ningún si, y, o pero al respecto.

Así es como Él te mira a ti.

Tenemos la idea errónea de que Dios fija su mirada en nosotros por todas las razones equivocadas: para agarrarnos haciendo algo malo. Pensamos que es como el futuro suegro de Ben Stiller en la película *Los padres de ella*. El exoficial de contrainteligencia de la CIA, representado por Robert De Niro, señala a sus ojos, y después señala a Greg. En otras palabras: *Tengo mi mirada sobre ti*. Y no era por las razones correctas.

Dios tiene sobre ti sus ojos que todo lo ven. De hecho, Él nunca aparta sus ojos de ti, pero no es porque Él sea un aguafiestas cósmico que quiere pillarte haciendo algo mal. Él no puede apartar la mirada de ti porque eres la niña de sus ojos. ¡Te ama demasiado para apartar su mirada!

NO HAY VUELTA ATRÁS

En el ámbito de la relatividad general, un horizonte de sucesos es el punto de no retorno. Es el punto en el cual el empuje gravitacional se vuelve tan potente que es imposible escapar. El ejemplo más obvio es un agujero negro: un objeto celestial tan masivo que la luz solo puede entrar, pero nunca salir de su campo gravitacional. La velocidad de escape de un agujero negro es mayor que la velocidad de la luz, la cual es imposible sobrepasar. Por lo tanto, cuando se cruza su horizonte, no hay vuelta atrás.[2]

Quédate con esa idea.

Uno de los momentos decisivos de mi niñez fue una cruzada de Billy Graham en el *County Stadium* de Milwaukee. Invité a varios amigos a que fueran conmigo, esperando que ellos pasaran al frente cuando se hiciera el llamado al altar.

Para ser totalmente sincero, yo sabía que probablemente sería mi única oportunidad de estar en el campo de béisbol donde jugaban los *Brewers*. En efecto, mis amigos pasaron al frente, y yo pude estar justamente donde el ganador del Guante de Oro, Sixto Lezcano, jugaba en el campo derecho. ¡Claro que lo que más me emocionó fue que mis amigos respondieran!

Recuerdo cantar un sencillo coro mientras ellos pasaban adelante:

> He decidido seguir a Cristo,
> no vuelvo atrás, no vuelvo atrás.

Fue un horizonte de sucesos. El amor de Dios entró en sus corazones, y no hubo modo de escapar. En el momento que ellos pusieron su fe en Cristo, pasaron el punto de no retorno. Cruzaron el umbral de la fe: desde *"la paga del pecado es muerte"* a *"el don de Dios es vida eterna"*.[3]

Dios es amor.

Una descripción muy sencilla, pero las implicaciones de esa sola declaración necesitarán toda la eternidad para ser reveladas. Esto es lo que yo sé: nada empuja con más fuerza o más tiempo que el amor de Dios. El amor es el horizonte de sucesos, y una vez que lo cruzas, no puedes regresar. ¿Y quién querría hacerlo?

Ahora bien, aquí está el dilema sin salida: la lógica no te llevará al amor de Dios. Su amor está por encima de la lógica: es *teológico*. La única manera de recibir el amor de Dios es mediante revelación, porque el amor de Dios sobrepasa todo entendimiento:

> *Para que habite Cristo por la fe en vuestros corazones, a fin
> de que, arraigados y cimentados en amor, seáis plenamente
> capaces de comprender con todos los santos cuál sea la anchura,
> la longitud, la profundidad y la altura, y de conocer el amor de
> Cristo, que excede a todo conocimiento, para que seáis llenos de
> toda la plenitud de Dios.*[4]

Si has leído sus epístolas, sabes que Pablo es el santo patrón de las frases larguísimas. Esa sola frase ocupa tres versículos. Pero esas frases larguísimas indican algo que no puede captarse con palabras. El amor de Dios no puede deletrearse con veintisiete letras del alfabeto español. Y los signos de puntuación ni se acercan a lograrlo. De modo que Pablo con frecuencia acude a sombras geométricas, direcciones cardinales, y dimensiones espaciales.

¿El punto? El amor de Dios, como el poder de Dios, es inmensurable. No cabe en un molde, ni siquiera en un molde del tamaño del universo. Y si el universo no es lo bastante grande para circunscribir el amor de Dios, ese amor ciertamente no encajará en los límites del lado izquierdo lógico de tu cerebro. Por lo tanto, ¿cómo conseguimos que entre en nuestro corazón, en nuestra mente?

Dios utiliza la entrada lateral, la entrada secreta llamada revelación. Y muy similar a un agujero negro, la revelación es imposible explicarla.

SUMA TEOLÓGICA

Tomás de Aquino fue uno de los escritores y pensadores más prolíficos de la Edad Media, y uno de solamente treinta y tres Doctores de la Iglesia. Su obra magna, *Suma Teológica*, es una de las teologías más exhaustivas y duraderas de la historia. Pero Aquino nunca la terminó porque sucedió algo el 6 de diciembre de 1273 que hizo que dejara de escribir. Fue su momento *ningún si, y, o pero al respecto.*

"Todo lo que he escrito me parece paja", dijo Aquino, "comparado con lo que ahora me ha sido revelado".[5] Qué le fue revelado exactamente sigue siendo un misterio, pero esa única revelación superó todo el conocimiento que él había adquirido.

Independientemente de cuál sea tu CI, eso es lo que necesitas. Nadie es lo bastante inteligente para llegar a Dios razonando. Necesitamos el espíritu de sabiduría y revelación. Mientras tanto, nos apoyamos en analogías para obtener dibujos del amor de Dios con la calidad de los que hacen los niños de kínder.

Nada definirá tu vida, cambiará tu perspectiva o incluso alterará tu personalidad como una revelación del amor de Dios. Pero es tan diametralmente distinto al modo en que damos y recibimos amor a nivel humano, que demanda una delineación.

En primer lugar, su amor es incondicional. No hay nada que podamos hacer para lograr que Dios nos ame más o menos, porque Él ya nos ama perfectamente, eternamente. Incluso cuando no correspondemos a su amor, eso no retiene, desvía o disminuye su amor. Lo acentúa.

Siendo aún pecadores, Cristo murió por nosotros.[6]

Es fácil amar a alguien cuando está en su mejor momento. ¿Y cuándo está en el peor? No tanto. Pero esa es la prueba del amor verdadero. Nuestro amor tiende a ser reactivo, pero el amor de Dios es proactivo. No corresponde; procrea. Él nos ama cuando menos lo esperamos y menos lo merecemos. E incluso cuando estamos en nuestro peor momento, Él está en el mejor.

Lo máximo que puedo acercarme a entender el amor del Padre celestial es pensando en él como un padre terrenal. Ser padre de tres hijos me ha enseñado más sobre el amor de Dios que tres títulos en Teología. Nada se compara. Sin embargo, a pesar de lo alto, y ancho, y profundo, y largo que sea nuestro amor por nuestros hijos, se sigue midiendo en años.

¡El amor de Dios es para siempre y un día!

SIGNO DE INTERROGACIÓN

Cuando llegamos al horizonte de sucesos en el Gran Ocho, el apóstol Pablo está dando argumentos finales. Y cuando Pablo realmente quiere establecer un punto, no solo usa frases larguísimas. Con frecuencia emplea un signo de interrogación como su punto de exclamación.

En cinco versículos, él hace siete preguntas. Son preguntas cargadas, el tipo de preguntas que hacen los abogados en un juicio cuando ya conocen la respuesta, el tipo de pregunta que abrirá de par en par un caso. En mi humilde opinión, la pregunta principal es una que ya hemos respondido: "Si Dios es por nosotros, ¿quién contra nosotros?".[7]

Si respondes erróneamente esa pregunta, nada estará correcto. Si la respondes correctamente, nada puede ir mal. Es *la* pregunta. Pero la pregunta en el versículo 35 está en segundo lugar:

¿Qué nos separará del amor de Cristo?

La respuesta, desde luego, es *nada*. Y el capítulo terminaría ahí, pero Pablo lo desarrolla lo mejor que puede. Ofrece una larga lista de peores escenarios, desde problemas a peligro, y todo lo que hay en medio. Y no solo está lanzando humo. Cuando Pablo escribe estas palabras, cada una evoca recuerdos. Cuando Pablo escribe *dificultad*, está de regreso en el mar Mediterráneo durante un terrible tifón. *Persecución* evoca su recuerdo de ser apedreado en Listra y dejado por muerto. ¿Pruebas? Pablo fue juzgado delante de Nerón mismo. También estuvo sin comida, le picó una serpiente venenosa, y le despojaron la ropa de su espalda para ser flagelado.

Y eso tampoco sucedió una vez o dos. Cinco veces recibió la sentencia máxima: cuarenta latigazos menos uno. La espalda de Pablo estaba marcada por 195 cicatrices.

La dificultad tiene uno de dos efectos: o endurece o ablanda nuestro corazón. Y es ese endurecimiento o ese ablandamiento lo que nos forja o nos quebranta. He visto rasgarse algunos matrimonios por las costuras cuando llegaron tiempos difíciles, pero también he visto cómo la dificultad forma un vínculo como ninguno. Puede convertir a los hombres en un grupo de hermanos, y a las mujeres en una hermandad.

El amor descrito en el Gran Ocho no es un amor sentimental. No está en la misma categoría que "Amo las galletas de menta de las Girl Scout", "Amo Washington, DC", "Amo el lago". Es un amor reñido y ganado con esfuerzo.

Es un amor que está amarrado con sangre, sudor y lágrimas.

Es un amor templado por cincuenta años de matrimonio.

Es un amor que ha soportado un aborto natural, la muerte de un padre, o incluso una aventura amorosa.

Es un amor que ha sido derribado, pero ha vuelto a levantarse cada vez.

Como un buen vino o un buen queso, el amor pasa por un proceso de envejecimiento. Y por eso debería aceptarse el envejecimiento como uno de los mayores regalos de Dios.

Cuando yo adoro, no solo canto en tiempo presente. Canto de mis recuerdos del pasado, y de los sueños del futuro. Canto por la suma total de mi vida. De modo que un canto no es solo cinco minutos de alabanza. Para mí, es más de cuatro décadas de adoración. Cada canto abarca toda nuestra vida, de modo que cuanto más envejecemos, más capacidad tenemos de adorar a Dios. Y mi canto no solo abarca toda mi vida, sino también abarca los cielos, llegando hasta los oídos del Dios Todopoderoso.

No creo que llegaré a conocer el tipo de persecución que Pablo soportó, pero cada una de esas experiencias fue un horizonte de sucesos que reveló más del amor de Dios, más de la gracia de Dios.

Si estás en un lugar difícil, un lugar donde es duro incluso preguntar *¿y si...?* toma aliento. A nadie le gustan los momentos difíciles en el tiempo presente, pero esas pruebas añaden significado a nuestro testimonio. Y esos son con frecuencia los recuerdos que más atesoramos. A nuestros bisabuelos les gustaba contar historias sobre añadir agua al kétchup para hacer sopa de tomate durante la Gran Depresión, utilizar el retrete exterior con temperaturas bajo cero, y caminar sobre un pie de nieve hacia la escuela que estaba cuesta arriba en ambas direcciones.

Miramos atrás a nuestros desafíos con un toque de orgullo nostálgico. Según un sondeo a londinenses, el 60 por ciento de quienes sobrevivieron a la guerra relámpago de Alemania durante la Segunda Guerra Mundial lo recordaban como el periodo más feliz de sus vidas. Son los tiempos difíciles (problemas, dificultad, persecución, hambre, desnudez, peligro y espada) los que prueban nuestro amor. Pero así es también como se demuestra.

El amor de Cristo no fue demostrado por sus milagros, por impresionantes que fueran esos milagros. Su amor fue demostrado en una cruz romana. Y ha demostrado ser a prueba de fracaso.

La cruz es el modo en que Dios dice: "Sobre mi cadáver".

No importa qué problema, dificultad o persecución enfrentes, esto también pasará. Lo más importante: Jesús está *contigo* y Jesús está *por* ti. Y sin importar lo que haya muerto a manos del pecado o de Satanás, Jesús puede apartar la piedra.

¿Y si rindieras totalmente tu vida

a Cristo, aquí y ahora?

29

Más que Vencedores

Antes, en todas estas cosas somos más que vencedores
por medio de aquel que nos amó.
Romanos 8:37 (RVR 1960)

¿Recuerdas la potente balada de 1977 *We Are the Champions* (Somos los Campeones)? Era la tradicional repetición al final de las actuaciones de la banda británica *Queen*. Aunque nunca llegó a ser número uno en las listas, un equipo de investigadores científicos le puso el apodo de la canción más pegadiza de la historia de la música pop.

Quizá sea la combinación única de acordes de jazz, con sextas, séptimas y undécimas mayores, y armonías con decimoterceras. O quizá fuera el do alto, en falsete, que el cantante principal, Freddie Mercury, cantaba.

Independientemente de todo eso, una vez que se te mete en la cabeza es difícil olvidarla. Casi tres décadas después de la grabación original, fue votada como la canción favorita en todo el mundo en una encuesta mundial sobre música.[1]

Si el Gran Ocho fuera un álbum, "Más que Vencedores" sería el título del *single* (CD de una sola canción). Todo él es una potente balada. La melodía comienza con "ninguna condenación" y termina con "nada nos separará del amor de Cristo". La línea del bajo es "todo obra para bien", pero el falsete es "más que vencedores".

"*We are the champions, my friend. And we'll keep on fighting to the end*" [Somos los campeones, amigo. Y seguiremos luchando hasta el fin"]. Freddie Mercury no es ningún teólogo, pero su canción es una buena paráfrasis del Gran Ocho. Bueno, a excepción de la parte que dice que no hay tiempo para perdedores. Jesús habría estado totalmente solo si no hubiera hecho eso, ¡y nosotros también!

Esta es nuestra banda sonora. En un mal día puede que no nos sintamos así, pero incluso si has fallado mil veces, sigues siendo más que vencedor. Y pensar en ti mismo como nada menos que quien eres en Cristo es falsa humildad.

En mi experiencia, toma tiempo adoptar una nueva identidad. Como un par de zapatos nuevos, tienes que domarlos. Cuando intenté pastorear por primera vez, no me sentía como un pastor, y tampoco lo parecía. Fueron necesarios algunos años para adoptar ese manto. Cuando escribí mi primer libro, me sentía raro al llamarme a mí mismo escritor. Fueron necesarios algunos libros para que no sintiera que era un pasaporte falso.

Lo mismo es cierto de este identificador. Pero incluso si estás perdiendo más batallas de las que ganas, sigues siendo más que vencedor. ¿Por qué? Porque la batalla no nos corresponde a nosotros ganarla o perderla. La batalla es del Señor. Y Cristo ya ha vencido. Ningún si, y, o pero al respecto.

SILBIDO

El 7 de octubre de 1916, *Georgia Tech* derrotó a la Universidad de Cumberland por un marcador récord de 222-0. Sigue siendo la victoria más desbalanceada en la historia del fútbol universitario. De modo muy parecido al sistema de clasificación actual, el margen de victoria también importaba entonces. De modo que el entrenador John Heisman, por quien lleva el nombre el trofeo Heisman, se enfrentó al marcador.

¡Oye, podría haber sido peor! La Universidad Cumberland sí bloqueó un punto extra utilizando una pirámide humana. Según el marcador final, Cumberland ganó, o quizá debería decir perdió, 28 yardas negativas.[2]

¡Esa es una victoria convincente!

Incluso podría llamarse *hupernikao*.

La frase de tres palabras "más que vencedores" viene de esa palabra griega. Es un extraño compuesto que significa hipervencer, conquistar en exceso, o conquistar con éxito de sobra.[3] Desmoraliza a tu oponente.

De ahí viene la palabra *Nike*. En la mitología griega, ella era la diosa de la victoria. Tanto en la batalla como en el deporte, *Nike* personificaba y encarnaba la victoria. De modo que el apóstol Pablo redime esa palabra, y la utiliza para describirnos a nosotros.

Aún recuerdo cuando les pedí a mis padres mi primer par de zapatos Nike. La pronuncié con una sola sílaba, y no dos; y la dije en plural: *Nikes*. Pero incluso en el segundo grado, eran un símbolo de estatus. Cerca de Coca-Cola, el símbolo de Nike puede que sea el logo más reconocible en todo el planeta.

¡Romanos 8:37 es nuestro silbido!

Cuando me presento a las personas, no digo: "Hola, soy un hipervencedor!". Normalmente uso mi nombre de nacimiento: Mark. Pero esa es mi primogenitura como hijo de Dios. Y cuando nos miramos en el espejo, eso es lo que deberíamos ver. Claro que veo también mis imperfecciones, pero mi reflejo más verdadero es la imagen de Dios. Y en Cristo, soy más que vencedor.

Cuando estaba haciendo entrevistas para las credenciales ministeriales cuando era alumno de veintidós años en el seminario, un sabio pastor me hizo una profunda pregunta: "Si tuvieras que describirte a ti mismo con una sola palabra, ¿cuál sería?".

¿Cómo responderías tú a esa pregunta?

A propósito, si quieres llegar a conocer realmente bien a alguien, muy de prisa, ¡esa es una pregunta bastante buena!

En otra parte he escrito sobre mi respuesta, así que no me extenderé. Pero cuando tenía veintidós años, dije: *impulsado*.

Lo cierto es que no puedes ser reducido a un rasgo descriptivo de una sola palabra, ni siquiera a una palabra compuesta. Pero bíblicamente hablando, no se me ocurre una respuesta mejor que *hupernikao*. Creo que se acerca tanto como cualquier palabra. Eso eres tú en Cristo. Es tu verdadera identidad, tu destino más seguro.

Dios está preparando buenas obras de antemano.

Dios ordena tus pasos.

Dios hace que todo obre para bien.

Todas esas promesas se traducen en un apodo: *más que vencedor*.

GRABACIÓN CON RETARDO

Voy a revelar una idiosincrasia.

Es una parte de mi personalidad de la que mi círculo íntimo conoce, y tiene que ver con el modo en que veo los deportes. Podría parecer irrelevante o insignificante, pero no cuando uno ve los deportes con tanta pasión como yo. Así que aquí está el vistazo a mis hábitos al ver deporte en televisión, después de un poco de trasfondo histórico.

Me crié en Chicago durante la era de Michael Jordan, así que sentía que era una mala administración perderme un solo partido. Si el partido coincidía con la iglesia, lo grabábamos en algo llamado un VCR. Bueno, eso sucedía con frecuencia en aquel entonces, ¡porque algo menos que tres servicios por semana era volver atrás! Durante los *playoffs*, yo tenía esperanza contra esperanza de que los partidos no cayeran en domingo o en miércoles porque teníamos reunión en la iglesia.

Sinceramente, era difícil concentrarse en el mensaje si estaban jugando los *Bulls*. Lo único que yo podía hacer era orar por Michael Jordan, ¡lo cual podría explicar seis campeonatos!

Ahora, aquí está la idiosincrasia. Grabábamos el partido, y después íbamos directamente a la salida cuando terminaba la reunión. La bendición era nuestra bandera tachonada de estrellas y "¡pelota en juego!". A veces, me tapaba los oídos en el camino de salida para no escuchar sin querer el marcador; y nunca, nunca encendía la radio de camino a casa. Entonces veíamos el partido como si fuera en directo, y si sonaba el teléfono, no respondíamos porque podría contener información sobre el partido, y eso no sería permisible ni admisible.

Entonces, cuando finalmente cantaba la señora gorda, nosotros conocíamos el marcador final unas tres horas después de todo el mundo en la zona de Chicago. Funcionaba como un amuleto hasta una ocasión en que el partido tuvo tiempo de descuento.

Nos quedamos sin cinta VHS cuando faltaban dos minutos de juego, ¡en un partido de *playoff*!

Era cerca de la medianoche, y en aquel entonces no podíamos ver la repetición en *Google*, así que desesperadamente telefoneamos a amigos, intentando descubrir si habíamos ganado o no. ¡Fueron los cinco minutos más largos de nuestras vidas!

Avancemos veinticinco años, y mi rutina ha cambiado. Sigo grabando en DVR algún partido ocasional, pero ahora compruebo el marcador antes de verlo. Si mi equipo perdió, ¿por qué someterme a mí mismo a tres horas de dolor y sufrimiento? Si ganaron, disfruto aún más del partido. Claro que se pierde el elemento sorpresa, ¡pero hay mucho menos estrés!

En realidad disfruto de cada jugada porque sé el resultado final. Incluso si vamos perdiendo, no me preocupa, porque sé que vamos a ganar.

¿Y si enfocáramos nuestra vida de la misma manera?

Lee el marcador en el libro de Apocalipsis. ¡Nosotros ganamos!

Aun así, ¿tenemos que seguir peleando la buena batalla? ¡Claro que sí! Y podríamos ser derribados una o dos veces, pero la pelea está decidida. No hay rival. Sin embargo, a juzgar por la conducta de algunos cristianos, uno pensaría que el resultado estaba en duda. ¡Vamos! Él es el Dios que nos salva, de lo más bajo hasta lo más alto.

Cuando Jesús murió en la cruz, el enemigo pensó que el partido había terminado. Pero ese no fue el pitido final. El partido tuvo prórroga. Y cuando Jesús salió del sepulcro tres días después, se vio el marcador final. La victoria fue firmada, sellada y entregada hace dos mil años. Ahora tan solo tenemos que vivir en consonancia.

UNA REMONTADA DE 22 PUNTOS

Mi mejor amigo en la secundaria, Rick Workman, me envió recientemente un recorte de periódico fechado en el 22 de febrero de 1988. El título decía: "Batterson lleva a los *Redskins* al título". No lo había visto en veinticinco años, pero se clasifica como el partido más memorable de mi carrera en el baloncesto, y no hay otro que se acerque.

Con el título de la conferencia en juego, estábamos por detrás de nuestros rivales en la ciudad, los *Naperville North Huskies*, por 22 puntos cuando quedaban 5:35. Ese es un déficit insuperable según los estándares de la secundaria, pero conseguimos seis triples en el cuarto tiempo, incluido una canasta contra reloj para empatar el partido. Entonces completamos la remontada con una victoria por dos puntos en la prórroga.

¿Teníamos intención de quedar tan atrás en el marcador? ¡Claro que no! Pero eso fue lo que hizo que la victoria fuese tan dulce. A nadie le gusta un revés, pero ¿cómo si no se puede experimentar una remontada? Y cuanto mayor sea el revés, ¡mayor la remontada!

Quizá estés batallando contra el cáncer, pasando por un divorcio difícil, o ahogándote en la deuda. Si es así, por favor, escúchame. Cuando experimentas un revés, puede que des un paso atrás, pero Dios ya está preparando tu remontada.

Fue el revés de la cruz lo que preparó la mayor remontada en la historia humana: la resurrección de Jesucristo. Como es famoso por decir Tony Campolo: "Es viernes, pero llega el domingo". Y recuerda: sin crucifixión no hay resurrección.[4]

Podría contarte mil historias de reveses que personas temerosas de Dios, creyentes en la Biblia y que aman a Cristo han experimentado. Aunque las circunstancias pueden diferir, la trama de la historia es la misma. Vencemos por medio de Cristo.

No es coincidencia que la palabra testimonio comience con *test*. Pasa el test, obtén un testimonio.

No hay ninguna adicción tan fuerte de la que el poder de Dios no pueda librar.

No hay ningún fracaso tan definitivo que la gracia de Dios no pueda perdonar.

No hay ninguna herida tan profunda que el amor de Dios no pueda sanar.

Sin importar lo malo que sea, su gracia es suficiente. Y sin importar lo bueno que sea, lo mejor está aún por llegar.

EL CORDERO HA VENCIDO

Tengo una camiseta favorita.

Fue un regalo de David Perkins, el fundador del movimiento *Desperation* en Colorado Springs, Colorado. Yo estaba predicando en su conferencia anual donde miles de adolescentes se postraban en adoración, y buscaban a Dios con total abandono. Una escena digna de contemplar.

Detecté una camiseta muy bonita con la imagen de un cordero en la parte frontal, y David fue lo bastante bondadoso para regalarme una XL. Alrededor del cordero hay unas frases.

El Cordero ha vencido.
Sigue al Cordero.

En el siglo XVIII, el conde Ludwig Nikolaus von Zinzendorf fundó un grupo llamado La Orden del Grano de Mostaza. Los miembros de ese grupo incluían a personas tan notables como el rey de Dinamarca, el arzobispo anglicano de Canterbury, el secretario de estado de Escocia, y un indio creek de ochenta y siete años llamado Tomochichi.

Los miembros prometían solemnemente ser fieles a Cristo, ser buenos con las personas, y llevar el evangelio a las naciones. También entregaban toda su riqueza e influencia a la causa de Cristo. Lo más significativo es que comenzaron una reunión de oración en 1727 ¡que oró las veinticuatro horas del día durante cien años! Las réplicas de ese ¿y si...? se seguían sintiendo 277 años después cuando David Perkins visitó Herrnut, Alemania, el lugar de nacimiento del despertar moravo.

David se arrodilló en la tumba del conde von Zinzendorf y lloró. Dios hizo nacer un ¿y si...? en su espíritu: ¿y si regresaba a Colorado Springs y comenzaba una reunión de oración continua como la de los moravos?

Esa reunión de oración es la que se ha convertido en un movimiento llamado *Desperation*. ¿Su logo? Un cordero vencedor: el mismo símbolo que la iglesia morava engalanaba en su bandera de victoria, y ahora grabado en mi camiseta.

¿Su declaración de misión? El clamor de convocatoria de los moravos: *El Cordero ha vencido. Sigue al Cordero.*

¿Qué nos hace más que vencedores? La sangre del Cordero: el Cordero vencedor.[5]

AL QUE SALGA VENCEDOR

Un amigo de un amigo es capellán de la NFL. De hecho, su equipo ganó el *Super Bowl* hace unos años. Él no estaba en el listado de los 53 hombres ni era parte del equipo entrenador; y como la mayoría de capellanes, reúne sostén económico para hacer lo que hace. Pero el entrenador principal valoraba tanto la inversión del capellán que le regaló un anillo del *Super Bowl*.

Si estás en Cristo, te regalan un anillo. Incluso si no juegas ni un solo partido, te dan un anillo. Incluso si haces un mal partido, te dan un anillo. Incluso si eres el malo, te dan un anillo. ¿Por qué? Porque estás *en Cristo*, lo cual significa que estás en el equipo. Es así de sencillo.

Nunca ha habido tantos pronósticos en contra de alguien que el día en que Cristo fue traicionado, arrestado, flagelado y crucificado. Pero Jesús venció los pronósticos, ¡y nos hace ser los vencedores! Y Él nos regala un anillo.

> *En aquel día, dice Jehová de los ejércitos, te tomaré, oh Zorobabel hijo de Salatiel, siervo mío, dice Jehová, y te pondré como anillo de sellar; porque yo te escogí.*[6]

Un anillo de sellar era el sello oficial del rey, simbolizando su autoridad regia. Cuando se invocaba, no podía ser revocado. Ese eres tú. Eres el anillo de sellar de Dios.

Cuando los *Green Bay Packers* ganaron el *Super Bowl* XLV, yo estaba allí. A pesar de ser accionista, *no* recibí un anillo. Después del partido, oí sobre el valiente movimiento que había hecho el entrenador Mike McCarthy la noche anterior al partido. ¡Hizo que sus jugadores se tomaran medidas para los anillos del *Super Bowl*!

A ti ya te han tomado medida, y no solo la medida del anillo. ¡También la medida de la cabeza! Llevas el anillo ahora, y además hay una corona en el cielo que lleva tu nombre en ella.

Siete veces dice el libro de Apocalipsis: *"Al que salga vencedor"*. Es la misma palabra que se utiliza en el Gran Ocho: *hupernikao*. Y hay una promesa unida a las siete. Incluyen el derecho a comer del árbol de la vida, una piedra blanca con un nombre nuevo en ella, y el derecho a sentarte en el trono del Padre.

Estas siete frases plantean la pregunta: ¿cómo vencemos? La respuesta es sencilla: *en Cristo*. Es el único camino: el Camino, la Verdad y la Vida.

Tú eres más que vencedor, y pensar en ti mismo como algo menos es falsa humildad. ¡Y la falsa humildad es peor que el orgullo! Orgullo es creer algo sobre ti mismo que no es cierto. Falsa humildad es *no* creer algo sobre ti mismo que es cierto. Aquí está la verdad: *tú eres más que vencedor*.

Ningún si, y, o pero al respecto.

¿Y si dejaras de pensar en ti mismo

como menos de lo que eres

en Cristo: más que vencedor?

30

Mantén la Calma y Sigue Adelante

Por lo cual estoy seguro de que ni la muerte, ni la
vida, ni ángeles, ni principados, ni potestades, ni lo
presente, ni lo por venir, ni lo alto, ni lo profundo,
ni ninguna otra cosa creada nos podrá separar del
amor de Dios, que es en Cristo Jesús Señor nuestro.
Romanos 8:38-39 (RVR 1960)

La primera sirena de ataque aéreo sonó sobre Londres en septiembre de 1939. Para cualquiera que vivía en la ciudad durante la Segunda Guerra Mundial, es un sonido que resonará para siempre. El ataque repentino alemán dejó caer cien toneladas de explosivos en dieciséis ciudades británicas. Más de un millón de hogares fueron destruidos, y cuarenta mil civiles perdieron la vida.

Hitler pensó que el ataque desmoralizaría a los británicos, y se rendirían. Estaba equivocado. El ataque resultó contraproducente, fortaleciendo la resolución de los británicos para pelear, incluso si eso significaba luchar hasta la muerte.

Durante los días más oscuros de la guerra, el primer ministro Winston Churchill visitó la escuela Harrow, la misma escuela donde él había pasado cuatro de sus años de mayor formación. Había transcurrido medio siglo desde que él había ganado el campeonato de esgrima de la escuela, pero parecía adecuado que Churchill diera uno de sus discursos más famosos en la escuela donde recitaba poesía y competía en debates.

Cincuenta años de recuerdos debieron haber cruzado su sinapsis mientras estaba de pie para hablar el 29 de octubre de 1941. Sus palabras eran adecuadas "para un tiempo como este",[1] pero resuenan en tiempos de paz y también de guerra. Su discurso no fue tan exacto como algunos lo han hecho parecer, pero sus palabras demostraron ser más poderosas que el ataque alemán.

> Nunca se rindan, nunca cedan, nunca, nunca, nunca, en nada grande o pequeño, nunca cedan salvo por las convicciones del honor y el buen sentido. Nunca cedan a la fuerza; nunca cedan al aparentemente abrumador poderío del enemigo.[2]

Es una poderosa regla general: no te rindas nunca. Pero la excepción a la regla es aún más poderosa: excepto a tus convicciones.

Hay un viejo adagio que dice: deja que tu conciencia sea tu guía. Permíteme una modificación: deja que tus *convicciones* sean tu guía. Si quieres lograr algo para el reino, no puedes conformarte a la cultura. Así es como encajas, no como destacas. Si quieres marcar una diferencia, vive según tus convicciones. Claro que tienes que identificarlas antes.

Yo tengo un puñado de convicciones centrales: mis núcleos de verdad. Con cada repetición, se graban cada vez más, como un rastro de memoria. La que repito con mayor frecuencia probablemente sea: "Ora como si dependiera de Dios y trabaja como si dependiera de ti". Pero hay otras, como: "Critica creando", "Ofenderás a los fariseos", y "Agarra a las personas haciendo algo bien".

También creo que "Jugar a lo seguro es arriesgado", "Hay maneras de hacer iglesia en las que nadie ha pensado aún", y "Cuando Dios da una visión, Él hace provisión". Si practicas la ingeniería inversa a Mark Batterson, esas convicciones centrales son mi código clave.

¿Cuáles son tus convicciones centrales?

Si quieres construir un rascacielos de cien pisos, necesitas unos cimientos de diez pisos. De manera muy similar, los grandes sueños requieren convicciones profundas. Las alturas de tus logros nunca excederán la profundidad de tus convicciones.

Si no sabes cuáles son tus convicciones, en realidad no sabes *quién* eres. Sé que eso es muy directo, pero tus convicciones son lo más verdadero acerca de ti. Tú eres tus convicciones. O de modo más preciso, te conviertes en tus convicciones.

Para mejor o para peor, tus creencias más profundas definirán quién llegas a ser. Para Pablo, fue el hecho de que nada puede separarnos del amor de Cristo. No era solo el fundamento sobre el cual Pablo edificó su vida. Él apostó toda la eternidad por ello.

CONVICCIONES CENTRALES

Permíteme hacer una distinción entre *convicciones centrales* y *valores centrales.*

No quiero degradar los valores centrales de ninguna manera o forma. De hecho, nuestra familia tiene cuatro palabras, cuatro valores a los que aspiramos: humildad, generosidad, gratitud y valentía. Pero esos valores tienen que cristalizar en convicciones con el tiempo.

El valor es *humildad* genérica, pero la convicción es más profunda y más fuerte. Tiene más matices que el valor de una palabra. *Si te mantienes humilde y sigues teniendo hambre, no hay nada que Dios no pueda hacer por medio de ti.* El énfasis está en el *si.* Creo eso tanto como creo cualquier otra cosa, lo cual hace que sea una convicción central. Es una verdad que puedes llevar al banco, llevarte a la tumba, o incluso llevar a casa para que conozca a tu familia política.

El problema de la mayoría de declaraciones de valor está en que están escritas con tinta en papel. Algunas de ellas tienen un bonito diseño, incluido el escudo de armas de nuestra familia. Incluso tradujimos los cuatro valores al latín. Sofisticado, ya lo sé. Pero sigue siendo en tinta.

Las convicciones están escritas con sangre, sudor y lágrimas. Y las palabras a menudo están escritas en nuestra carne. Pablo escribió su carta a los Romanos en pergamino, pero en realidad fue escrita con un látigo, en prisiones, y colgando sobre uno de los restos de un barco que había naufragado contra las rocas. Cada una de esas experiencias fortaleció su convicción de que nada puede separarnos del amor de Cristo.

Las convicciones son lecciones aprendidas por experiencias que nunca más querríamos volver a atravesar, pero que no cambiaríamos por nada del mundo. No pueden aprenderse en un salón de conferencias. Las enseñan los maestros más duros de la vida: dolor, tristeza, desengaño y fracaso. Si conseguiste un posgraduado en dolor o has tomado un examen del profesor Dolor, sabrás de lo que estoy hablando.

Las convicciones vienen con un costo, pero el valor añadido es inestimable. Y por eso las palabras finales del Gran Ocho tienen tanto peso. Es como un cambio en la densidad del aire cuando llegas a los últimos versículos del capítulo más grande.

No son solamente paralelismos poéticos. Tocan un acorde de dominante en nuestro espíritu. Cuando todo lo demás falla, es lo único que necesitamos saber. Incluso la muerte, nuestro enemigo mortal, no puede separarnos del amor de Cristo.

Así que voy a repetirlo: ¿Cuáles son tus convicciones centrales? ¿Por qué estás dispuesto a ir al sepulcro? ¿Sobre qué pondrás en juego tu reputación?

Esos son tus convicciones con *ningún si, y, o pero al respecto*.

EL CANTO DEL CISNE

"Estoy convencido".[3]

Esa es una pequeña y poderosa frase. Es la convicción central de Pablo. Y no hay si, y, o pero al respecto. Pablo no solo lo sabe; él sabe que lo sabe. No hay ni pizca de duda. Certeza absoluta.

Este es mi punto: el Gran Ocho no es un capítulo; es una convicción. Comienza con la convicción de que *no hay ninguna condenación*. Irónicamente, la clave de esa convicción es responder a la convicción del Espíritu Santo. La convicción subyacente de que *todo ayuda para bien* es el corazón del Gran Ocho.

Y entonces está la transformadora frase: *Si Dios es por nosotros, ¿quién contra nosotros?*

Al final, *somos más que vencedores.* Y después está una última convicción: *Nada nos separará del amor de Cristo.* ¡Qué crescendo! Cuando todo va mal, esta convicción lo endereza todo. Es el final feliz.

Antes de asentar bien esta convicción, permíteme añadir una capa más de historia.

Antes de que comenzara el ataque relámpago, el Departamento de Inteligencia británico diseñó tres pósteres publicitarios. No eran muy distintos al "Te queremos" del Tío Sam, o el "Podemos hacerlo" de *Rosie the Riveter.* Cada uno de los pósteres utilizaba la corona Tudor como marca.

El primero decía: "Tu valentía, tu alegría, tu resolución, nos traerán a la victoria".

El segundo decía: "La libertad está en peligro".

El tercero y más famoso decía: "Mantén la calma y sigue adelante".

Hasta la fecha, se han hecho más de nueve millones de parodias de esa máxima original, la mayoría de ellas trivializando esa verdad. Pero en su forma y contexto originales fue el clamor de convocatoria por excelencia.

Ahora bien, aquí está la ironía. Aunque se imprimieron 2,45 millones de pósteres, nunca se mostraron públicamente. Ese lema no se había desvanecido de la conciencia británica cuando una pareja dueña de una librería en Alnwick, Stuart y Mary Manley, descubrieron una copia original del póster en el fondo de una caja de viejos libros.

Mantén la calma y sigue adelante

Si puedes dejar atrás las parodias, es un sentimiento duradero. De hecho, tiene tonos bíblicos. El que comenzó la buena obra la terminará. Todo lo podemos en Cristo que nos fortalece. Todo ayuda para bien a aquellos que aman a Dios y son llamados conforme a su propósito. Toda promesa es *sí* en Cristo. Y nada nos separará del amor de Cristo.

Por lo tanto, ¡mantén la calma y sigue adelante!

ENTRE UNA ROCA Y EL MAR ROJO

El sermón más difícil y quizá el más importante que he predicado nunca fue el 11 de octubre de 2009. No era cuestión de vida o muerte, pero fue mi discurso "Nunca te rindas".

Seis días antes, había recibido una llamada de teléfono inesperada informándome de que el cine en *Union Station*, donde la iglesia *National Community* se había reunido durante trece años, iba a cerrar. Para empeorar más aún las cosas, ¡el gerente me dijo que el domingo siguiente sería nuestro último domingo allí! Contábamos miles, no millones como los israelitas. Pero aun así me sentía un poco como Moisés, quien debió haberse preguntado cómo emprender el viaje desde Egipto hasta Canaán con dos millones de personas en su caravana.

La noticia fue devastadora para mí. Gran parte de nuestra historia e identidad como iglesia estaba donde nos reuníamos. Con sinceridad, probablemente era poco sano, pero era la realidad. Me preguntaba secretamente si nuestros mejores tiempos estaban detrás de nosotros. Pero una cosa era cierta: sabía que necesitábamos una palabra de parte de Dios ese fin de semana. Y la recibí.

El Espíritu Santo me dirigió a Éxodo 14. Moisés se encontraba entre una roca, que era el ejército egipcio, y un lugar difícil: el mar Rojo. Era una circunstancia imposible, pero Dios le dio a Moisés instrucciones muy concretas:

> *No tengan miedo. Solo quédense quietos y observen cómo el Señor los rescatará hoy. Esos egipcios que ahora ven, jamás volverán a verlos. El Señor mismo peleará por ustedes. Solo quédense tranquilos.*[4]

Se parece muchísimo a *mantén la calma y sigue adelante*, ¿verdad?

¿Qué sería lo más difícil de hacer si carros egipcios se estuvieran acercando directamente a ti a toda velocidad? Lo más difícil de hacer sería hacer lo que Dios les dijo que hicieran: quedarse tranquilos.

Cuando nos encontramos en este tipo de situación, queremos *hacer* algo: *cualquier cosa*. Tenemos una energía nerviosa que intenta resolver el problema con la mayor rapidez posible. Pero esas son las pruebas que revelan confianza. Nadie quiere encontrarse entre el ejército egipcio y el mar Rojo, pero es ahí donde son probadas nuestras convicciones.

A veces Dios nos conduce a un lugar donde no tenemos donde acudir si no es a Él. Este es ese momento para los israelitas. Y así fue como yo me sentía cuando los cines en *Union Station* cerraron. Pasarían dos largos años antes de que descubriéramos dónde nos estaba llevando Dios. Nunca me he sentido más impotente como líder, pero tampoco nunca me he sentido más vigorizado. Yo sabía que Dios nos estaba dando Éxodo 14 como una promesa en la que permanecer. Sabía que teníamos que mantenernos tranquilos, permanecer firmes.

Le dije con mucha sinceridad a nuestra iglesia: "No sé lo que vamos a hacer, pero sé exactamente lo que *no* vamos a hacer. ¡No vamos a sentir pánico! Vamos a mantenernos tranquilos; ¡y vamos a ver la liberación del Señor!".

He dejado de categorizar las cosas como buenas y malas. ¿Por qué? Porque todas las cosas obran para bien. Esa es mi convicción. No estoy diciendo que sean buenas cuando ocurren, pero no hay nada que Dios no pueda redimir y reciclar para sus propósitos. Y a veces son las cosas malas las que resultan ser las mejores cosas que me han sucedido.

Cuando cerraron los cines, pensé que era lo peor que podría sucedernos. Pero esa pieza de dominó condujo a otra, ¡y ahora poseemos un castillo! Cuando cerró Union Station, nuestros bienes netos eran una cifra negativa. Teníamos más deudas que capital. En los cinco años que siguieron, Dios nos dio una parte de Tierra Prometida tras otra hasta que nuestras hojas de balance muestran alrededor de 30 millones de dólares en bienes netos.

Sinceramente, ni siquiera sé exactamente cómo sucedió. Pero los números no mienten. Y esas adquisiciones de bienes raíces comenzaron con algo que percibimos como malo.

En casi veinte años de ser pastor en medio de los altibajos, he aprendido a mantener la calma y seguir adelante. Lo mismo es cierto en el matrimonio y en la crianza de los hijos. Es cierto en los negocios y es cierto en la política. Seguir haciendo las cosas correctas un día sí y otro también; ejercitar una larga obediencia en la misma dirección. Sin duda, habrá algunos mares Rojos a lo largo del camino, pero lo que parece ser una calle sin salida podría convertirse en tu momento decisivo.

Una cosa es segura: Dios nunca te dejará ni te abandonará. Y no hay ningún si, y, o pero al respecto.

CRISTO ME AMA, YO LO SÉ

En 1962, el teólogo suizo, Dr. Karl Barth, hizo un tour para dar conferencias por los Estados Unidos. Barth es considerado por muchos dentro de la tradición protestante como el mayor teólogo del siglo XX. Él también dejó su marca fuera de la iglesia, llegando a la portada de la revista *Time* el 20 de abril de 1962.

Una de sus paradas en el tour aquel año fue la Universidad de Chicago. Esa invitación sola es notable para mí porque yo fui alumno allí varias décadas después, y no puedo imaginarme que invitaran, y mucho menos estimaran, a un teólogo.

Cuando Barth dio su conferencia en la capilla Rockefeller, un alumno le preguntó si podía resumir el trabajo de toda su vida en una sola frase. Esa no es una pregunta fácil para alguien tan prolífico como Barth, cuyo currículum incluía más de seiscientas obras. Su obra magna, *Dogma de la Iglesia*, fue escrita en un periodo de treinta y cinco años. La obra de ocho mil páginas y trece volúmenes forma una biblioteca por sí sola.

Barth respondió a la pregunta con términos nada inciertos. Siguió la vieja escuela, citando las palabras de un canto que aprendió en las rodillas de su madre:

Cristo me ama, yo lo sé,
la Biblia dice así.[5]

Más concretamente, el Gran Ocho dice así.

Es en alta definición, en alta resolución.

Son 24 cuadros por segundo, RGB a 24 bits, 1080p.

El apóstol Pablo ya había pintado un cuadro, pero ahora añade el toque final. Como el cemento reforzado, estos versículos añaden fuerza de tensión al amor de Dios. Y no hay punto de rotura. Los grandes paralelismos de Pablo cubren todas las bases.

Comienza con nuestro enemigo mortal: *la muerte*. Entonces Pablo incluye cualquier cosa que *la vida* pueda lanzarnos. Esos topes para libros, la vida y la muerte, sellarían el trato. Pero espera, hay más. Al citar *ángeles* y *demonios*, Pablo incluye lo paranormal. El amor de Dios no es natural; es sobrenatural.

Y ciertamente no puede ser limitado a tres tiempos verbales. Al igual que no hay nada que pueda sorprender a Aquel que conoce todas las cosas, ningún apuro *presente* o contingencia *futura* puede cambiar ni un ápice su amor incondicional.

Pero un momento, ¡hay más! Ni *potestades*, en plural, pueden superar su amor.

Y para añadir una buena medida, otro par de sostenedores de libros: *altura y profundidad*.

La galaxia más lejana descubierta por espectroscopio es z8_GND_5296.6 No, no es un nombre en una antigua pantalla de AOL. Es una galaxia que tiene una edad de 13,8 mil millones de años luz, o está a una distancia de 13,8 mil millones de años luz. Espacialmente hablando, es la altura más elevada. La profundidad más profunda es el *Challenger Deep*, parte de un tramo de 6,85 millas (11 kilómetros) por debajo de la isla territorial estadounidense de Guam.[7]

Desde la gravedad cero del espacio hasta mil veces la presión atmosférica de los mares profundos, el amor de Dios está presente e incluido. No puedes escapar de él, incluso si pudieras escapar del tiempo y el espacio. Su amor sobrepasa los límites del espacio, sobrepasa los límites del tiempo. No puede medirse ni manipularse.

Lo único que puede frustrar la gracia de Dios es tu negativa a recibirla. Pero incluso antes de que aceptes su gracia salvadora, su gracia común ha estado en cada una de tus respiraciones.

¿La última cosa en la lista? Cualquier cosa creada, lo cual incluye todo. ¡Qué conclusión!

TE AMO MÁS

Jesús no solo te ama; su amor es más profundo que el *Challenger Deep*. Su amor es más verdadero que el más puro de los colores, más puro que el sonido más puro. Su amor es más pequeño que la partícula subatómica más pequeña y más grande que la mayor galaxia. Su amor es más hermoso que un ángel, más poderoso que una fortaleza demoniaca. En cierto punto, como Pablo, nos quedamos sin analogías. Y es entonces cuando el amor de Dios acaba de comenzar.

Incluso si pudiéramos mirar por el telescopio *Hubble Space*, no sería otra cosa que una mirilla al amor infinito de Dios.

Me encanta la frase "te amo más". Se quedó en nuestra familia cuando Lora y Summer comenzaron a decírsela mutuamente. Incluso conseguimos un cartel con esas palabras inscritas para Summer.

Yo sé que ambos lo dicen de veras, pero como cualquier padre o madre, Lora es capaz de decirlo de modo más autoritativo. Después de todo, ella dio a luz a Summer. Ha amado a Summer más tiempo del que Summer puede recordar. Ha amado a Summer más de lo que Summer puede imaginar.

Y si eso es cierto de nosotros como padres terrenales, imagina cuánto más te ama el Padre celestial.

En realidad, no puedes imaginarlo, porque está por encima de lo que puedes pedir o imaginar.

Y quizá eso es lo que quiere decir Pablo, después de todo.

Dios te ama más.

Ningún si, y, o pero al respecto.

¿Y si te comprometieras a una larga

obediencia en la dirección correcta?

Epílogo

De aquí a cuarenta años

En su libro concebido con brillantez, *Life Verses* [Versículos para la Vida], F. W. Boreham comparte los pasajes favoritos de personajes famosos. Es un prisma fascinante a través del cual poder ver la biografía de una persona. En muchos aspectos, nuestras vidas se convierten en caricaturas de nuestros versículos más atesorados. Esas escrituras se convierten en el guión de nuestras vidas.

En el libro de Harriet Beecher Stowe que cambió la historia, *La Cabaña del Tío Tom*, su versículo favorito se revela indirectamente por medio del Tío Tom. Cuando se aproxima a dar su último aliento, el viejo Tom murmura: "¿Quién, quién, quién, nos separará del amor de Cristo?". El Gran Ocho era la almohada de fe sobre la cual se quedó dormido una última vez.[1]

Cuando Juan Bunyan tuvo una revelación de este versículo, dijo: "Sin duda, ¡esto no lo olvidaré de aquí a cuarenta años!".[2] Fue el ancla para su alma, y quizá la inspiración para *El Progreso del Peregrino*. Pero mi historia favorita es la de John Bruce, un juez federal nombrado por Ulysses S. Grant. En su lecho de muerte, le dijo a su hija: "Agarra el libro".[3] Le dijo que lo abriera en el octavo capítulo de Romanos, y dijo: "Pon mi dedo sobre esas palabras", y citó:

> *Por lo cual estoy seguro de que ni la muerte, ni la vida, ni ángeles, ni principados, ni potestades, ni lo presente, ni lo por venir, ni lo alto, ni lo profundo, ni ninguna otra cosa creada nos podrá separar del amor de Dios, que es en Cristo Jesús Señor nuestro.*[4]

Cuando su hija encontró las palabras, John Bruce le dijo que mantuviera su dedo en ellas, y él recorrió con su dedo esa promesa.[5]

Qué manera de entrar en el cielo, el *¿y si...?* eterno.

Mi consejo, al final de este libro, es que agarres *ese* Libro. Pon tu dedo sobre el Gran Ocho, y ancla tu alma a sus promesas.

En su momento, tus *si tan solo...* remordimientos se fundirán a negro.

En la eternidad, tus *¿y si...?* sueños se iluminarán.

Ningún si, y, o pero al respecto.

Notas

Capítulo 1: El Poder de Sí

1. Howard Schultz y Dori Jones Yang, *Pour Your Heart into It: How Starbucks Built a Company One Cup at a Time* (New York: Hyperion, 1997), p. 63.
2. "Starbucks Coffee: How Many Cups of Coffee Does Starbucks Sell Each Year?". Pregunta en Quora respondida por Ali Ahmed, 17 de enero de 2011, http://www.quora.com/Starbucks-Coffee-How-many-cups-of-coffee-does-Starbucks-sell-each-year. Consultado en línea 18 de marzo de 2015.
3. "15 Facts about Starbucks That Will Blow Your Mind", *Business Insider*, http://www.businessinsider.com/15-facts-about-starbucks-that-will-blow-your-mind-2011-3?op=1#ixzz3Uki21JWv. Consultado en línea 18 de marzo de 2015
4. Neal Roese, *If Only: How to Turn Regret into Opportunity* (New York: Broadway, 2005), p. 48.
5. Robert Cowley, ed., *What If ?* (New York: Putnam, 1999), xi.
6. John Piper, "Greatest Book, Greatest Chapter, Greatest Joy", Desiring God, 28 de septiembre de 2014, http://www.desiringgod.org/conference-messages/greatest-book-greatest-chapter-greatest-joy. Consultado en línea 18 de marzo de 2015.
7. "Vorrede au die Epistel S. Paul: an die Romer", en *Martin Luther: Die gantze Heilige Schrifft Deudsch 1545 aufs new zurericht* vol. 2, ed. Hans Volz y Heinz Blanke, trans. Bro. Andrew Thornton (Munich: Roger & Bernhard, 1972), pp. 2254–68.
8. William Tyndale, *Doctrinal Treatises and Introductions to Different Portions of the Holy Scriptures*, ed. Henry Walter (Cambridge: University Press, 1848), p. 484.
9. Douglas J. Moo, *Romans 1–8*, Wycliffe Exegetical Commentary vol. 1., ed. Kenneth Barker (Chicago: Moody Press, 1991), p. 499.
10. Romanos 8:1.
11. Romanos 8:38–39.
12. Romanos 8:28 RVR 1960.
13. Romanos 8:37.
14. Romanos 8:31 RVR1960.

Capítulo 2: El Hecho Más Aterrador

1. "National Prayer Breakfast", CSPAN transcripción, 2 de febrero de 2012, http://www.c-span.org/video/?304149-1/national-prayer-breakfast.
2. Ibid.
3. Ver "The Lever: Introduction", http://www.math.nyu.edu/~crorres/Archimedes / Lever/LeverIntro.html. Consultado en línea 18 de marzo de 2015.
4. Ver Isaías 54:17.
5. Ver 1 Juan 4:4.
6. Ver Filipenses 4:13.
7. Oswald Chambers, "Inspired Invincibility", *My Utmost for His Highest*, devocional diario en línea, 14 de abril de 2015, http://utmost.org/classic/inspired-invincibility-classic/.
8. Malcolm Gladwell, *The Tipping Point* (New York: Little, Brown, 2000), p. 12.

9. Lucas 2:14 RVR 1960.
10. Ver Salmos 84:11.
11. *Wired*, diciembre de 2014, p. 208.

Capítulo 3: No Puedo Olvidar

1. Jill Price, *The Woman Who Can't Forget* (New York: Free Press, 2008), p. 47.
2. Ibid., p. 3.
3. Ver Isaías 61:10.
4. Ver Zacarías 2:8.
5. Juan 8:7, 11 RVR 1960.
6. Josué 5:9 NTV.
7. Ver 1 Timoteo 1:15.
8. Ver Romanos 3:23.

Capítulo 4: Doble Enjuiciamiento

1. Rudyard Kipling, "If—" in *Rewards and Fairies* (1910), disponible en línea en The Poetry Foundation, http://www.poetryfoundation.org/poem/175772. Consultado en línea 19 de marzo de 2015.
2. Romanos 8:1 RVR 1960.
3. Ver Deuteronomio 6:4.
4. Ver 2 Corintios 2:11.
5. Apocalipsis 12:10.
6. Horatio Spafford, "It Is Well with My Soul", 1873. Ver http://cyberhymnal.org/htm/i/t/i/itiswell.htm.
7. Ver Romanos 5:20.

Capítulo 5: Un Ayuno de 100 Millones de Dólares

1. Isaías 58:6–7.
2. Mohammed Yunus, ganador del premio Nobel de la Paz por su trabajo sobre microfinanciación, le dijo a Tony más adelante que el fondo había llegado a más de 500 millones de dólares.
3. *The Matrix*, dirigida por los hermanos Wachowski (Warner Bros., 1999).
4. Me encontré por primera vez con este hecho mientras hacía ejercicio en Results Gym en Capitol Hill. Uno de los entrenadores lo había escrito en la pizarra. ¡Ese día hice un entrenamiento estupendo!
5. Andy Stanley, *Choosing to Cheat* (Colorado Springs: Multnomah, 2003), p. 10.
6. Ver Marcos 11:12-14, 20-21.
7. En la versión Reina-Valera 1960

Capítulo 6: Memoria Muscular

1. Gracias a nuestro pastor ejecutivo, Joel Schmidgall, por este pensamiento.
2. Gálatas 6:9.
3. 1 Juan 2:16.
4. Romanos 8: 4 RVR 1960.
5. 1 Corintios 10:23 NVI.
6. Gracias a Jim Collins y su brillante libro *Good to Great* por este pequeño juego de palabras.

7. Gracias a Oswald Chambers y su devocional clásico *My Utmost for His Highest*, por este juego de palabras.
8. Romanos 8:4 RVR 1960
9. Mateo 16:18.

Capítulo 7: Reinicio de Fábrica

1. Ver 2 Corintios 5:17.
2. Ver Hebreos 8:12.
3. Se han escrito muchos artículos sobre esta misma frase. Uno de ellos es *"A Bee-Line to the Cross: The Preaching of Charles H. Spurgeon"*, Preaching, 1o. de noviembre de 1992, http.//www.preaching.com/resources/past/masters/11567332/.
4. Eso es, en RVR 1960.
5. Éxodo 20:8 RVR 1960
6. Deuteronomio 32:7.
7. Salmo 105:5.
8. Lucas 17:32.
9. Ver Salmo 56:8.
10. Roland H. Bainton, *Here I Stand* (New York: Penguin, 1978), p. 41.
11. 1 Pedro 4:10 RVA 2015.

Capítulo 8: Tiempo de Reacción

1. Filipenses 2:15 RVA 2015.
2. Juan 1:1.
3. Salmo 119:25 RVR 1960.
4. Santiago 1:19.
5. Ver Números 14:40.

Capítulo 9: El Efecto Ancla

1. Daniel Kahneman, *Thinking, Fast and Slow* (New York: Farrar, Straus and Giroux, 2011), pp. 123-24
2. Ver Hebreos 6:19.
3. Hebreos 11:1.
4. *"The American Colony in Jerusalem: Family Tragedy"*, Exhibición Biblioteca del Congreso, January2-April2, 2005, http://www.loc.gov/exhibits/american colony/amcolony-family.hyml. Consultado en línea el 22 de marzo de 2015.
5. Ver Apocalipsis 12:11.
6. Ver Filipenses 4:7.
7. Filipenses 4:8.
8. Gracias a Ann Vozkamp por su brillante libro *One Thousand Gifts*. Ahí fue donde se originó la idea de enumerarlos.
9. Ver Apocalipsis 12:11.
10. Dan Harris, Felicia Biberica, y Jenna Muha, *"Sunday Profile: Eckhard Tolle"*, ABC News World NewsTonight, 15 de febrero de 2009, http://abcnews.go.com/WNCelebrity Cafe/story?id=6884584
11. Steve Bradt, *"Wandering Mind Not a Happy Mind"*, *Harvard Gazette*, 11 de noviembre de 2010, http://news.harvard,edu/gazette/story/2010/11/wandering-mind-not-a-happy-mind/.

12. "Don't Believe Everything You Think", Cleveland Clinic Wellness, 2012, http://www.clevelandclinicwellness.com/programs/New SFN/pages/default.aspx?Lesson-3&Topic=28UserID=00000000-0000-0000-000000000705. Consultado en línea el 22 de marzo de 2015.
13. Ver Proverbios 18:21.
14. Jeremías 1:7 RVR 1960.
15. Ver Mateo 12:34.

Capítulo 10: El Poder de la Sugestión

1. Charles Allen, *God's Psychiatry* (Grand Rapids: Revell, 1997), p. 125.
2. Filipenses 4:13 RVR 1960.
3. Romanos 8:37
4. Ver Juan 16:33.
5. Ver Deuteronomio 31:6.
6. Ver Proverbios 16:9.
7. Mike Aquiline, *The Way of the Fathers: Praying With the Early Christians* (Huntington, IN: Our Sunday Visitor, 2000), p. 41.
8. "Albert Einstein Quotes" , GoodReads.com, https://www.goodreads.com/quotes/987/-there-are-only-two-ways-to-live-your-life-one. Consultado en línea el 15 de abril de 2015.
9. John Hamm, *Unusually Excellent: The Necessary Nine Skills Required for the Practice of Great Leadership* (San Francisco: Jossey-Bass, 2011), p. 151
10. Kris Cole, *The Complete Idiot's Guide to Clear Communication* (Alpha, 2002), p. 34.
11. Ibid., 83.
12. Gálatas 2:20.
13. Lucas 9:23.
14. Esta idea se origina con Martin Luther. Él usaba la palabra predica. Yo sustituí la palabra vivir.
15. Este experimento fue descrito, entre otros lugares, en el artículo de John C. Maxwell, "*Encouragement Changes Everything*", revista Success, Agosto de 2009, p. 22.
16. Stephen R. Covey, *The 7 Habits of Highly Effective People* (New York: Simon & Schuster, 2013), p. 407.
17. Mateo 16:23.
18. Ver Juan 1:14.

Capítulo 11: Bizco

1. Evan Wiggs, "*George Whitefield*", Measure of Gold Revival Ministries, http://www.evanwiggs.com/revival/portrait/whitefie.html. Consultado en línea el 23 de marzo de 2015.
2. John Rinehart, *Gospel Patrons* (Reclaimed Publishing, 2013), p. 63
3. Ibid.
4. Ibid.
5. Ibid.
6. Wiggs, *George Whitefield*.
7. 2 Corintios 5:21.
8. Romanos 12:1.

Capítulo 12: La Ruta Panorámica

1. Mike Marriner, Brian Mc Allister, y Nathan Gebhard, *Find the Open Road* (Berkeley, CA: Ten Speed Press, 2005), p. 21.
2. Gálatas 5:25.
3. *Saturday Night Life*, Octubre 9, 1993, transcripción disponible en http://snl transcripts.jtorg/93/93cidiot.phtml. Consultado en línea el 23 de marzo de 2015.

Capítulo 13: Tener por Cierto

1. "*Nick Vujicic: Life without Limb*" (video), CBN TV, http://www.cbn.com/tv/143055394001. Consultado en línea el 20 de abril de 2015.
2. Romanos 8:18 RVR 1960.
3. Peter Senge, C. Otto Scharmer, Joseph Jaworski, and Betty Sue Flowers, *Presence: Human Purpose and the Field of the Future* (New York: Currency, 2005).
4. Ibid., p. 25.
5. Ibid., p. 26.
6. Ver Juan 6:1-14.
7. Malcolm Gladwell, *David and Goliath* (New York: Little, Brown, 2013), p. 49-50.
8. Ibid., p. 46.
9. "*Jim Elliot Quote*", Billy Graham Center Archives, Wheaton College, May 31, 2012, http://www2.Wheaton.edu/bgc/archives/faq/20.htm. Consultado en línea el 23 de marzo de 2015.

Capítulo 14: Optimista Eterno

1. Helen Keller, *Optimism: An Essay* (New York: T.Y. Crowell and Company, 1903), public domain. Texto disponible en línea en https://archive.org/details/optimismiessay00keliala. Consultado en línea el 23 de marzo de 2015.
2. Helen Keller, quoted at BrainyQuote.com, Xplore Inc., 2015, http://www.brainyquote.com/quotes/quotes/h/hellenkelle383771.html. Consultado en línea el 23 de marzo de 2015.
3. Beverly Kirkhart, Jack Canfield, Mark Victor Hansen, Patty Aubery, and Nancy Mitchell Autio, *Chicken Soup for the Cancer's Survivor's Soul* (Deerfield Beach, FL: Health Communications, 2012), p. 85.
4. Norman Cousins, *Healing Heart*, audio edition (Avon, 1984).
5. Estas líneas son de George Bernard Shaw's en su obra *Mrs. Warren's Profession*, Acto 2.
6. Juan 16:33.
7. Ver Romanos 8:37.

Capítulo 15: Quién Si

1. Salmo 139:13-16.
2. Ver 1 Crónicas 11.
3. W.M. Zoba, "The Grandmother of Us All," *Christianity Today* 40, no. 10 (1996): pp. 44-46
4. Marcus Brotherton, "*Teacher*": *The Henrietta Mears Story* (Ventura, CA: Regal, 2006), p. 10
5. Ibid., p. 145.
6. Ver 1 Corintios 14:25.

7. Ver Apocalipsis 2:17.
8. Hebreos 13:2.
9. C.S. Lewis, *The Weight of Glory* (New York: HarperOne, 2009), p. 46.
10. Ver Hebreos 4:12.
11. Mateo 6:10.

Capítulo 16: La Tercera Rueda

1. He oído desde entonces que hay algunos vehículos de cinco cilindros, pero no puedo reclamar presciencia.
2. No puedes siquiera poner tu fe en Cristo sin la ayuda del Espíritu Santo. Primera de Corintios 12:3 dice: "Nadie puede decir 'Jesús es el Señor', excepto por el Espíritu Santo."
3. Romanos 8:23.
4. 2 Corintios 1: 21-22.
5. Ver 1 Corintios 6:19.
6. Efesios 1:23.
7. Ver Filipenses 4:19.
8. *"William Booth"*, Salvation Army Torrance Corps, 2015, http://www1.usw/www_torrance2.nsf/vw-sublinks/FCD98CD6A8BFB1B68825771D00178DE1?openDocument.

Capítulo 17: Y Aconteció

1. Richard Thaler, "Some Empirical Evidence on Dynamic Inconsistency", Economy Letters 8 (1981), 201-207, http.://caculty.chicagobooth.edu/Richard. Thaler/research/pdf/Some%20Evidence%20on%20Dynamic%20Inconsistency.pdf.
2. Frank Partnoy, *Wait: The Art and Science of Delay* (New York: PublicAffairs, 2013), p. 104.
3. Dale Carnegie, *How To Stop Worrying and Start Living* (New York: Pocket Books, 1990), p. 3.
4. Ibid., p. 4.
5. Ibid.
6. C.S. Lewis, *The Screwtape Letters* (New York: Scribner, 2009), pp. 77, 79
7. R.T. Kendall, *The Anointing: Yesterday, Today and Tomorrow* (Lake Mary, FL: Charisma House, 2003).
8. George Foreman, *God in My Corner* (Nashville: Thomas Nelson, 2007), 132.
9. Filipenses 16.
10. *"This Too shall Pass"*, Wikipedia, 23 de marzo de 2015, http://en. Wikipedia.org/wiki/This_too_shall_pass.

Capítulo 18: Mentalidad Estrecha

1. Ver 2 Timoteo 2:15.
2. *"Your DNA Would Reach the Moon"*, Wow! Really? (blog), November 2006, http://wow-rally blogspot.com/2006/11/your-dna-would-reach-the-moon. Html. Consultado en línea el 24 de marzo de 2015.
3. Chip and Dan Heath, *Decisive: How to Make Better Choices in Life and Work* (New York: Crown, 2013).
4. Ibid., 17.
5. Ver Mateo 17: 1-13.

6. Mateo 19:26.
7. Job 11:6.
8. James Pearn, *"How Many Servers Does Google Have?"* Google Plus post. January 25, 2012. https://plus.google.plus/+James Pearn/posts/VaQu9sNxJuY. Consultado en línea el 24 de marzo de 2015.
9. Lalit Kumar, *"Google Facts: Amazing Trivia about Google"*, Tech Welkin, September 22, 2014, http://techwelkin.com/google-facts-amazing-facts-about-google#google-search-facts. Consultado en línea el 24 de marzo de 2015.
10. 1 Corintios 2:10.
11. Ver Hechos 8:26-40.
12. Ver Lucas 12:12.
13. M. Mitchell Waldrop, *Complexity: The Emerging Science at the Edge of Order and Chaos* (New York: Simon and Schuster, 1992), 29.
14. *"About Post-It Brand"*, 3M, 2015, http://www.pos-it.com/wps/portal/3M/en_US/PostitNA/Home/Support/About/.
15. Ver Proverbios 18:15 RVR 1960.

Capítulo 20: El Reino de Consecuencias No Intencionadas

1. Ver "Cobra Effect", Wikipedia, modified February 24, 2015, http://en.wikipedia.org/wiki/Cobra_effect. Consultado en línea el 24 de marzo de 2015.
2. Jane E. Brody, *"Babies Know: A Little Dirt is Good For You"*, New York Times, January 26, 2009, http://www.nytimes.com/2009/01/27/health/27brod.html?_=0.
3. Ver "Unintended Consequences", Wikipedia, modificado el 23 de marzo de 2015, http://en.wikipedia.org/wiki/Unintended_consequences. Consultado en línea el 24 de marzo de 2015.
4. Proverbios 16:9 LBLA.
5. Mateo 13:32.
6. Mateo 28:19.
7. William Jennings Bryan quoted in *The Sabbath Recorder*, vol. 64 (Plainfield, NJ: American Sabbath Track Society, January 6, 1908), 738; see also William Jennings Bryan, "The Prince of Peace" (a lecture delivered at many religious gatherings), http://thrice-holy.net/Texts/Prince,html. Consultado en línea el 15 de junio de 2012.

Capítulo 21: La Piedra Roseta

1. Una referencia para los fanáticos de las caricaturas, también una de mis frases favoritas en la oficina.
2. *The Best Advice I Ever Got: Wit and Wisdom for Graduates* (Grand Rapids: Zondervan, 2007).
3. David G. Myers, *The Pursuit of Happiness* (New York: William Morrow, 1993), p. 66.
4. Ibid.
5. Ibid., 66-67.
6. Juan 16:33.

Capítulo 22: Predicciones Valientes

1. President John F. Kennedy, *"Special Message to the Congress on Urgent National Needs"*, 25 de mayo de 1961, extracto citado en NASA.gov, https://www. Nasa.gov/vision/space/features/jfk_speech_text.html. Consultado en línea el 25 de marzo de 2015.
2. Mateo 15:21.

3. Mateo 16:23.
4. Mateo 26:13.
5. Isaías 61:7.

Capítulo 23: El Efecto Pavlov

1. Para cinco ejemplos, ver Mateo 5.
2. Mateo 5: 38-39.
3. Salmo 84:7.
4. Ver Christopher Klein, *"Shot in the Chest 100 Years Ago, Teddy Roosevelt Kept on Talking"*, History.com, 12 de octubre de 2012, http://www.history.com/news/shot-inthe-chest-100-years-ago-teddy-roosevelt-kept-on-talking. Consultado en línea el 25 de marzo de 2015.
5. Filipenses 2:14-15.
6. 2 Corintios 3:18.

Capítulo 24: Agentes de Cambio

1. Citado en Jack Canfield y Mark Victor Hansen, *The Aladdin Factor* (New York: Berkley Books, 1995), p. 255.
2. Videos de estas historias están disponibles en línea: "A18: Innovate, "National Community Church, 23 de noviembre de 2014. http://theaterchrch.com/media/a18/aoneeight-innovate.
3. Ver www.shoppulchritude.com
4. Ver www.bittersweetmonthly.com.
5. Oswald Chambers, *"Direction by Impulse"*, *My Utmost for His Highest"*, devocional diario en línea, 21 de octubre de 2014, http://utmost.org/classic/direction-by-impulse-classic/.
6. Citado en John Maxwell, *Life@Work: Marketplace Success for People of Faith* (Nashville: Thomas Nelson, 2005), p. 127.
7. Dr. Martin Luther King Jr., citado en The King Center en línea, "Quote of the Week", 9 de abril de 2013, http://www.thekingcenter.org./blog/mlk-quote-week-all-labor-uplifts-humanity-has-dignity-and-importance-and-should-be-undertaken.

Capítulo 25: Vivo en la Posibilidad

1. Matthew Alice, *"On an Average Day, How Many Airplanes Are in the Sky across the United States?"* Straight from the Hip, San Diego Reader, 17 de mayo de 2001, http://www.sandiegoreader.com/news/2001/may/17/average-day-how-many-air-planes-are-sky-across-unit/#. Consultado en línea el 26 de marzo de 2015.
2. *"Exploring History"*, National Geographic (Winter 2012): p. 21.
3. Soren Kierkegaard, *Either/Or: A Fragment of Life* (New York: Penguin Classics, 1992), p. 14.
4. Ver Filipenses 4:13.
5. University of Oregon, *"Explore the Power of 'If'"*, YouTube video, publicado el 1o. de junio de 2013. https://www.youtube.com/watch?v=6fvPsoidQml.
6. Ibid.
7. A. W. Tozer, *"God of Glory"* (devocional), The Alliance, 31 de octubre de 2012, https://www.cmalliance.org./devotions/tozer?id=1346. Consultado en línea el 17 de abril de 2015.
8. Ver Efesios 3:20.

9.   Ver Isaías 55:8.
10. Ver Isaías 9:6-7.
11. G.K. Chesterton, Orthodoxy (Ortho Publishing, 2014), p. 13.
12. 1 Samuel 14:6.
13. 1 Samuel 14:23.
14. Ver Mark Batterson, *Draw the Circle: The Forty Day Prayer Challenge* (Grand Rapids: Zondervan, 2012), Day 1.
15. Frederick Douglass citado en *Tryon Edwards, a Dictionary of Thoughts: Being a Cyclopedia of Laconic Quotations from the Best Authors of the World, Both Ancient and Modern* (Detroit: F.B. Dickerson Company, 1908), p. 324.
16. Citado en Joe Carter, "Being on God's Side", First Things, 22 de diciembre de 2010. http://www.firstthings.com/web-exclusives/2010/12bein-on-gods-side-an-open-letter-on-the-religious-right.

Capítulo 26: Bendiciones Monogramadas

1.   Molly Bentley, "Unweaving the Song of Whales", BBCNews, 28 de febrero de 2005, http://news.bbc.co.uk/2/hi/science/nature/4297531.sdtm. Consultado en línea el 26 de marzo de 2015.
2.   Ver Andrew Stevenson, "Whale Song and How Far It Carries", Whales Bermuda, http://www.whalesbermuda.com/all-about-humpbacks/whale-behavior/54-whale-song/136-whale-song-and-how-far-it-carries. Consultado en línea el 26 de marzo de 2015.
3.   Salmo 104:26 RVR 1960.
4.   Gracias a Ann Voskamp y su brillante libro, *One Thousand Gifts*. Lo recomiendo sumamente.
5.   Deuteronomio 28:2 RVR 1960.
6.   Ver Deuteronomio 28:1 RVR 1960.
7.   Ver Hechos 20:35.
8.   2 Corintios 1:20.

Capítulo 27: El Asistente de Esquina

1.   A. W. Tozer, *The Knowledge of the Holy: The Attributes of God: Their Meaning in the Christian Life* (New York: HarperOne, 2009), 1.
2.   "Angelo Dundee" (obituary), The Telegraph, February 2, 2012, http://www.telegraph.co.uk/news/obituaries/sport-obituaries/9056657/Angelo-Dundee.html.
3.   Isaías 52:12.
4.   Ver Salmo 84:11.
5.   Sí, esta es una alusión a mi película favorita de Navidad, *Elf*, que vi la noche antes de escribir este capítulo.
6.   Ver Apocalipsis 12:11.

Capítulo 28: El Horizonte de Sucesos

1.   Ver Lucas 22:61.
2.   Para una explicación básica de "Horizonte de Eventos", Wikipedia, modificado el 16 de marzo de 2015, http://en.wikipedia.org/wiki/Event_horizon. Consultado en línea el 27 de marzo de 2015.
3.   Romanos 6:23.
4.   Efesios 3:17-19.

5. Citado en Richard Foster, *Longing for God* (Downer's Grove, IL: InterVarsity, 2009), p. 99.
6. Romanos 5:8.
7. Romanos 8:31.

Capítulo 29: Más que Vencedores

1. Lester Haines, "'We Are the Campions' Voted World's Fave Song", The Register, September 29, 2005, http://www.theregister.co.uk/2005/09/29/world_music_poll/.
2. "1916 Cumberland vs. Georgia Tech Football Game", Wikipedia, modified February 8, 2015, http://en. Wikipedia.org/wiki/1916_Cumberland_vs._Georgia_Tech_football_game. Consultado en línea el 27 de marzo de 2015.
3. John MacArthur, *The MacArthur New Testament Commentary: Romans 1-8* (Chicago: Moody Press, 1991), p. 514.
4. Gracias a John Ashcroft por esta pequeña línea. Primero se la escuché a él.
5. Ver Apocalipsis 12:11.
6. Hageo 2:23.

Capítulo 30: Mantén la Calma y Sigue Adelante

1. Ester 4:14.
2. Winston Churchill, discurso de "Nunca te Rindas" en Harrow School, 29 de octubre de 1941, texto en The Churchill Centre, http://www.winstoncurchill.org/resources/speeches/1941-45-war-leader/never-give-in.
3. Romanos 8:38.
4. Éxodo 14:13-14.
5. Ver Roger E. Olson, "Did Karl Barth Really Say 'Jesus Loves Me, This I Know...'?" Patheos blog, 24 de enero de 2013, http://patheos.com/blogs/rogereolson/2013/01/did-karl-barth-really-say-jesus-loves-me-this-i-know/.
6. Elizabeth Landau, "Scientists Conform Most Distant Galaxy Ever", CNN.com, 25 de octubre de 2013, http://www.cnn.com/2013/10/23/tech/innovation/most-distant-galaxy/.
7. "Ocean Facts: How Deep is the Ocean?" National Ocean Service, http://oceanservice.noaa.gov/facts/oceandepth.html.

Epílogo

1. Ver F.W.Borcham, Life Verses (Grand Rapids: Kregel, 1994), p. 216-17.
2. Ibid., p. 222.
3. Ibid., p. 226.
4. Romanos 8:38-39 RVR 1960.
5. Ver Borcham, *Life Verses*, p. 225-6.